『教行信証』全訳と註釈

上巻

長野量一

法藏館

はじめに

本書は親鸞の主著『顕浄土真実教行証文類』（『教行信証』『教行証文類』）の全訳と註釈である。現存する唯一の真蹟本は「坂東本」と称され、漢文で著されている。近年、その翻刻が『顕浄土真実教行証文類翻刻篇』（大谷大学編）として刊行された。その訓点による書き下し文を所載した『真宗聖典　第二版』（東本願寺出版）の該当頁数を、訳文の各見出しの上欄に表記した。親鸞による訓点を重視して現代語訳したので、経論釈などからの引用文では生硬な訳になる箇所もあるが、極力、語順も変えることなく親鸞の訓みに従った。親鸞の訓点には重要な意味が含まれている場合が多いからである。

本書の目的は、『顕浄土真実教行証文類』が第十七・十八願成就文を脊梁とし、三心一心問答によって不断煩悩得涅槃という大乗の命題に挑み、煩悩と菩提という矛盾対立する概念を信によって止揚した大乗の論書であり、そのことによって親鸞は、一宗一派の宗祖というより、末法の世に教行証の三法を実現しようとした大乗の論師（思想家）であることを証明する所にある。

本書はその上巻であり、総序から証巻までの訳註である。続く真仏土巻と化身土巻の訳註は、下巻として刊行する予定である。

『教行信証』全訳と註釈　上巻＊目次

凡例

一、本書は、著者による『顕浄土真実教行証文類』全文の現代語訳と註釈との二部構成から成り、現代語訳→註釈という順序で示した。

一、各見出しの上欄に表記した数字は『真宗聖典　第二版』（東本願寺出版）の該当頁数である。

一、親鸞自身の文は「自釈」と標記した。『真宗聖典　第二版』は『真宗聖典』、『大正新脩大蔵経』（大正一切経刊行会）は『大正蔵』、『浄土真宗聖典全書』（本願寺出版社）は『聖典全書』と略記した。

一、漢文は適宜、書き下し文にした。漢字は常用漢字に置きかえた場合もある。また、天親を世親とも呼称した。

一、引用文は「　」で括り、「　」内の括弧は〈　〉《　》〝　〟の順で括った。著者による補筆には〔　〕を、換言などは（　）を付した。

『教行信証』全訳と註釈　上巻

顕浄土真実教行証文類序

159

総　序

竊《ひそ》かに以みれば、難思の弘誓は難度海を度する大船、無礙の光明は無明の闇を破する恵日なり。然れば則ち、浄邦縁熟して、調達、闍世をして逆害を興ぜしむ。浄業機彰れて、釈迦、韋提をして安養を選ばしめたまえり。斯れ乃ち、権化の仁、斉しく苦悩の群萠を救済し、世雄の悲、正しく逆・謗・闡提を恵まんと欲す。

故に知りぬ、円融至徳の嘉号は悪を転じて徳を成す正智、難信金剛の信楽は疑いを除き証を獲しむる真理なりと。

爾れば、凡小、修し易き真教、愚鈍、往き易き捷径なり。大聖一代の教、是の徳海に如く無し。穢を捨て浄を欣い、行に迷い信に惑い、心昏く識寡なく、悪重く障多きもの、特に如来の発遣を仰ぎ、必ず最勝の直道に帰して、専ら斯の行に奉え、唯、斯の信を崇めよ。

噫、弘誓の強縁、多生にも値い叵く、真実の浄信、億劫にも獲叵し。遇たま行信を獲ば、遠く宿縁を慶べ。若し也た此の回、疑網に覆蔽せられば、更って復た曠劫を逕歴せん。誠なるかな、摂取不捨の真言、超世希有の正法、聞思して遅慮すること莫かれ。

爰に愚禿釈の親鸞、慶ばしいかな、西蕃・月支の聖典、東夏・日域の師釈に、遇い難くして今遇うことを得たり。聞き難くして已に聞くことを得たり。真宗の教行証を敬信して、特に如来の恩徳の深きことを知りぬ。斯を以て、聞く所を慶び、獲る所を嘆ずるなりと。

【註釈】 序（総序）の背景には、釈尊在世時代のインドの強国マガダ（摩掲陀）の首都ラージャグリハ（王舎城）での出来事がある。複数の仏典に出るが『観無量寿経』によって広く知られる所である。『観無量寿経』は特異な経典である。始まりの定型句のあとに、唐突に、「爾の時に王舎大城に一《ひとり》の太子あり、阿闍世と名づけき」と始まり、経典の序（序分）にしては長すぎる王舎城の悲劇が記述される。経典としては異例の展開である。阿闍世は『涅槃経』にも登場する。「爾の時に王舎大城に阿闍世王あり。その性弊悪にして、善く殺戮を行ず」とあり、この残虐な人物像の通りに悲劇は展開される。

マガダ国王であるビンビサーラ（頻婆沙羅）と妃ヴァイデーヒー（韋提希）の間には王子アジャータシャトル（阿闍世）がいた。釈尊の弟子で、いとこともいわれるデーヴァダッタ（提婆達多・調達）は、釈尊の後継を狙い教団の統率者になろうとする。同時に阿闍世が世俗の権力者である王になれば王法と仏法の両輪でマガダを支配できると考えた。阿闍世を籠絡し、前世の因縁や出生の秘密を暴露し、父王の殺害を教唆した。阿闍世は父王頻婆沙羅を監禁し、死に至らしめ、擁護しようとした母韋提希も手にかけようとした。悲嘆にくれる韋提希は救いを釈尊に求めた。『観無量寿経』はこの韋提希を主人公として物語を展開している。韋提希は阿弥陀仏の浄土に生まれることを願い、釈尊は、深心（信心）を核心とする三心を説き、阿弥陀仏の名を称えることを説き、浄土に生まれる道を韋提希に示した。

一方、悪虐とはいえ、阿闍世は父王の亡骸《なきがら》を前にして以来、後悔に苛まれ、曲折を経ながらも釈尊に救いを求める。『涅槃経』はこの阿闍世を主人公として物語を展開している。その詳細を親鸞は信巻に引用しているが、それによれば、終章で阿闍世は、釈尊の放つ月愛三昧による光明に触れ、さらに悪人を救う仏の名を聞き無根の信を生じている。このような苦悩する衆生や悪虐の者の救い、これが大乗仏教の課題であるが、この主題のもとにこの書は始まる。

序文は極めて簡潔で言葉が削ぎ落とされているので、初めに直訳を試み、注釈のあとに言葉を補って再び、訳出したい。

【直訳】 竊かに私は思う。思量し難き弘誓は、渡り難き苦海を渡す大船であり、さわり無き光明は、智慧無き煩悩の闇を破る智慧の日輪であると。

そうであるならば、清浄な仏の世界が開かれる縁が熟して提婆達多は阿闍世を教唆し父王殺害を惹起させた。清浄な行業を行ずる機が現れて、釈迦は韋提希に安養な仏の世界を選ばせなされた。これはなんと、権化の人々が苦悩する群萌を斉しく救済しようとし、世雄（釈迦）の大悲は、五逆（五種の極悪罪の者）、謗法（仏法を謗る者）、一闡提（成仏の因がない者）を確かに恵もうとお思いになったのである。

それゆえに明らかになったのだ、円融至徳の嘉号は悪を転じて徳に成す正しい智慧であり、難信金剛の信楽は疑いを除きさとりを獲させる真理であるということが。

このように凡夫が修めやすい真実の教えであり、愚者が行きやすい速やかな道である。大聖（釈迦）一代の教えでこの海のような功徳に及ぶものはない。煩悩を捨てさとりを求め、行に迷い信に惑い、心暗く見識は少なく、悪重く障りの多い者は、特に如来（釈迦）の勧めを仰ぎ、必ず最勝の直道に帰依して、専らこの行に奉え、唯、この信を崇めよ。

ああ、弘誓という強縁には多く生を重ねても遇い難く、真実の浄信は、億劫かかっても得難い。たまたま行信を得るならば、遠く宿縁を慶べ。もし、またこの度、疑網に覆われるならば、改めてまた、曠劫を経過するのであろう。誠であることよ、摂取不捨という〔釈迦の〕金言と超世希有の正法を聞思して、遅疑逡巡することのないように。

ここにおいて私、愚禿釈の親鸞は、慶ばしいことであることよ、印度西域の聖典と中国日本の師の解釈に遇い難くして、今遇うことができた。聞き難くして、すでに聞くことができた。真実の仏教の教行証を敬信して、ことに如来の恩徳の深いことを知った。こういうわけで、聞く所を慶び、獲る所を讃えるのである、と。

【註釈】 序文は整えられた文体であり、始まりは四六駢儷体である。一句が四字と六字の対句ではない部分も字数が揃えられ、全体は格調高く作成されている。展開の早い、断定的で凝縮された文章である。始めに「難思の弘誓」と「無礙の光明」が対句で挙げられ、「難思」「難度」、「無礙」「無明」と相対するものを同じ「難」「無」で表している。このような整然とした文は緊張感が緩むことなく終わりまで続いている。

始まりの「竊かに以みれば」は善導が好んで使った言葉である。「竊以真宗叵遇（ひそかにおもんみれば真宗あいがたく）」（散善義）、「竊以真如広大（ひそかにおもんみれば真如広大にして）」（玄義分）とある。親鸞は化身土巻の後序でも用いているので『教行証文類』の始めと終わりに置かれる語である。「竊」は謙遜の辞で「私見では」「おそれながら」の意味であり、「以」は「考える」という意味であるから、「おそれながら考えてみると」という謙譲の表現である。

竊かに考えられた内容は「難思弘誓　度難度海大船　無礙光明　破無明闇恵日（難思の弘誓は難度海を度する大船、無礙の光明は無明の闇を破する恵日なり）」の四句である。これはさまざまに解釈されてきたが、おもに「彌陀因位の大悲門」と「彌陀の果上の佛智不思議の大智門」（『教行信證講義集成』第一巻、一〇八頁）などと香月院深励がいうように、因位の本願と果上の光明の功徳を指し、『無量寿経』の所説によって法の真実を明かした段であると考えられてきた。

ちなみに深励は、続く王舎城の段を『観無量寿経』によって教えの起こるすがたを明かす（同前、一二一頁）とし、続く「難信金剛の信楽は疑いを除き証を獲しむる真理なり」は『阿弥陀経』によって真実の行と信を明かしている（同前、一四八頁）と、浄土三部経に配当させて解釈している。これは一応の配当であるが、妥当な解釈とは思えない。

この研ぎ澄まされた文の意味は測り難い。「竊かに」という通りに全貌を見せない。親鸞はこれからそれを説き始めるので意に介していないようであるが、これからの読解のためにも類推しておきたい。駢文は形式を重んじ、自由な表現を用いずに典故を多用する文体である。文には必ず先例、つまり拠り所とすべき故実がある。親鸞は何を典故として始まりの四句を置いたのであろうか。果たしてそれは浄土三部経であろうか。

『教行信証』を広本というのに対し、それを略述したとされ略本と呼ばれる『浄土文類聚鈔』には、同様に整然とした対句で「大悲願船、清浄信心而為順風、無明闇夜、功徳宝珠而為大炬（大悲の願船は、清浄信心をして順風とす、無明の闇夜には、功徳の宝珠をして大炬とす）」（『真宗聖典』四八五頁）とある。この記述と総序を関連付ける解釈は寡聞にして知らないが、弘誓の譬えである「大船」は、信心の喩えである「順風」を受けて難度海を渡す帆船となっていて、願船には信心が不可欠であることがわかる。帆船にとって風は動力である。すべてを他に依存することを他力本願という誤用があるが、親鸞は違う。信を願船の原動力と考えていた。ひたすら他人の力をあてにすることではない。

これは明らかに、大乗仏教の確立者である龍樹の思想を典故にしている。龍樹は『十住毘婆沙論』易行品で阿弥陀仏を讃嘆し、「かの八道（八正道）の船に乗じて、よく難度海を度したまふ」（『聖典全書』一、四一七頁）と讃えている。また「水道の乗船はすなわち楽しきがごとし」「信方便の易行をもつて疾く阿惟越致（不退）に至る」（『聖典全書』一、四〇八頁）と、信による易行によって速やかに不退（迷いへ退歩しない状態）に至ることを勧めている。それを親鸞も行巻に引用している。

曇鸞はそれに着目し、『浄土論註』で、それは『浄土論』の注釈であるにも拘わらず、冒頭で「謹みて龍樹菩薩の十住毘婆沙を案ずるに」といって龍樹の示す易行道を取り上げ、「易行道とは、謂く但信仏の因縁を以て浄土に生ぜんと願ずれば、仏願力に乗じて、便ち彼の清浄の土に往生することを得、仏力住持して、即ち大乗正定の聚に入る。正定は即ち是れ阿毘跋致（不退）なり。譬へば水路に船に乗ずれば則ち楽しきが如し。此の無量寿経優波提舎（浄土論）は蓋し上衍（大乗）の極致、不退の風航なる者なり」（『聖典全書』一、四四九頁）として、『浄土論』が大乗の極致である根拠を龍樹によって証明している。その大乗の極致とは信仏の因縁によって正定聚不退転（阿毘跋致）となることであり、海路を順風によって帆走し、蛇行しない速やかな不退の水路に喩えている。このような龍樹の思想を背景にして「難思の弘誓は難度海を度する大船」という句は成っていると考えられる。

また「無礙の光明は無明の闇を破する恵日なり」は、先の如く『浄土文類聚鈔』からの補足によって、「さわり無き〔阿弥陀仏の〕光明は、〔宝の名号をかがり火として〕智慧無き煩悩の闇を破る智慧の日輪である」とすれば意味が明確になる。どうして親鸞がこのような削ぎ落とされた文をもって書き出しているかについてはあとで言及するが、今はこの「無礙の光明」について考えてみたい。

世親の『浄土論』は前半の偈頌（願生偈）と後半の長行（散文）で構成されるが、偈の冒頭で「帰命尽十方無礙光如来」と阿弥陀仏への帰敬を表白する。また、長行では五念門を説くが、第二の讃嘆門を「云何なるか讃嘆する。口業をして讃嘆したまいき。彼の如来の名を称し（称彼如来名）、彼の如来の光明智相の如く（如彼如来光明智相）、彼の名義の如く、実の如く修行し相応せんと欲うが故なり（如彼名義欲如実修行相応故）」（『真宗聖典』一四八頁）と説明する。曇鸞はこれを「天親菩薩、今〈尽十方無礙光如来〉と言ふは、即ち是れ彼の如来の名に依り、彼の如来の光明智相の如く讃嘆するなり。故に知りぬ、この句は讃嘆門なりと」（『聖典全書』一、四五四頁）と、なかば強引に、世親の「尽十方無礙光如来」という帰敬の表白を讃嘆門に配当する。さらに巻下では、「〈称彼如来名〉とは、謂く無礙光如来の名を称するなり。〈如彼如来光明智相〉とは、仏の光明は是れ智恵の相なり。此の光明は十方世界を照したまふに障礙あることなし。能く十方衆生の無明の黒闇を除くこと、日月珠光の但だ空穴の中の闇をのみ破するが如きにはあらずなり。〈如彼名義欲如実修行相応〉とは、彼の無礙光如来の名号は、能く衆生の一切の無明を破し、能く衆生の一切の志願を満てたまふ」（『聖典全書』一、四八九頁）と注釈し、讃嘆とは無礙光如来の名号を称えることであり、名号を称えるとは、仏の名である光明（智慧）に相応しようとすることであり、智慧の光明は無礙であるから衆生の無明を除くとする。また名号を称えるとは、そのような名号の意義に相応しようとすることであるから、名号は衆生の無明を破り衆生の志願を満足させるとする。このような曇鸞の注釈による世親の思想を典故にして「無礙の光明は無明の闇を破する恵日なり」という句は成っていると考えられる。親鸞はこれらを行巻と信巻に引用してその意味を追求しているので詳細は譲る。

冒頭の僅か四句であるが、親鸞は、大乗の二大論師、大乗の確立者であり中観の祖である龍樹と、唯識の確立者である世親とが提起する大乗の思想を承けて起稿していることがわかる。同時代の日蓮が「龍樹・天親（世親）は共に千部の論師なり。但権大乗を申べて法華経をば心に存して口に吐きたまはず」（「法華行者逢難事」、『平成新編日蓮大聖人御書』七二〇頁）と、龍樹と世親が『法華経』に言及しないことを恨事としていることから考えると、親鸞が序の冒頭に二大論師の思想を表す四句を掲げることには仏法の法統における重要な意義がある。尤も、世親には『妙法蓮華経憂波提舎』（法華論）があるのであるが。

行巻で親鸞もいうように、大乗とは一乗（一切の衆生が斉しく仏に成ることができる唯一の教え）であるが、『法華経』の説く一乗の内容は不明瞭であり、困難な菩薩の道である。親鸞は、誰もがさとりに至る道を大乗の論師（思想家）として明らめようとしている。

このように弘誓と光明の力が一乗を実現すると竊かにおもんみる親鸞は、「然れば則ち（然則）」と展開する。「然則」はふつう「しかラバすなわチ」と訓読し、前節の事実を受けて後節で事態の出現を推定する代詞と接続詞であり、「そうであるからには」「そうであるならば」などと訳す（『全訳漢辞海』）のであるが、親鸞は『尊号真像銘文』で、聖覚の銘文の「然則」を「しからしめて、この浄土のならいにて」と解釈している（『真宗聖典』六四八頁）。また、『正像末和讃』の終わりに収録されている法語で「自然」の「自」を「しからしむ」、「然」を「しからしむ」、「法爾」を「しからしむる」と解釈している（『真宗聖典』

六二五頁）。『唯信鈔文意』でも「自然」を「しからしむ」と解釈し、「はからわざる」に「えしむる」ことであるとする（『真宗聖典』六七三頁）。『末燈鈔』でも同様である（『真宗聖典』七三七頁）。このように「しからしむ」は親鸞が重視する概念である。「しからしむ」は「そのような結果に至らせる」「そうさせる」の意味であるから、これらを勘案すれば、如来の誓願がそうさせて惹起した王舎城の悲劇となる。如来の誓願のしからしむる所によって、浄邦は縁熟して、調達と闍世をして逆害を興ぜしめたということになる。続く「浄業機彰れて、釈迦、韋提をして安養を選ばしめたまえり」も、如来の誓願のしからしむる所によって、浄業の機は彰れて釈迦と韋提をして安養を選ばしめたということになる。無論、これは文に埋め込まれた意味であり、提婆（調達）が阿闍世に逆害を起こさせ、釈迦が韋提希に浄土を選ばせた、ということが文面上の意味であろう。このように文に重層性を持たせている所に親鸞の独創がある。

文に埋め込まれた意味から考えると、親鸞は、この悲劇を阿弥陀仏の誓願のしからしむる所、つまり、王舎城の悲劇は、この一乗が実現する範例として起きたと認識している。そうであるならば登場人物は皆、菩薩の仮の姿（権化の仁）である。また世雄（釈迦）の大悲は、韋提希だけではなく五逆に及ぶとあるので、阿闍世の救いも対象に含まれている（親鸞はそれを信巻で『涅槃経』によりながら究明する）。

次に親鸞は「故に知ぬ」と展開する。つまり「それでわかったのである」と、この悲劇から明らかになったことがあると。それは、韋提希が『観無量寿経』において、釈尊から「（称）南無阿弥陀仏」の名号と「深心」とを聞き救われ、阿闍世は『涅槃経』において、釈尊の放つ光明と悪人を救う仏の名を聞き無根の信を生じている（親鸞は信巻で、それを四十八願中の触光柔軟の願と聞名得忍の願の成就と受け止めている）ことから、そこに嘉号（名号）が悪を転じて徳を成す正智であり、信楽（信心）が疑いを除き証を獲しむる真理であるということが知れたというのである。この明らかになった名号と信心という智慧と真理は、「爾者《しかれば》（そうであるから）」名号は凡愚の行じやすい教えであり、信心は行きやすい速やかな道である。つまりそれによって一切の衆生が斉しくさとりを開く教え（一乗）であり、釈尊の教えの中で名号の功徳（徳海）に及ぶものはないと断定する。だから迷いの衆生は釈迦如来の勧めを受け、この直道（さとりへの最も近い信の道）に帰し、行（名号）を承り、信（信心）を崇めよ、と親鸞は勧める。そして本願の遇い難きと信心の獲難きことを悲しみ、稀にも行信を獲たならば宿縁を喜ぶべきことを語り、釈尊の勧めと、その内容である阿弥陀仏の本願を疑いためらうことのないようにと自他を諭している。最後に遇い得た喜びを表白して終わっている。

終わりの部分に「教行証を敬信し」とあるが、「教行証」とは教えと行とさとりの併称で、仏道の完全な体系を表す語句である。窺基の『大乗法苑義林章』には、「仏の滅度の後、法に三時あり。謂く正像末なり。教行証の三を具するを名づけて正法と為す」（『大正蔵』四五、三四四頁中）とあり、親鸞は釈尊の在世から遠く隔たった末法の世にあっても教行証を具備する超世の正法である真宗を讃えている。

末尾の「如来の恩徳」の「如来」は、その前に「如来の発遣」とあり、この「如来」は、「発遣（差し向け勧めること）」の如来であるから、善導が『観経疏』散善義の二河譬で「釈迦発遣して指《ゆびさ》して西方に向かはしめたまふことを蒙り、また弥陀悲心をもつて招喚したまふに藉《よ》りて、今二尊の意に信順して」（『聖典全書』一、七七一頁）というように釈尊を指す。それに続く「如来」であるから文勢上は釈尊と考えられるが、見る限りすべての識者は阿弥陀如来と見ている。しかし、この「如来」を阿弥陀如来と読めば、ここには「西蕃月支の聖典（インド西域の聖典）」と「東夏日域の師釈（中国日本の祖師の釈書）」への感謝と阿弥陀如来への感恩だけが表明されて、釈尊へのそれが示されていないことになる。貞慶が「興福寺奏状」において法然の過失を弾劾する第三は「釈尊を軽んずる失」であり、「一代の教主、恩徳独り重し」と述べて、専修念仏者が弥陀の名号だけを尊び、それを教えた本師釈迦の深重な恩徳を忘れていると非難している。

深励は「西蕃月支の聖典」に釈尊の経説も含めてしまい（『教行信証講義集成』第一巻、二〇五頁）、『教行信証講義』（山邊習學・赤沼智善）も『講解教行信証』（星野元豊）も疑うことなく追随して問題にはならないが、釈尊の経説を三国（インド・中国・日本）」の一地域「西蕃月支」の聖典に帰属させる考えが親鸞にあったとは思えない。正信偈でも「印度西天の論家、中夏日域の高僧」は大聖（釈尊）が世に出られた意義を明らかにしたのであり、釈尊が「印度西天」に含まれるのではない。また『浄土文類聚鈔』でも、「印度西蕃の論説（龍樹の『十住毘婆沙論』・世親の『浄土論』）」（『真宗聖典』四七七頁）とあり経典を含めていない。奏状への弁明という狭い了見ではなく、親鸞は「恩徳広大釈迦如来」（『真宗聖典』五八一頁）というように終始、阿弥陀仏の浄土を勧める釈尊を讃えているのである。これらのことを勘案すれば、「如来の恩徳」の「如来」は釈迦如来であろう。しかも初めは「釈迦」と呼ぶが、次には「世雄」「大聖」と讃え、遂には「如来」とまで呼ぶことで序文は展開されてきたのである。

このことはこの書を作成する親鸞の基本的な立場をよく表している。親鸞はこの書で、これから釈尊がこの世に出現した目的（出世の本懐）を仏教者として明らかにして示そうとしているのである。『法華経』方便品で釈尊は一切衆生に平等なさとりを得させるために出現したと説くが、親鸞は改めて釈尊出世の理由を顕示しようとしているのである。それは次に教巻で示される。

末尾の「聞く所を慶び、獲る所を嘆ずる」は、普通に宣明がいう「聞きしまま。我が身にゑたままを慶嘆する」（『教行信證講義集成』第一巻、二〇四頁）でもよいが、親鸞の場合、本願成就文の「其の名号を聞きて信心歓喜せん（聞其名号信心歓喜）」や、「獲」と「得」の使い分け（「獲得名号自然法爾」）によって、名号は「聞く」、信心は「獲る」とするので、名号を聞くことを慶び、信を獲ることを讃えるという意味が埋め込まれていると考えられる。

ここで改めて考えてみると、いくら言葉が削ぎ落とされた文だといっても、この序文には「阿弥陀仏」という語が出てこない。冒頭の「難思」は難思光であり、「無礙」は無礙光であって阿弥陀如来の名であるが「阿弥陀」という固有名詞は挙げられていない。

もっといえば、驚くべきことに、ここには「浄土」「本願」「念仏」「名号」という浄土教の基本要語が現れない。浄土は浄邦（清浄なさとりの世界）や安養（安楽世界）と表現され、本願は弘誓（弘大な誓願）と表現され、念仏や名号は浄業（清浄な行）や嘉号（勝れた名）や徳海（功徳の海）、そして「行」と表現されている。敢えていえば、「信心」といわず「信」ということで「行信」が総序の基軸になっている。

これは修辞を凝らしてのこととは考えられない。「難思」も「弘誓」も、「無礙」も「光明」も、「浄邦」「浄業」「安養」「嘉号」「信楽」「徳海」「直道」「行信」「摂取不捨の真言」「超世希有の正法」「真宗」も、阿弥陀仏を予想させる語であっても、阿弥陀仏との関係に限定せずとも読むことはできる。これにはどのような意味があろうか。

推測するに、これは、親鸞が浄土宗という党派に立って法然を擁護し、専修念仏を主張するのではなく、龍樹と世親の思想を背景とする四句を冒頭に掲げ、大乗の論師として釈尊の教えを明らかにしようとする態度表明であろう。それゆえ「行」「信」という仏教の基本要語を軸にして文は展開されている。もちろんその釈尊の正意である弥陀の本願を、教巻から親鸞は説示するのであるが、ここでは直接的な表現は抑制されている。このことをもって自身の立場を表明しているのであろう。

しかしそれにしても、行と信を併称した「行信」は親鸞独特の用語である。通常、行はさとりへの実践であり、信はその前提であるから、「信行」となり、「心行（心のはたらき）」に比定し、特に「他力の心行（安心と起行）」と理解されている（『新版仏教学辞典』）。しかしそれでは「信行」であって、親鸞がわざわざ「行信」という意味がない。江戸期の宗学で行信論は盛んであったが、信心正因称名報恩説が桎梏になって、これを説明したものを見ない。行信の問題は行巻と信巻の課題であるが、総序の理解のために素描しておきたい。

「行信」は、『教行証文類』以外であまり見ない語である。これも不思議なことである。ただ関連するものとして、親鸞の消息に、信の一念と行の一念に関する覚信房の質問に答えたものがある。それには「本願の名号をひとこえとなえておうじょうすと申すことをききて、ひとこえをもとなえ、もしは十念もせんは行なり。この御ちかいをきてうたがうこころのすこしもなきを信の一念と申せば（後略）」（『御消息集』、『真宗聖典』七〇九頁）とあって、行信の順序が明瞭である。「只一こう（向）に念仏すべし」（法然「一枚起請文」、『真宗聖典』一一五三頁）と聞き、一声をも称えることが行の一念であり、この本願の名号を聞いて疑う心のないことを信の一念というのである。

さらに消息では「行と信とは御ちかいを申すなり」というので行信は誓願である。それを詳しく親鸞は行巻で「凡そ誓願に就いて、真実の行信有り、亦方便の行信有り。其の真実の行願は諸仏称名の願なり。其の真実の信願は至心信楽の願なり。斯れ乃ち選択本願の行信なり」（『真宗聖典』二二五頁）という。行の一念と信の一念の根底には、諸仏称名の願（第十七願）という行願と至心信楽の願（第十八願）という信願があるという、重層的な構造を見ている。

親鸞はこの行願と信願の世界を願海という。この「願海」も曇鸞や善導に言葉の淵源はあっても思想的には親鸞の独創である。本願海は煩悩を絶したさとりの世界ではない、群生海と重層するものである。つまり、群萌の苦悩の中ではたらく法蔵菩薩（阿弥陀仏）の本願の境界である。そうであるから「十方群生海、斯の行信に帰命すれば摂取して捨てたまわず」（行巻、『真宗聖典』二〇九頁）と親鸞はいう。この「行信」は願海である。

詳細は行巻に譲るが、親鸞は本願成就文によって、行を諸仏の阿弥陀仏への讃嘆（称名）とし、信はその名号を聞くことによって衆生に生じる真実心とする。第十七願と第十八願の成就文は「十方恒沙の諸仏如来、皆共に無量寿仏の威神功徳の不可思議なることを讃歎したまう。諸有衆生、其の名号を聞きて、信心歓喜せんこと、乃至一念せん（後略）」（『真宗聖典』四七頁）と一連である。この構造が行信（誓願）の成就したすがたであることを読み取って、「聞其名号、信心歓喜（其の名号を聞きて、信心歓喜せん）」に、衆生が斉しく仏に成る一乗が実現すると親鸞は見た。浄土の教えを大乗の真宗（真実の教え）として位置付ける鍵となる語を行信に見出したのである。それが「円融至徳の嘉号」と「難信金剛の信楽」である。このように衆生が斉しくさとりを開くことのできる大乗を模索しようとする視点から著された論書（思想書）が、この『教行証文類』であるということである。

また「難度海を度する大船」や「無明の闇を破する恵日」という弘誓や光明の隠喩には、浄土教一般の浄土往生後の功徳利益ではなく、苦海とも暗黒ともいうべき現世において実現する名号と信心による正定聚の思想が表れており、いっそう親鸞の立場を鮮明にしている。

次に、一貫して名号と信心、つまり行信を基軸にし、抑制的で隠喩に満ち、黙示的な総序に言葉を補った意訳を試みる。

【意訳】竊かに考えてみると、難思光（阿弥陀如来）の弘大な誓願は、〔信心の順風を帆にうけ〕難渡の苦海を渡す雄大な帆船であり、無礙光（阿弥陀如来）の光明は、〔宝の名号をかがり火として〕無明煩悩の闇を破る智慧の日輪である、と。

そうであるならば、如来の誓願のしからしむる所によって、阿弥陀仏の浄土が開かれる縁が熟したので、提婆達多と阿闍世をして父王逆害を惹起させたのであり、念仏の機が現れたので、釈迦と韋提希をして安養浄土への道を選ばせなされた。これはなんと、菩薩の仮の姿である提婆達多をはじめとする権化の人々が、苦悩する群萌を斉しく救済しようとし、世雄（釈迦如来）の大悲は、救われ難き五逆、謗法、一闡提に確かに恵みをかけようとお思いになったのである。

ゆえにこの王舎城の悲劇から明瞭にわかることがあった。韋提希や阿闍世の遇い得た円融至徳の〔阿弥陀如来の〕名号は、悪を転じて功徳に成す正智であり、二人に生じた難信金剛の信心は、疑いを除きさとりを得させる真理である、と。

されば、念仏は凡夫に修めやすい真実の教えであり、信心は愚者が行きやすい速やかな道である。大聖（釈迦如来）一代の教えの中で、この名号の、海のような功徳に及ぶものはない。煩悩を捨てさとりを欣いながら、行に迷い信に惑い、心は愚かで見識はなく、悪は重く障りの多い者は、特に如来（釈迦如来）の勧めを仰ぎ、必ずさとりへの最勝の直道に帰依して、専らこの行（名号）に奉え、唯この真実の信を崇めよ。

ああ、阿弥陀如来の弘誓という強縁には多く生を重ねても遇い難く、真実の浄信は、億劫かかっても得難い。たまたま行信を得るならば、遠く宿縁を慶べ。もし、またこの度、疑網に覆われるならば、改めてまた、曠劫を経過するのであろう。誠であることよ、摂取不捨（阿弥陀如来の光明は念仏の衆生を摂取して捨てない）という釈迦如来の金言と、超世（正像末の三時を超えた）希有の正法である阿弥陀如来の本願を聞思して、遅疑逡巡することのないように。

ここにおいて、愚禿釈の親鸞は、慶ばしいことであることよ、印度西域の聖典（龍樹・世親の論）と中国日本の師の解釈（釈）に遇い難くして、今遇うことができた。聞き難くして、すでに聞くことができた。真実の仏教の教行証を敬信して、ことに如来（釈迦如来）の恩徳の深いことを知った。こういうわけで、〔名号を〕聞くことを慶び、〔信心を〕獲ることを讃えるのである、と。

161

総標・標列

大無量寿経　真実の教　浄土真宗

顕真実教一

顕真実行二

顕真実信三
顕真実証四
顕真仏土五
顕化身土六

顕浄土真実教文類一

愚禿釈親鸞集

163

真宗大綱　真実教

謹んで浄土真宗を案ずるに、二種の回向がある。第一は往相であり、第二は還相である。往相の回向に真実の教、行、信、証がある。

そもそも、その真実の教を顕すならば、『大無量寿経』がそれである。

この『経』の大意は、弥陀が誓願を発《おこ》し、法蔵を開き、凡夫を哀れみ、選び抜いた功徳の宝である名号を施すことに尽くし、釈尊はこの世界に出現し、仏教（無量寿経）を顕《あらわ》し開き、群萌を救い、恵むに真実の利益である阿弥陀仏の本願をもってしようとお思いである、ということである。こういうわけで、如来の本願を説くのでそれを『経』の要とする。つまり仏の名号をこの『経』の本質とするのである。

【註釈】『教行証文類』は引用文と親鸞自身の文（自釈）で構成されるが、ここは自釈である。第一段落は、二回向と四法が示されるので「真宗大綱」といわれる。如来の回向には、仏教の目的であるさとり（浄土）への道（往相）と、さとりからの道（還相）があり、往相に教、行、信、証があるという基本構造が示される。

行証のない末法の時の仏教者は、大乗のさとりを実現する完全な教行証を悪戦苦闘しながら追究したが、親鸞は、それが如来によって教、行、信、証として回向されることをここに表明している。

その回向される「教」とは『大無量寿経』（無量寿経）であり、それが真実教である理由は本願が説かれることにある。阿弥陀仏を讃える経典は数多くあるが、その本願の詳細を説く経典は『無量寿経』だけである。多くの宗教の本尊は恒常不変であるが、阿弥陀仏には因位の歴史があり、因位法蔵菩薩の本願建立と成就への実践は、衆生と共にする大乗の歩みである。ここに本願が説かれる重要な意義がある。

「斯の『経』の大意」として示される文は、『無量寿経』の「法蔵を開きて、広く功徳の宝を施せん」（重誓偈、『真宗聖典』二七頁）と「世に出興したまう所以《ゆえ》は、道教を光闡して、群萌を拯《すく》い恵むに真実の利を以てせんと欲してなり」（発起序、『真宗聖典』八頁）が典拠であろうと考えられている。「道教」は菩提（道）の教えで仏教を指し、広く釈尊の一代の教えと解釈されてきたが、親鸞が真実教を示そうとしている箇所なので『無量寿経』を指しているとするほうが自然である。

次に親鸞は釈尊に出世の真意を問い、経文と釈文によって明らかにする。

164

自釈

なぜ『大無量寿経』を説くことが釈尊の出世の目的であると知ることができるのかといえば、

164

『無量寿経』の文

『大無量寿経』に言うことには、「〔阿難は申し上げた〕〈今日の世尊は御身が満足し、お姿は清浄で、ご尊顔は崇高でおありである。それはあたかも明鏡に映る清らかな姿が表裏を透るかのようです。威厳ある容貌は輝き、超え勝れておられることは量りなく、いまだかつて仰ぎ見たことはありません、殊《こと》に妙《たえ》なることが今日のようであられることを。はい、そうなのです、世尊よ、我が心中の思いを述べることには、今日、世尊は奇特の法に住しておられる。今日、世雄は仏の所住に住しておられる。今日、世眼は導師の行に住しておられる。今日、世英は最勝の道に住しておられる。今日、天尊は如来の徳を行じておられる。過去・未来・現在の仏は、仏と仏が相念じておられるが、今、世尊も諸仏を念じておられることがないはずがあろうか。どうして威神の光が輝き、今このように神々しいのですか〉と。

ここで世尊が阿難に告げて仰せられるには、〈諸天（神々）が汝に教えて仏に問うようにさせたのか、自らの慧見によって厳かな顔ばせであることを問うたのか〉と。阿難が仏に申し上げるには、〈諸天が来て、私に教えた者はなかったでしょう。自分の考えでそのわけをお尋ね申し上げることだけです〉と。

仏の仰せには、〈善きかな阿難よ、問うたことは大変喜ばしい。深い智慧と勝れた弁え知る能力（弁才）を発揮して、人々を哀れみ、心にかけようとして、この真義を問うている。如来は無限の大悲をもって迷いの世界を哀れみたもう。この世界に出現する理由（世に出興する所以）は、仏教を顕し開き、群萌を救い、恵むに真実の利益である阿弥陀仏の本願をもってしようとお思いである。無量億劫かかっても遇い難く、見たてまつり難きことは、優曇華が時を待ち、時を得てちょうど咲く時に遇うようなものである。今、問うたことは衆生を利益する所が多い。一切の諸天や人々を教え導くのである。阿難よ、知るがよい。如来のさとり（如来正覚）の、その智慧は量り難く（其智難量）、指導なされる所は多大である（多所導御）。智慧はとらわれがなく（慧見無礙）、さえぎられることはない（無能遏絶）〉」と。已上

【註釈】親鸞は、釈尊の出世の目的が『無量寿経』を説くことにあることを、『無量寿経』における釈尊自身の言葉で明示している。それは阿難の発問から始まっている。釈尊のいとこにあたり、常随昵近の弟子である阿難は、ある朝、釈尊の姿に未曾有の崇高さを感じ、釈尊が五徳に住して、諸仏を念じておられるのであると思い、その理由を尋ねる。釈尊は喜び、出世の本懐を顕そうとする。

ここに「出世本懐」とは出てこないが、『一念多念文意』に「『大経』には、〈如来所以興出於世　欲拯群萌恵以真実之利〉とのたまえり。この文のこころは、〈如来〉ともうすは、諸仏をもうすなり。〈所以〉は、ゆえということばなり。〈興出於世〉というは、仏のよにいでたまうともうすなり。〈欲〉は、おぼしめすともうすなり。〈拯〉は、すくうという。〈群萌〉は、よろずの衆生という。〈恵〉は、めぐむともうす。〈真実之利〉ともうすは、弥陀の誓願をもうすなり。しかれば、諸仏のよにいでたまうゆえは、弥陀の願力をときて、よろずの衆生をめぐみすくわんとおぼしめすを、本懐とせんとしたまうがゆえに、〈真実之利〉とはもうすなり」（『真宗聖典』六六四頁）と親鸞自身の解釈がある。釈迦諸仏が世に出現された本懐は、弥陀の本願を説いて衆生を救おうとする思し召しにあると、親鸞はこの経文から読み取っている。

これは『法華経』を根本聖典にする中国と日本の仏教の大勢に真っ向から反している。『法華経』方便品第二には「諸仏世尊は、唯一大事の因縁を以っての故に、世に出現したもう」（『大正蔵』九、七頁上）とあり、智顗はそれを、諸仏のさとりである実相を衆生に得せしむるために仏は出現するが、この「一大事」の「一」こそがその実相であり、『法華経』に至って初めて開示された法であると解釈（『法華文句』巻四上〈『大正蔵』三四、四九頁下〉）する。それを元に、『法華経』を説くことは衆生に仏知見を開かせるためであり、ここに諸仏世尊の出世の本懐があるとされてきた。

また、智顗が『法華経』の開経（序説）と位置付ける『無量義経』には、「四十余年未顕真実」とあり、『法華経』が説かれるまでは、釈尊出世の本懐である真実の教えは顕らかにされなかったといわれる。ただし、それは「四十余年未曾顕実」（『大正蔵』九、三八六頁中）であり、流通する「四十余年未顕真実」という過激な文句の初出は、智顗の『法華玄義』巻五上（『大正蔵』三三、七三八頁中）である。本書（顕浄土真実教行証文類）の題の「顕浄土真実」は天台の「未顕真実」に対応していると考えられる。天台に学んだ親鸞は、当然このことを背景にして、本願を説く『無量寿経』が釈尊出世の本懐であり、真実教であるとしているのであろう。

文中の「弁才」は次に引用される異訳の『如来会』の文中で、左訓に「わきまえ　しる」とあるので、それに従った。次に親鸞は異訳の経から同一部を引用してその意味を明瞭にする。

『無量寿如来会』『平等覚経』の文

『無量寿如来会』に言うには、「阿難が釈尊に申し上げるには、〈世尊よ、私は如来の輝きが不思議であることを拝見したので、この思いを発しました。天等からいわれたからではありません〉と。仏が阿難に告げられるには、〈よいことであった。汝は今、喜ばしい問いかけをした。よく奥深い弁え知る能力（弁才）をもって観察して、よく如来に如是の義を尋ね申し上げた。汝よ、一切の如来であり応供である正等覚者は共に大悲に安住して、群生を利益しようとするために、優曇華が稀に開くように、大士は世間に出現されている。ゆえに汝はこのわけを尋ね申し上げるのである。また、あらゆる衆生を哀れみ、しあわせにしようとするために、よく如来に如是の義を尋ね申し上げた〉」と。已上

『平等覚経』に言うには、「仏が阿難に告げられるには、〈世間に優曇鉢樹がある。実をつけるだけで花はつけない。この天下に仏がおいでになるのは、ちょうど今、その花が開くようなものなのだ。世間に仏がおられても、甚だ遇えることは難しい。今、我れは仏と成って天下に現れた。もし立派な徳があって聡明な善心で、仏の意を知ることによって、もし忘れなければ、仏の側にあって仏にお仕えすることになるのである（聡明善心にして仏意を知るに縁りて若し妄れずは、仏辺に在りて仏に侍えたまうなり）。もしくは今、汝が尋ねたことを説くので、よく聞きなさい〉」と。已上

【註釈】『如来会』からの引文によって出世の本懐が改めて確認される。「弁才」の前後の文は意味を取りにくいが、前述のように「わきまえ　しる」という弁才の左訓によって読んだ。

『平等覚経』の「聡明善心にして」以下の文も意味が取りにくくなっている。「縁《よ》って」を「豫《あらかじ》め」とし、「若《も》し」を「若《なんじ》」とし、「妄」を「忘」とする現行本（『大正蔵』一二、二八〇頁上）もあり、それであれば「豫め仏意を知り、若《なんじ》忘れず、仏辺に在りて仏に侍えたてまつる」となり、意味は通るが、ここでは、坂東本に従った。

『無量寿経』と異訳の経典からの引文の要旨は、阿難が釈尊の光り輝く姿に気付き、釈尊は五徳に住し、諸仏を念じておられると確信し、その理由を尋ねる。釈尊はその問いを喜び、優曇華が開花するように稀であるとして、出世の目的である弥陀の本願を説こうとする。このようにして説かれた『無量寿経』を親鸞は真実教と規定する。

一方、『法華経』では序品で、大地が振動し、釈尊が眉間の白毫から光を放ち、弥勒菩薩は希有のこと

を現す前兆であると思い、文殊師利菩薩にどうして大光を輝かしたのかと尋ねる。文殊師利菩薩は大いなる法を説かれる瑞兆であり、難信の法を聞知させようとしておられると答える（『大正蔵』九、三頁下）。続く方便品では、釈尊が舎利弗に、「唯、仏と仏とのみ、乃ち能く諸法の実相を究め尽せばなり」（『大正蔵』九、五頁下）と、仏と仏とのみが知る法でありといい、このような妙法が説かれるのは優曇華が開花するようなものであり、諸仏世尊は唯、一大事の因縁をもって世に出現するとして、出世の本懐を明らかにする。それは衆生に仏知見を開き、示し、悟らせ、入らせる（開示悟入）ためであり、一仏乗（一切衆生を斉しくさとりへ導く唯一の教え）をもって法を説くのであると続いている。

これは教巻の用語と文脈に重なる。親鸞は、具体的に誓願一仏乗を説く『無量寿経』を出世本懐とすることで、出世本懐の経とされてきた『法華経』が何らの具体性もなく一仏乗を説くということだけを繰り返していることを止揚して、真実の仏教である浄土真宗を提示しようとしていると考えられる。

『如来会』の引文中の「如是の義」も、もちろん「このわけ」という意味であるが、親鸞は、『浄土和讃』に「如来の光瑞希有にして　阿難はなはだこころよく　如是之義ととえりしに　出世の本意あらわせり」（『真宗聖典』五七八頁）とあるように「如是」のまま使っている。『法華経』方便品で釈尊は、舎利弗に、仏が成就した難解の法は仏と仏とのみが究める諸法の実相であり、その実相に十種の如是があると説いている（『大正蔵』九、五頁下）。親鸞は、諸仏のみが知り得る如是（真実）の義を阿難が聞こうとしていると読んだとも考えられる。

次に親鸞は、五徳を注釈する憬興の『述文賛』の文を引用して、『無量寿経』を説く釈尊が住した五徳の内容を示して、相手に応じて説かれた方便の教えではないことの確証を得る。憬興は七世紀の新羅の法相宗の学僧であり、『無量寿経』の四大注釈の一つとされる『無量寿経連義述文賛（述文賛）』の著者である。親鸞は割注（小書きで二行に割って書き記すこと）にして経文の句の注釈として引用している。

『述文賛』の文

憬興師が云うには（述文賛）、「〈今日世尊住奇特法〉（大経）とは、神通輪に依って現された相であり、ただ通常と異なるだけではなく、等しい者がないからである。〈今日世雄住仏所住〉とは、普等三昧に住してすべての魔と魔王を抑制するからである。〈今日世眼住導師行〉とは、五眼を導師の行といい、衆生を教え導くについてこのうえないからである。〈今日世英住最勝道〉とは、仏は四智に住しておられ、独りだけ秀でておられ匹敵する者はいないからである。〈今日天尊行如来徳〉とは、仏は第一義天であり、第一義である仏性が不空である義をさとる諸天の尊であるからである。釈尊のいう〈阿難当知如来正覚（阿難まさに如来の正覚と知るべし）〉とは、阿難のいう奇特の法のことを明かしたのである。釈尊のいう〈慧見無礙〉とは、阿難のいう最勝の道のことを明かしたものである。釈尊のいう〈無能遏絶（とどめることはできない）〉とは、阿難のいう如来の徳を明かしたのである」已上

【註釈】阿難は、釈尊が五徳に住しておられると洞察したが、憬興は五徳を以上のように注釈している。阿難のいう奇特の法とは、神通輪（身業より神変を現じて衆生に正信を発さしめるはたらき）によって現した相である。仏の所住とは、普等三昧（普く一切の諸仏を見る三昧）のことである。導師の行とは、五眼（肉眼・天眼・法眼・慧眼・仏眼）をもって衆生を導くのである。最勝の道とは、煩悩を離れた四智（大円鏡智・平等性

智・妙観察智・成所作智）を得られた境地である。如来の徳を行ずるとは、真如をさとった如来が利他を行じておられることであると解釈している。

さらに憬興は、後続する経文、「如来正覚　其智難量　多所導御　慧見無礙　無能遏絶」の五句を五徳に配当し、それは阿難が洞察した五徳を釈尊が認め、阿難の問いに答えて五徳の内容を明かしていると読んでいる。つまり阿難のいう「奇特の法」とは「如来の正覚」であり、「仏の所住」とは「其の智量り難い」ことであり、「導師の行」とは「導御したまう所多し」ということであり、「最勝の道」とは「慧見無礙」であり、「如来の徳」とは「能く遏絶すること無し」ということであると、釈尊が認可（追認）していることであるとする。親鸞はそのうち「如来正覚」と「慧見無礙」と「無能遏絶」の部分を引用している。

「普等三昧」は、現行の『述文賛』（『大正蔵』三七、一四六頁中）では「諸仏平等三昧」になっているので、普遍斉等に普く等しく一切の諸仏を見るという三昧である。

この『述文賛』の引用によって明らかになったことがある。阿難がいう五徳の第一の「奇特の法」とは、衆生に正信を発させようとして光り輝くという神変を現じている瑞相である。第二の「仏の所住」とは普等三昧であり、仏と仏とが念じ合う三昧に入っておられる瑞相である。第三の「導師の行」とは五眼であり、五眼によって教化する瑞相である。天台宗でも前四眼を因位、仏眼を果位として、仏は五眼を具えるとされてきた（『大乗義章』巻二十末〈『大正蔵』四四、八五二頁下〉）。比叡山に学んだ日蓮は、五眼の体は、妙（仏眼）、法（法眼）、蓮（慧眼）、華（天眼）、経（肉眼）の五字であるとしている（「十八円満抄」、『平成新編日蓮大聖人御書』一五一六頁）。第四の「最勝道」は四智であり、さとりに住しておられる瑞相である。四智はさとりによって得られる四種の無漏智である。第五の「天尊」は、如来は第一義（真如仏性）をさとるので、天に譬えれば五天の中の第一義天である。その天尊が如来の徳を行じておられる瑞相である。さらに釈尊自身の言葉による追認によれば、正覚に住し、慧見無礙であり、遏絶することなき如来の徳を行じておられるということになる。

以上のことで親鸞は、釈尊がどのような境地におられたのかを問題にしている。阿難の眼前の釈尊は如来の境地におられ、相手に応じた比喩や方便ではなく、真実の出世の本懐を示す境地におられたということになる。それは衆生に、仏智見を開かせ、示し、さとらせ、入らしめようとする開示悟入の釈尊そのものである。そのため一仏乗を説くのであるということになれば、それを説く行巻が必然的に開かれることになろう。

次に親鸞は教巻を結ぶ。

166

結　嘆

このように、これらの文こそは『無量寿経』が顕真実教であることの証明である。誠にこの『無量寿経』は如来の出世の真意の説であり、奇特最勝の妙典であり、一乗を究めた至極の説であり、速やかで完全な釈尊の直説であり、十方諸仏が称讃する誠の言葉であり、時機が熟した真実の教えである。知るべし、と。

【註釈】 元来、「一乗妙典」は『法華経』を指す語であるが、親鸞は『無量寿経』を「奇特最勝の妙典」「一乗究竟の極説」といい、それが出世本懐の経であるということを示して巻は結ばれた。

顕浄土真実教文類一

諸仏称名の願　浄土真実の行
選択本願の行

顕浄土真実行文類二

169

大行釈

謹んで往相の回向について考えると、大行があり、大信がある。

大行とは無礙光如来の名を称えることである。この行はあらゆる善行を摂め、あらゆる功徳を具えている。この行は即時に功徳が満たされ、真如一実の功徳宝海である。ゆえに「大行」という。

さて、この行は大悲の願より生まれたのである。ここに、これを「諸仏称揚の願」という。また「諸仏称名の願」といい、また「諸仏咨嗟の願」という。また「往相回向の願」というべきであり、また「選択称名の願」というべきである。

【註釈】 真実の行を明らかにする巻が始まり、如来の名を称えることが回向の大行であることが示される。称名の主語は示されていないが、願名に明らかなように諸仏の称名ということになる。諸仏の称名が真如一実の宝海ということになる。そして大行の所出である「諸仏称名の願」など第十七願の願名が列挙され、次にその願文が引用される。

170

『無量寿経』の文（一）

諸仏称名の願とは、『無量寿経』に言うには、「もし私が仏に成るならば、その時、十方世界の無量の諸仏が皆、称讃して、我が名を称えないならば、私は正覚を得ないようにしよう」と。

また言うには（重誓偈）、「私がさとりを成就するに及んで、その仏名が十方へ超えて、究極へ達し、もし聞こえない所があるならば、誓って正覚を成就しないようにしよう。衆生のために宝蔵を開いて功徳の宝を施そう。常に大衆のただ中で法を獅子吼すること〔を誓う〕」抄要

【註釈】 第十七願文と、続いて関連する内容の重誓偈の文が引用された。第十七願は、仏に成るとしても、その仏名が諸仏に称讃されなければ正覚を得ないという法蔵菩薩の誓いである。重誓偈の文は、重ねて、諸仏の称讃する仏名が聞こえない所があれば正覚を成就しないことを誓い、そのために衆生に功徳を与え、教えを説こうという誓いと決意である。

次は第十七願成就文をはじめに、この誓願の成就を表す文が続いて引用される。

170

『無量寿経』の文（二）

第十七願成就文とは、『無量寿経』に言うには、「十方の数限りない諸仏は皆共に無量寿仏の威神力の功徳が不可思議であることを讃嘆される」已上

また、言うには、「無量寿仏の威神力は十方世界に極まりがない。無量無辺不可思議の諸仏如来で、彼を称嘆しない者はない（彼を称嘆せざるは莫し）」と。已上

また、言うには、「無量寿仏の本願力〔により〕、その名を聞いて往生しようと願えば、皆悉く浄土へ到り、自ずから不退転に到（致）る」と。已上

【註釈】諸仏が阿弥陀仏を称讃してその名を称えるという第十七諸仏称名の願の成就文が引用され、続いて同意の引文（東方偈前の文）があり、そのあと東方偈の文が引用されている。東方偈の文では諸仏の称名を聞く者は不退転を得るとあり、諸仏の称名が衆生の聞名となることが示されている。これは行信の問題であり、のちに展開を見せる。

次に、異訳である『無量寿如来会』の重誓偈の文と第十七願成就を表す文が引用される。

『無量寿如来会』の文

『無量寿如来会』に言うには、「今、〔私（法処比丘）は〕如来（世間自在王如来）に目見《まみ》えて弘誓を発《おこ》した。必ず無上菩提の因を明らかにするであろう。もしこれらの尊い誓願が成就しなければ十力を持つ無等尊にはならないようにしよう。心がことによると常行に堪えられないであろう者に施そう。広く貧苦の者を救い、あらゆる苦を免れさせ、世間を利益して安楽にさせよう、と。（乃至）最勝の大丈夫〔である私〕は修行をなし終え、彼ら貧苦の者の中にあって、すべての功徳を含み納め（伏蔵）したもの（名号）となろう。正しい道理に従った行いを円満成就して、かつて等しい者がなかったような者となり、衆生のただ中で法を獅子吼しよう」と。已上抄出

また、言うには、〔釈尊の仰せには〕「阿難よ、法処比丘のこのように正しい功徳利益の本願成就である

から、無量の勝れた、限りない世界の諸仏は皆共に無量寿仏の所有の功徳を称讃される」と。已上

【註釈】『如来会』から二文が引用された。第一文は『如来会』の重誓偈であり、第二文は巻下の東方偈の直前にある第十七願成就の意を表す文である。第一文は、『如来会』でも四十八願が誓われるが、その誓いのあと、重ねての誓いの偈（重誓偈）中の文である。前述の正依の『無量寿経』の重誓偈と同じく、法蔵菩薩の誓いと決意である。

文中の「伏蔵」は通常、「地中にひめ隠された財宝の蔵」（『日本国語大辞典』）の意味を持つが、「すべての功徳をふくみおさめること。弥陀の名号を指す」（『真宗新辞典』）の意味で取った。また、文中の「無上菩提の因」は現行の『大正蔵経』では「無上菩提の日」となっている（『大正蔵』一一、九四頁下）。「まさに無上菩提を証すべき日に、もしもろもろの上願を満足せずは十力無等尊を取らじ」という文で、「説我得仏」で始まり「不取正覚」で終わる願文と同意文である。それを親鸞は「無上菩提の因を証すべし」と、「日」を「因」と読んでいる。これでは意味が取りにくいし、字形も似ているので、大抵は誤写（形誤）として、「日」に訂正して解釈される（山邊習學・赤沼智善『教行信證講義』一六四頁）。しかし後続する「心或いは、常に施を行じて、広く貧窮を済いて諸の苦を免れしめ世間を利益して安楽ならしむるに堪えずは、救世の法王と成らず（心がことによると、布施行や利他行に堪えないならば仏には成らない）」という誓願を意味する文を、親鸞は「心、或いは常行に堪えざらんもの、施せん。広く貧窮を済いて、諸の苦を免れしめ、世間を利益して安楽ならしめん（後略）」と読み、さらに末尾の「救世の法王と成らず」という誓願文にとって大切な句を省略している。『大正蔵経』の文は簡潔で、このことを成就できないなら仏に成らないという

意味の誓願の定型句であり、通常、その文脈を読み誤ることなどはあり得ない。

親鸞の読みになると、「必ず無上菩提の因を明らかにするであろう。もしこれらの誓願が成就しなければ十力を持つ無等尊にはならないようにしよう。心がことによると常行に堪えられないであろう者に施そう。広く貧苦の者を救い、あらゆる苦を免れさせ、世間を利益して安楽にさせよう」となって意味は通る。「無上菩提の因を証すべし」の「因」は、のちに「徳号の慈父無《まし》さずは、能生の因闕けなん」（『真宗聖典』二一〇頁）とあるので名号と考えてよい。そうすれば真実行を明らかにする証文になる。また「証」字にわざわざ上欄注を設け「験なり」としているので、「〔真実の行を〕明らかにしよう」という意味で法蔵菩薩の願心の表明になる。また、「心」「堪えざらん」の主格を法蔵菩薩から衆生へと変えることで、心が常行に堪えない衆生に施されようとした名号の意義が鮮明になっている。

第二文の引用によって、その誓願が成就し、諸仏が称讃するという次第になっている。この文は第十七願成就の意を表すものであり、東方偈偈前にある文で、先の『無量寿経』の引文と同位置にある。『無量寿経』の文では「彼を称嘆せざるは莫し」であるが、ここでは「無量寿仏の所有の功徳を称讃したまう」であり、諸仏が無量寿仏所有の功徳である本願成就の名号を讃嘆する意味になり、称讃の内容が明瞭になっている。

次は、『大阿弥陀経』と『平等覚経』からの引文である。

『大阿弥陀経』『平等覚経』の文

『仏説諸仏阿弥陀三耶（耶）三仏薩楼仏檀過度人道経』（『大阿弥陀経』という、『二十四願経』という）に言うには、「第四に願うことには、〈もし私（曇摩迦菩薩）が仏に成るならば、その時、我が仏名を遍く十方の無量の仏国に聞こえるようにさせよう。遍く諸仏に、比丘衆の中で我が功徳と国土の善を説かせよう。天・人・空を飛ぶ虫・地を這う虫たちは我が名を聞いて、それで慈愛の心を起こさないものはないのであろう。歓喜踊躍する者は皆、私の国へ生まれさせ、この願が成就し、そこで仏と成ろう。この願が成就しなければ最後まで仏とは成らないようにしよう〉」と。已上

『無量清浄平等覚経』巻上に言うには（第十七願）、「私（法宝蔵菩薩）が仏に成るであろう時、我が仏名を十方無数の仏国に聞かせよう。諸仏は各おの、弟子衆の中で我が功徳と国土の善を讃嘆するであろう。天・人・地に這う虫たちで我が名を聞いて踊躍する者は悉く我が国へ生まれさせよう。そうでなければ私は仏とは成らないようにしよう」と。

また（第十九願）、「私が仏に成るであろう時、他方の仏国の人民で、前世において悪を縁として（悪の為に）我が名を聞く者、及び正しく道を行ずるために（道の為に）我が国へ生まれようと願う者は、命終して皆再び三悪道に帰らせないようにして、すぐに私の国へ生まれるであろうこと、それが私の願う所である。そうでなければ私は仏とは成らないようにしよう」と。

【註釈】『平等覚経』の引文の途中であるが注釈を加える。『無量寿経』の第十七願と第十八願に相当する『大阿弥陀経』の第四願と、同様の意味を持つ『平等覚経』の第十七願と第十九願が引用された。『大阿弥陀経』も『平等覚経』も二十四願経である。『平等覚経』の第十九願は『無量寿経』の第二十願に相当すると考えられているが、ここでは諸仏の称名を聞く者に成就する利益を表すための引用になっている。

「仏と成る時、その名が十方に聞こえ、諸仏にその功徳を説かせ、その名を聞いて歓喜する者を必ず浄土へ生まれさせる」という誓願である。諸仏の讃嘆称名とその名号を聞いて信心歓喜する者の救いが誓われている。古来、行巻にどうして信に関する第十八願相当の文が引用されるのかという問題が論議されてきた。しかし、従来の行信論で行巻を読解することはできない。親鸞は、行は行巻、信は信巻に分けて概説しようとしているわけではなく、行巻では諸仏称名の意義を明らかにしようとしている。先取りしていえば、法然の選択本願念仏の意味を究明しようとしているのである。文言に沿えば、諸仏の讃嘆称名は必然として衆生に信を生ぜしめることを示し、それも誓いとしているのである。

文中で「悪の為に」「道の為に」と親鸞は読むが、「悪を為し」「道を為し」が本来の読みと思われる。いずれでも意味が取りにくいが、悪人も善人も区別なく救われるという意味に取った。

次の『平等覚経』聞経宿縁の文は、「乃至」の表記がなく、一連の文のようであるが、離れた箇所からの引用である。法蔵菩薩（無量清浄仏因位の法宝蔵菩薩）の二十四願が説かれ、次にその成就が釈尊によって説かれたあとに、それを聞いた阿闍世王や長者の子たちが歓喜し、自分たちもこの仏のようになりたいと願うという一段である。

172

『平等覚経』の文　聞経宿縁

「阿闍世王（太子）と五百人の長者の子供たちは無量清浄仏（阿弥陀仏）の二十四願を聞いて皆、大変歓喜踊躍し、心の内で皆、願っていう（願言）には、〈我らもまた、のちに仏と成る時は、皆、無量清浄仏のようにならせていただこう〉と。釈尊はすぐにお知りになって比丘たちにお告げになるには、〈この阿闍世王と五百人の長者の子供たちは、長い年月のあと、皆、必ずさとりを開いて無量清浄仏のようになるであろう〉と。

釈尊が続いていわれるには、〈この阿闍世王と五百人の長者の子供たちは、菩薩の道を修めて以来、長い年月の間、それぞれが四百億の仏を供養し終わって、今、再びここに来て私を供養している。この阿闍世王と五百人の長者の子供たちは皆、前世で迦葉仏の時、私の弟子となっていた。それが今、皆、再び集まり共に会えたのである〉と。そこで、すべての比丘たちはこの釈尊のお言葉を聞いて、皆、心が踊躍して歓喜しない者はなかった」と。(乃至)

【註釈】阿闍世王太子の文が引用される。阿闍世王太子とは、阿闍世王本人とする説と阿闍世王の王子(和久)とする説がある。「長者の子」の対句とすると「阿闍世王の子」と考えるほうが妥当であるが、親鸞の引用の意図を考えると、のちの引文でも阿闍世を「太子」と呼称することが多いので、阿闍世王である太子という意味で本人として読むことにした。「願言」は「おもうて(願)、われ(言)」の意で「私は思う」である。「言」は代詞の「われ(我)」、または助詞の「ここに」の意であろうが、親鸞は「願じて言わく」と読んでいる。

阿闍世王太子の文が唐突に引用されるのは意外であるし、『平等覚経』のうえでも、流通分(結びの部分)のような内容を持つこの文が、二十四願とその成就のあとに置かれている意味を計り兼ね、経典成立史の研究では論議がある。

親鸞がここで引用する意味を考えてみると、阿闍世をはじめとする人々は阿弥陀仏の本願を釈尊から聞いて踊躍歓喜した。それを知った釈尊は、彼らが必ずさとりを開くことを予言（授記）し、それは前世に仏を供養してきた因縁に由ることを説くという内容になる。そうすれば前段の『大阿弥陀経』と『平等覚経』に説かれる本願の成就のすがた、つまり諸仏称名によって仏名を聞き歓喜する者は悪人であろうと浄土に生まれさせるという本願を聞いて歓喜するすがたが、ここに示されていることになる。それは第十七願（諸仏称名）の完全なる成就である。また、阿闍世王太子などの前世の因縁や授記については、次の信巻で阿闍世の救いが問題になるが、その伏線になっている。

次も『平等覚経』からの引文であるが、前の引文とは離れた箇所にある偈頌からの引用である。同様の内容を持つ文であるので、さらに一連の引用の意図が明確になってくる。

172

『平等覚経』の文　往覲偈聞名利益

「〔釈尊はいわれる〕〈このような〔踊躍歓喜する〕人は、仏の名を聞いて、快く安穏であり、利益を得るであろう。我らもこの功徳を得て、それぞれの国々も浄土の素晴らしさを得るであろう。無量覚（阿弥陀仏）は次のように授記（予言と証明）するであろう。《我れは前世（菩薩の時）に本願がある。〔それは〕誰もが説法を聞けば、皆私の国に生まれるであろう〔という願である〕。この我が願いは必ず満たされるであろう。あらゆる国々から来て生まれる者は皆ここに到り、この生で不退転を得るであろう》と。速やかに安楽国へ到るがよい。無量光明土に至り、無数の仏を供養しよう。功徳がない者はこの経の名を聞くことができない。ただ清浄に戒を持《たも》った者だけが今また、この正法を聞くのである。悪、傲り高ぶり、真実を蔽う悪心、懈怠の者がこの法を信じることは難しい。過去世で仏を見申し上げた者は願って世尊の教えを聴聞するのであろう。人の命は稀に得るに違いない。仏が御在世であっても甚だお会いし難い。信心の智慧を保つことは究めることができない。もし教えを聞き仏に会えたならば精進して求めよ。

この教えを聞いて忘れず、速やかに仏に会い、敬い、〔信を〕得て大いに喜ぶ（見敬得大慶）ならば我が善き友である。ゆえに求道の心を発すように。たとえ世界に炎が燃え盛ろうともその中を貫いて教えを聞くことができれば、必ず世尊となって、必ずすべての苦しむ者を救おうとするであろう〉」と。已上

【註釈】『平等覚経』の東方偈からの引用である。百二十八句の偈頌の五箇所から計三十六句を抄出し、省いた箇所に「乃至」などの表記もないので、一行二句の十八行の親鸞の東方偈といっても過言ではない。『無量寿経』の東方偈の文はこの行巻の初めに一文が引用され、諸仏の称名を聞く者は不退転を得るとあった。今、ここでは不退転へ導く阿弥陀仏を、釈尊が讃嘆するという第十七願成就が表されている。東方偈は往覲偈ともいわれるように、東方をはじめとする菩薩が浄土へ「往詣して」阿弥陀仏に「まみえる（覲）」、「わうしやうしてほとけをみたてまつる」（『浄土和讃』左訓〈『定本親鸞聖人全集』二・和讃篇、一三頁〉）という内容の偈である。親鸞は抄出（抜き書き）することによって特に、聞名の利益、不退転を得る保証、教えに遇うことは宿善の功徳によることを明示している。

また、引文の、釈尊が「見敬得大慶」の者を親友とするという文は、『無量寿経』でも共通である。坂東本の正信念仏偈では「見敬得大慶喜人」を抹消して「獲信見敬得大慶」としていることから、親鸞が注意を払った教言であることがわかる。また『尊号真像銘文』や和讃、御消息でも取り上げられる重要な文言である。釈迦諸仏が阿弥陀仏を称讃し、それを聞き信じ慶ぶ者を親友にするということには、釈迦や諸

仏の称讃称名が衆生の信に展開することで釈尊の本意は叶い、信心歓喜する衆生を友とするという意味で、第十七願（諸仏称揚、諸仏称名）の完全な成就が表れている。

次は『悲華経』の文が引用される。『無量寿経』の第十八願に相当する願であるから、なぜ行巻に引用されるのかという議論もあるが、「聞名」ということで文脈は一貫している。

173

『悲華経』の文

『悲華経』（曇無讖三蔵訳）の大施品の第二巻に言うには、「願わくは、私が無上菩提を成就したならば、無量、無辺、無数の諸仏の世界の衆生で、我が名を聞く者が、すべての善の本《もと》を修めて我が国に生まれようと思うならば、誓って願うことは、命終後、必ずや、その者たちを生まれさせよう、と。ただ、五逆と聖人を誹謗する者と正法を破壊する者は除外するであろう」と。已上

【註釈】 親鸞は「大施品の二巻に言わく」としているが、正しくは大施品に続く授記品の文である。連続する両品は境目が確かめにくく、そのための誤記かもしれない。

阿弥陀仏の名を聞く者が、名号を意味する「すべての善の本（善本）」を修めることを願い、命終後は浄土へ生まれさせることを誓う願である。前の引文と同様に、諸仏の称名は聞く者をして念仏せしめ、その衆生は浄土へ生まれることができるというように、諸仏の称名は、衆生の聞名へ、そして称名へ、その往生へと波及することが示されている。

次に親鸞はいったん以上のことを結ぶ。

経文結釈

このように、名を称えると、よく衆生の一切の無明煩悩を破り、よく衆生の一切の望み願うことを満たしてくださる。称名はすなわち最勝真妙の正業（真正なる行）である。正業はすなわち念仏である。念仏はすなわち南無阿弥陀仏である。南無阿弥陀仏はすなわち正念（信心）であると、知るべきである、と。

【註釈】 ここには称名の主語が示されていない。「彌陀の名號の謂れを聞信《ききひら》いた稱名」（山邊習學・赤沼智善『教行信證講義』一八〇頁）とあるように聞信する衆生の称名と解釈されるが、ここまで、親鸞は諸仏の称名を中心に問題にしてきた。諸仏の称名称讃が衆生の聞名へと展開することは示しているが、あくまで称名の主語は諸仏にある。諸仏の称名が衆生の無明を破るということが主部になる。もちろんそれが衆生の称名念仏として成就していくことは必然する結果であろう。

それでは諸仏の称名を親鸞はどのように考えていたのであろうか。巻頭の標挙の願の下部の細注に「選択本願の行」とあったが、宗学では、選択本願とは第十八願のことであるから行巻に置かれることを奇異として論議してきた。行巻は行の範疇を、信巻は信の範疇を出ないと考える行信論では当然のことであるが、親鸞の認識に立ち返れば「選択本願」は法然を象徴する言葉である。この巻末の正信念仏偈でも、法然を「選択本願、悪世に弘む」と讃えている。後序においても、『選択本願念仏集』を「希有最勝の華文」と讃え、書写の認可を「専念正業の徳なり」と悲喜の涙を抑えて記している。語句としてもこの「最勝真妙の正業」と重なるが、親鸞は、法然の唱える選択本願念仏が真の仏教であることを、党派を超えて論師としてこの『教行証文類』で証明しようとしている。このことから考えれば、法然の選択本願念仏を、第十七願成就である諸仏称名として受け止めたのであろう。そうすれば、この自釈は、釈尊と、法然に帰結する七祖が、阿弥陀仏を讃嘆し、その名を称える行業は衆生の無明を破すものであるという意味になる。

それでは、どうして諸仏の称名が衆生の無明を破るのであろうか。親鸞にはそれを解明し説明する必要と用意がある。それはこの自釈の終わりの「南無阿弥陀仏即ち是れ正念なりと知るべしと」に表れている。正念について親鸞は、「真宗念仏ききえつつ　一念無疑なるをこそ　希有最勝人とほめ　正念をうとはさだめたれ」（『高僧和讃』、『真宗聖典』六〇〇頁）と讃嘆し、消息では「この信心の人を、釈迦如来は、〈わがしたしきともなり〉（大経）と、よろこびまします。この信心の人を〈真の仏弟子〉といえり。この人を正念に住する人とす」（『血脈文集』、『真宗聖典』七二八頁）と笠間の念仏者の疑問に答え、また「正念というは、本弘誓願の信楽さだまるをいうなり。この信心をうるゆえに、かならず無上涅槃にいたるなり。この信心を一心という。この一心を金剛心という。この金剛心を大菩提心というなり」（『末燈鈔』、『真宗聖典』七三五頁）と説明している。このように、「正念」に親鸞は信の意味を込めている。つまり、諸仏の称名には信という根基があるゆえに、聞名の衆生は必然として信を生じ、無明は破られるのである。それは爾後の問題であるが、まず親鸞は龍樹にそれを尋ねる。『十住毘婆沙論』からの引用の始めは入初地品からである。

『十住毘婆沙論』入初地品の文

『十住毘婆沙論』に曰うには、（原文でこの段は、偈頌の中でも本頌と思われる「十力を得る為めの故に　必定聚に入れば　則ち如来の家に生じ　諸もろの過咎有ること無からん　即ち世間道を転じて　出世上道に入らん　是れを以って初地を得る　此の地を歓喜と名づく」〈『大正蔵』二六、二三頁上〉の釈の部分になる）「ある人がいうには、〈般舟三昧と大悲を《諸仏の家》という。この二法よりあらゆる如来を生まれるからである〉と。この中の般舟三昧は父であり、大悲は母である。また、般舟三昧は父であり、無生法忍は母であるともいう。それは『助菩提』（菩提資糧論）に、〈般舟三昧を父として、大悲・無生を母として、すべての如来は、この二法より生まれる〉と説く通りである。家に過ちがなければ家清浄である。ゆえにその清浄とは六波羅蜜の行であり法を説く基本である四功徳のことである。方便般若波羅蜜（衆生済度の行）は善慧で〔清浄で〕ある〔だからこの家の父母である〕。般舟三昧と大悲・諸忍の法は清浄で過ちがない。ゆえに〈家清浄〉という。この初地の菩薩はこれらの法を家とするがゆえに過ちがないのであろう。それは世間道を転じて出世上道に入る者である。世間道を凡夫の行ずる道という。それを転じるから〈休息〉（解脱）という（坂東本の読み）。凡夫の道は所詮、涅槃に至ることはできず、常に生死を往来する。これを〈凡夫道〉という。出世間〔道〕とは、この道によって迷いの世界を解脱することができるので〈出世間道〉という。〔「出世上道」の〕〈上〉とは、絶妙であるから〈上〉である。〈入〔る〕〉とは正しく道を行ずるから〈入〉という。この意味によって初地に入ることを〈歓喜地〉という、と。

問う、初地を何ゆえ〈歓喜〉というのか。

答う、〔声聞が〕四果の第一である初果に入れば最終的には涅槃に至ることができるが如くである（坂東本の読み）。〔ゆえに〕菩薩はこの初地を得れば心に常に歓喜が多い。自然と仏に成る種が芽を出し育つのである。ゆえにこのような人を賢善者ということができる。〈初果を得るが如し〉とは、人が須陀洹道（無漏の聖者の系譜）を得るが如しということである。ここでは善く三悪道へ行く門は閉じ、四諦の法を見、法に入り、法を得て、強靭な法に住して揺らぐはずがなく、遂には涅槃に至る。見惑を断つので心は大いに歓喜する。たとえ、眠り怠けても二十九回目の迷いの生を受けない（二十八回、迷いの生を受ければ涅槃へ至る）。一本の毛髪を百分にした一筋の毛で大海の水を少しずつ分けて取るようなことで、二、三滴の苦が滅したにすぎないようなことである。大海の水はあり余って、まだ滅していないが、この者は、僅か二、三滴に譬えられる苦であってもその苦を滅した心は大きに歓喜する（坂東本の読み）。菩薩も同様で、このような初地の位を得たことを〈如来の家に生まれる〉という。すべての天・龍・夜叉・乾闥婆（乃至）声聞・辟支仏などは、皆、共にこの菩薩を供養し恭敬するのである。なぜかというと、それは如来の家には過ちがないので、世間道を転じて出世間道に入るからである。ただ仏を敬愛すれば四功徳を得て六波羅蜜という果報を得るのであろう。その豊かな深い味わいは仏と成る種を絶たないので、心は大いに歓喜する。この菩薩にとって残された苦は二、三滴の海水のようなものである。これから百千億劫を過ぎて無上菩提を得るとしても、無始よりの生死の苦から見れば二、三滴のしずくのようなものである。〔たとえ〕滅すべき苦が大海の水のようであったとしても。ゆえにこの初地を〈歓喜〉という」

【註釈】『十住毘婆沙論』は『華厳経』十地品の初地と第二地の注釈書である。偈頌によって『十地経（十地品）』をはじめ諸経典の要旨を掲げ、それに解釈を加える形式を持つ。まず入初地品からの引用であるが、偈頌に対する釈の部分になるので唐突に語句が出てくるようで読みにくい文になっている。しかし、親鸞の引用の意図を主眼に置いて読んでいきたい。

初地に入るとは諸仏如来の家に生まれることであるということがいわれる。この引用の意図で重要なことは、諸仏の家の父母は、般舟三昧と大悲・無生法忍ということである。般舟三昧は、善導が『般舟讃』

で阿弥陀仏を讃嘆する行法を説いているが、念仏による見仏を目的とする。念仏三昧と同じ系統にあって同義に用いられることもある。また、無生法忍は第三十四願に「我が名字を聞きて、菩薩の無生法忍・諸の深総持を得ずは、正覚を取らじ」とあるように不退の菩薩の信を表す。そうすれば諸仏の家とは念仏（般舟三昧）と信心（無生法忍）の世界ということになる。称名念仏と信心の清浄な諸仏の世界に入れば、自ずから仏の種が生じ、歓喜が生じ、必ずさとりへ至るのである、という趣旨になる。

坂東本では「転じて休息と名づく」と読むが、通常「〔世間道を転じての〕〈転〉は休息に名づく」であり、取意しにくい。また通常は「初果を得るが如きは究竟して涅槃に至る。菩薩は是の地を得て心常に歓喜多し」（『新国訳大蔵経　十住毘婆沙論Ⅰ』八八頁）と読む所を、「初果の、究竟して涅槃に至ることを得るが如し。菩薩、是の地を得れば、心、常に歓喜多し」と読んでいる。意味は取れるが、後続して「初果を得るが如しというは」という説明句があるので「初果を得るが如き」と読むほうが続き具合が良い。

また坂東本では、「苦の已に滅せるは大海の水の如く、余の未だ滅せざる〈は（者）〉二、三渧の如し。心大いに歓喜す」と読む所を、「大海の水は、余の未だ滅せざる〈もの（者）〉の如し。二、三渧の如き心、大きに歓喜せん」と読んでいる。原文では初地においては大海のような苦が滅して、残り（余）の苦は二、三滴のようなものであるから心が歓喜する、という意味であるが、親鸞の読みでは、ありあま（余）る大海のような苦は残っているもの（者）でも、さとりへの道筋がついたので、二、三滴のような心が歓喜するという意味になる。苦海にあっても僅か数滴のような歓喜心が生ずればそれは仏に成る種であり、不退転であるということになり、親鸞の主張が読み替えによってよく表れている。

諸仏称名が行巻の主題であるが、諸仏が称名する世界（諸仏の家）は無生法忍（信心）の世界であり、その世界に入ることは初地に入り信心歓喜することであるということになる。そういう仏道を諸仏は称名によって伝えようとしているということになる。親鸞は『浄土和讃』の終わりで、「われもと因地にありしとき　念仏の心をもちてこそ　無生忍にはいりしかば　いまこの娑婆界にして　念仏のひとを摂取して浄土に帰せしむるなり」（『真宗聖典』五八八頁）と説く法然の本地である勢至菩薩の恩に感謝せよと讃えている。勢至菩薩が「私は因位で念仏の信によって無生法忍の位に入り、今、娑婆界において念仏の人を摂取して浄土に帰入せしめる」という『首楞厳経』の文「我本因地以念佛心入無生忍。今於此界攝念佛人歸於淨土」（『大正蔵』一九、一二八頁中）が典拠である。

法然の念仏は、称名念仏と無生法忍を父母とする諸仏の家から来《きた》ったものであり、衆生に諸仏と同じく念仏と信心を生ぜしめ不退転に住せしめ、さとりへ至らしめる仏道であることを、ここでは『十住毘婆沙論』の龍樹の言葉で証明しているのである。

次は、地相品からの引用である。

『十住毘婆沙論』地相品の文

「問う、初歓喜地の菩薩は、この位にあることで〈多歓喜〉といわれ、多くの功徳を得るゆえに歓喜を位とする。法を歓喜するのであろうが、いかなる法を歓喜するのか。

答う、常に諸仏と諸仏の偉大な法を念ずれば、これは必定して〔必ず仏と成る〕希有なる行である。このゆえに〈多歓喜〉であるという。これら歓喜のいわれによって、菩薩は初地にあって心に歓喜が多いのである。この中の〈諸仏を念ずる〉とは、然燈仏などの過去の諸仏と阿弥陀仏などの現在の諸仏と弥勒仏などの未来の諸仏を念ずるのである。常にこのような諸仏世尊を念ずれば現に目の前におられる如くである（諸仏世尊を念ずれば、現に前に在すが如し）。迷いの世界において最も勝《すぐ》れており、これに勝《まさ》るかたはおられない（三界第一にして、能く勝れたる者無《ひとましま》さず）。このゆえに歓喜が多いのである。この中の〈諸仏の偉大な法を念ずる〉とは、その偉大な法を四十種の特別の仏法（四十不共法）を略説することで説明しよう。その第一は、自在に飛行が意のままにできる法である。第二は、自在に姿を変化することが際限なくできる法である。第三は、自在に声を聞いてその言葉の内容を知ることが妨げなくできる法である。第四は、自在に無量のさまざまな智慧によって一切の衆生の心をお知りになることのできる法である、と。（乃至）

念必定のもろもろの菩薩とは〔次のような菩薩である〕、もし菩薩がさとりを開く保証を仏から得たならば、不退の位に入って無生忍を得る。千万億の魔軍も破り乱すことはできない。大悲心を得て菩薩の法を成就する。（乃至）これを〈念必定の菩薩〉という。〈希有の行を念ず〉とは、必定の菩薩の第一希有の行を念ずることである。心を歓喜させる。一切の凡夫が及ぶことができない所であり、一切の声聞や縁覚が行ずることができない所である。仏法の無礙道、解脱道、一切智を開示する。また十地の菩薩が行ずるすべての法を念じるから〈心多歓喜〉という。ゆえに菩薩が初地に入ることができれば〈歓喜〔地〕〉という、と。

問う、凡夫でまだ菩提心を発さない者、あるいは発心してもまだ歓喜地を得ていない者、彼らも諸仏ならびに諸仏の偉大な法を念じるであろう。必定の菩薩ならびに希有なる行を念じて、これもまた歓喜を得るであろうが、初地を得る菩薩の歓喜となにか違いがあるのか。

答う、菩薩は初地を得れば心に歓喜が多い、諸仏の無量の功徳を私もまた必ず得るに違いない〔と確信するからである〕。初地を得る必定の菩薩は、諸仏を念じて、〔諸仏に〕無量の功徳があるが、〈私も必ずこの功徳を得るに違いない。なぜなら私はすでに初地を得て必定の菩薩の中に入ったからである、と〔確信する〕〉他の者にはこの確信はないのであろう。ゆえに初地の菩薩は多く歓喜を生じ、他はそうではない。なぜなら他の者は諸仏を念じてもこの念をなすことができないのである、〈私は必ず仏に成るに違いないと〔いう念である〕〉例えば、転輪王の王子が王家に生まれ、転輪王の素質を備え、過去の転輪王の功徳の尊さを念じ、〈私も、今また王の素質があり、また必ずこの大きな富と尊さを得るに違いない〉との念をなし、心は大きに歓喜するであろう。もし転輪王の素質がなければこのような喜びはないことであろう、そのようなものである。必定の菩薩がもし、諸仏ならびに諸仏の大功徳の威厳ある尊さを念ずれば、〈私にこの素質がある、私も必ず仏になるに違いない〉と大きに歓喜するであろう。初地に達しない者にこのことはないのであろう。このように必定の心（定心）は、深く仏法に入って心は動揺するはずがない」

【註釈】地相品からの引用である。先の入初地品の引文では、大海の水の僅か数滴に譬えられる苦であってもその苦を滅した心は大きに歓喜するとあったが、ここではその歓喜心の内容を究明している。

まず、なぜ歓喜するのかという問いに、諸仏と諸仏の法を念じることは、必定（必ず仏と成る）希有の行であるから歓喜が多いという。原文では本頌に、「常念於諸仏　及諸仏大法　必定希有行　是故多歓喜（常に諸仏と　及び諸仏の大法と　必定と希有の行とを念ず　是の故に歓喜多し）」（『大正蔵』二六、二六頁中）とあって、諸仏と諸仏の法と必定不退の菩薩という仏法僧の三宝と、及び「希有の行（たぐいまれな菩薩行）」を念ずるから歓喜が多い、ということであるが、親鸞は「常に諸仏及び諸仏の大法を念ずれば、必定して希有の行なり。是の故に歓喜多し」と読む。つまり「仏と法を念ずれば、これは必ず仏となる希有の行である」と読み、「弥陀仏の本願を憶念すれば、自然に即の時、必定に入る」（正信偈）と同意である。ここではまだ「諸仏」であり「弥陀仏」ではないが、親鸞の真意は以下の如く、阿弥陀仏とする所にある。

親鸞は先に『仏説諸仏阿弥陀三耶三仏薩楼仏檀過度人道経』の第四願を引用している。この通称『大阿弥陀経』は『無量寿経』の異本中最古訳（支謙訳）で「初期無量壽經」と呼ばれる（藤田宏達『原始浄土思想の研究』一六七頁）。『教行証文類』に四回の引用があるが、法然の選択本願念仏の「選択」はこの『大阿弥陀経』の訳語に由来する（『聖典全書』一、一二六八頁）。

『仏説阿弥陀三耶三仏薩楼仏檀過度人道経』であるが、阿弥陀仏という無上尊による衆生救済の教えとでもいうべき経であろう。親鸞は「諸仏」を加え「諸仏阿弥陀」と題している。『述文賛』に『諸仏阿弥陀三耶三仏薩楼仏檀過度人道経』とあり（『大正蔵』三七、一三一頁下）、『開元釈教録』にもある（『大正蔵』五五、七〇一頁下）ことによるのであろうが、親鸞には特別の意味があるように思われる。親鸞は真仏土巻にも「『仏説諸仏阿弥陀三那（耶）三仏薩楼仏檀過度人道経』に言わく」として「阿弥陀仏の光明は最尊第一にして比び無し。諸仏の光明、皆及ばざる所なり」（『真宗聖典』三四八頁）の文を引用している。諸仏に勝れて阿弥陀仏の光明が極善であることを釈尊が称誉している。また、『浄土和讃』（讃阿弥陀仏偈和讃）では「弥陀の浄土に帰しぬれば　すなわち諸仏に帰するなり　一心をもちて一仏を　ほむるは無礙人をほむるなり」（『真宗聖典』五七七頁）と、阿弥陀仏に帰依することは諸仏に帰依することと同じことであると、極尊である阿弥陀仏を讃えている。また、同和讃大経意の「弥陀の大悲ふかければ」で始まる第十首は、専修寺蔵草稿本では「弥陀」は「諸佛」となっており、その「諸佛」の左訓には、「みたをしよふちとま

うす　くわとにんたうのこゝろなり（弥陀を諸仏と申す。〔諸仏阿弥陀三耶三仏薩楼仏檀〕過度人道〔経〕のこころなり）」（『定本親鸞聖人全集』二・和讃篇、三八頁）とある。このようなことから考えると、親鸞は『諸仏阿弥陀三耶三仏薩楼仏檀過度人道経』を根拠として諸仏を阿弥陀としていることになる。経題の「諸仏阿弥陀」はその典拠となる。

このように諸仏が阿弥陀仏に統合されることになれば、龍樹の「諸仏世尊を念ずれば、現に前に在すが如し。三界第一にして、能く勝れたる者無さず。是の故に歓喜多し」という文も諸仏を超えて阿弥陀仏を念ずる文となり、この「三界第一」も諸仏ではなく阿弥陀仏のことになる。

さらに原文の「必定を念ずる」は必定の菩薩を念願することであるが、親鸞は「念必定の菩薩」としている。先の入初地品からの引文では、諸仏の家の父母は、般舟三昧と大悲・無生法忍ということであったが、般舟三昧は念仏と同義で無生法忍は必定の菩薩の信を表すのであれば、念仏と信心の菩薩を指すことになる。これは法然その人と措定しておきたい。

次に「希有の行を念ず」について龍樹は解釈して、「必定の菩薩の第一希有の行を念じ心に歓喜せしむなり」という。親鸞は、「必定の菩薩第一希有の行を念ずるなり。心に歓喜せしむ」と読んでいるが、意味に違いはないようである。そうすれば措定したように、必定の菩薩（法然）の行ずる希有な行、つまり法然の選択本願念仏を指していることになり、法然の選択本願念仏を念持して信心歓喜するということになる。

引文は続いて、歓喜の核心部を問答で説明している。初地における歓喜は、自分も必ず仏に成るという信（確信）に伴う歓喜であり、これは他の歓喜と一線を画す信心歓喜であるという。

末尾の「定心」は「必定」という決定の信の意味であろう。

次は浄地品からの引用である。

178

『十住毘婆沙論』浄地品の文

また云うには、（この段も偈頌の中で本頌と思われる「信力は転た増上し　深く大悲心を行じ　衆生の類を慈愍し　善を修めて心に倦むこと無し」（『大正蔵』二六、二八頁下）の釈の部分になる）「〈信力が増上する〉とはどのようなことか。聞見することを間違いなく受け取って疑いのないことを〈増上〉といい、〈殊勝〉という（坂東本の読み）。

問う、増上には二種ある。第一は多の意味、第二は勝の意味である。今はどちらの意味か。

答う、今は両義で説こう。菩薩は初地に入れば多くの功徳の味わいを得るから信力がいよいよ増すのである。この信力によって諸仏の功徳が、量りなく（無量）、深く勝れていること（深妙）を数え計り、よく信受するのである。だからこの信もまた増上と同じく〈多（無量）〉であり、また〈勝（深妙）〉である。深く大悲を行ずる（深行大悲）とは、衆生を悲しむ心は骨髄に徹するから〈深〉という。一切の衆生を救うためにさとりを求めるから〈大〉という。〈慈心〉とは常に衆生の利益を願って衆生を安穏にすることである。〈慈〉には三種ある」（乃至）

【註釈】龍樹はここでも信を仏道の中心に考えている。初地では、諸仏の功徳を信受して信の力が増上し、信は無量の義と深妙の義を併せ持つから深く大悲を行ずる者となるという。

初めの文は、「信力増上すとは、〈信〉は聞見する所有って必ず受けて疑い無きに名づく。〈増上〉は殊勝に名づく」(『大正蔵』二六、二九頁上)であるが、親鸞は「信力増上は何《いか》ん。聞見する所有りて、必受して疑いなければ、〈増上〉と名づく、〈殊勝〉と名づく」としている。「信力増上者。信名有所聞見必受無疑。増上名殊勝」が「信力増上者何。名有所聞見必受無疑増上。名殊勝」と、文中の「信」が字形の似た「何(いかん)」になっている。それによって、信が増上であり殊勝である、という文になっている。

あとの深行大悲を説く文の「大悲を行ずる」について、親鸞は信巻で改めて問題にする。

次は易行品からの引用であるが、龍樹はここで浄土門について重要な説示をする。

『十住毘婆沙論』易行品の文(一)

また曰うには、「仏法には無量の門がある。世間の道に困難な道と容易な道(王道)があり、陸路の歩行は苦しく、水路の乗船は楽しいようなものである。菩薩の道もまた同様である。努力精進の者もあり、あるいは信方便による易行によって速やかに阿惟越致(不退転)へ至る者もある。(乃至)もし人が速やかに不退転の位に至ろうと願うならば、恭敬心を持《たも》ち名号を称すべきであろうと。〔これは〕もし菩薩が、この身今生において阿惟越致の位に至ることができ、無上正等覚を成し遂げようと願うならば、まさにこの十方の諸仏を念ずべきである〔という意である〕。〈名号を称する〉ということについては『宝月童子所問経』の阿惟越致品に説く通りである。(乃至)西方にある善世界の仏を無量明と称する。身から発する智慧の光明は明るく照らす所は果てしない。それ、その名を聞く者があれば不退転を得ると。(乃至)遥か昔に仏がおられた。海徳と称する。このすべて現在の仏は、皆、彼に従って無上正等覚を得ようと発願した。

海徳仏の寿命は無量で光明の照らす所は無極であり、国土は清浄である。その名を聞いて必ず仏と成るであろう〉と。（乃至）

問う、ただこの十仏の名号を聞いて、持《たも》ち、心にとどめれば、無上正等覚からの不退を得る。さらに、他の仏・菩薩の名がおありであるが、不退の位に至ることができるというのだろうか。

答う、阿弥陀などの仏や大菩薩などの名を称え一心に念ずれば、また不退転を得ることはこの通りである。阿弥陀などの諸仏もまた恭敬礼拝し、その名号を当然、称えるべきである。

今、詳しく無量寿仏について説かねばならない（今当に具《つぶさ》に無量寿仏を説くべし）。世自在王仏、あるいは他の仏がおられる、この諸仏世尊は現に十方の清浄世界におられて、皆、名を称え阿弥陀仏の本願を憶念することは次の通りである。〈〔その本願には〕もし人が私を念じ、名を称えて、自ら帰依すれば、不退の位に入ってさとりを得る、とある。このゆえに常に憶念せよ〉〔と諸仏は勧める〕。私（龍樹）は偈によって称讃しよう」

【註釈】龍樹の偈の直前であるが、注釈を加える。龍樹は『十住毘婆沙論』で大乗の菩薩の不屈の菩提心を鼓舞するが、その中でこのように易行道も提示する。曇鸞はそれを取り上げることから『浄土論註』の筆を起こしている。易行品の始めに龍樹は、菩薩が二乗地に堕することは菩薩の死であり、地獄に堕ちるよりも怖畏すべきことであるという。しかし、身命を惜しまず昼夜に精進して頭燃を払うような困難な道ではなく、易行にして二乗に堕ちることなく不退転に至る道はないのか、という問いに、それは丈夫志幹（堅い志を持つ者）の言葉ではないとしながらも、易行による不退転への道を説く。これはその応答の部分である。何生もかかって大海の水を汲み取るような永劫の行ではなく、信による称名は、この身において不退転の位に入る行であると答えている。

原文は十方の諸仏への讃嘆であるが、親鸞は取捨しながら阿弥陀仏の名を聞けば不退転を得るという点に集約させている。原文では「今、当さに具に説くべし。無量寿仏、世自在王仏、獅子意仏、法意仏（中略）宝相仏」（『大正蔵』二六、四二頁下）と百七仏の名を挙げて、「是の諸もろの仏世尊は現に十方の清浄世界に在《ましま》す。皆、名を称し憶念すべし」（『大正蔵』二六、四三頁上）と諸仏への礼拝を勧めているのであるが、親鸞は「今、当さに具に無量寿仏を説くべし」と文を改変して、弥陀一仏への帰依を龍樹が説く文にしている。

また原文は、「是の諸もろの仏世尊は現に十方の清浄世界に在す。皆、名を称し憶念すべし（是諸佛世尊現在十方清淨世界。皆稱名憶念）」でこの段落を終え、次の段落として「阿弥陀仏の本願は是の如し、若し人、我れを念じ名を称して」と始まっているが、親鸞は「是の諸仏世尊、現在十方の清浄世界に、皆、名を称し阿弥陀仏の本願を憶念すること是の如し。若し人、我れを念じ名を称して」と巧みに連続させ、十方の諸仏が阿弥陀仏の名を称え本願を憶念するという諸仏称名の文にしている。読み抜いて、考え抜いた上での読み替えであろう。「『宝月童子所問経』の阿惟越致品」とあるが「阿惟越致品」という品はなかったといわれる（『新国訳大蔵経　十住毘婆沙論I』二九〇頁）。また抄訳と思われる『大乗宝月童子問法経』（宋の施護訳）に該当する文はないが、チベット訳にあるといわれる（『浄土真宗聖典七祖篇（註釈版）』六頁脚注）。

次は諸仏の称名憶念を受けて、龍樹自身による阿弥陀仏への偈をもっての称讃である。

『十住毘婆沙論』易行品の文（二）

「無量光明慧〔である阿弥陀仏〕、その身は黄金の山の如し。我れは今、三業を挙げて合掌し深く頭《こうべ》を垂れて礼拝したてまつると。（乃至）人は、よくこの仏の無量力の功徳を念ずれば、即時に不退の位に入る。このゆえに我れは常に念じたてまつる。（乃至）もし人が仏に成ろうと願い、心に阿弥陀仏を念じたてまつれば、その時その者のためにその身を現してくださる。このゆえに我れは彼の仏の本願力に帰命する。十方の諸菩薩も来集して供養し法を聴く。このゆえに我れは稽首したてまつると。（乃至）もし人が善根を積もうとも、疑心があれば閉ざされ華は開かない。信心が清浄なる者は、華開けて仏を見たてまつる。十方の現在の仏は、さまざまな因縁によりながら阿弥陀仏の功徳を讃えたもう。我れは今帰命し礼拝したてまつると。（乃至）彼の八正道という船に乗ってよく難渡海を渡す。自ら渡りまた他も渡すであろう。我れはこのような自在人である仏を礼拝したてまつる。諸仏が無量劫をかけてその功徳を讃えようとしても、なお尽くすことはできないであろう。その清浄人である仏に帰命したてまつる。我れは今、諸仏と同様に無量の徳を称讃する。この福徳の因縁によって、願わくは仏が常に我れを念じたまえ」と。抄出

【註釈】 龍樹が阿弥陀仏を称讃する偈頌である。阿弥陀仏を念ずれば不退の位に入る、阿弥陀仏を念ずればその身を現してくださる、その本願力によって諸仏は来集し法を聴く、信心が清浄であれば華が開いて仏に会える、阿弥陀仏は煩悩の海を渡してくださる、諸仏は讃嘆してもその功徳を尽くすことはできない、という称讃である。親鸞が龍樹の偈の七割以上を「乃至（中略）」して抄出した引文であり、命終して往生したあと浄土で受ける功徳や、浄土と仏身の素晴らしさへの称讃は、見事に省かれている。

先の入初地品からの引用では、初地は歓喜地であり如来の家に生まれることであるといい、地相品では、初地における歓喜は諸仏と同じく自分も必ず仏に成るという信に伴う歓喜であることが示され、浄地品では、初地において信は増上し信が大悲を行ずる要であるということであった。

続くこの易行品からの引文では、龍樹は阿弥陀仏の名号を称する易行道を示し、さらに偈頌によって龍樹自身が三業を挙げて阿弥陀仏を礼拝し、念ずれば即時に不退の位に入ると讃え、信によって阿弥陀仏を見たてまつることができ、阿弥陀仏は難度海を渡してくださると、諸仏の一人ともいえる龍樹が絶讃していることになる。

次は『浄土論』からの引文で、親鸞は世親の偈頌などに聞く。

181

『浄土論』の文

『浄土論』に曰うには、「我れは、『無量寿経』に説かれる浄土の真実の功徳の相に依拠して、願生偈という真言（真実の句）を説いて（願偈総持を説きて）釈尊の教えと相応することができた」と。

「阿弥陀仏の本願力を観察するに、本願に遇って空しく流転する者はいない。〔本願は〕よく速やかに功徳の大宝海を満足させる」と。

また曰うには、「菩薩は四種の門に入って自利の行を成就された、ということをよく知るべきである、と。菩薩は第五門を出《い》でて回向利他の行を成就された、ということをよく知るべきである。菩薩はこのように五門の行を修めて自利利他して、速やかに無上正等覚を成就することを得られたから（得たまえるが故に）〔本願に遇う者は流転しないの〕である」と。抄出

【註釈】連続する文に見えるが、三箇所からの引用である。『浄土論』冒頭部にある啓白の偈文（曇鸞のいう成上起下の偈）と、後半部にある阿弥陀仏の功徳を讃える偈文（世親のいう荘厳不虚作住持功徳成就の文）、さらに長行釈（曇鸞のいう解義分）の結文である。『浄土論』の全体を三箇所からの簡潔な引文で表そうとする意欲的な引用である。親鸞の引用に従って読むと、「私（世親）は、『無量寿経』に説かれる誓願の尊号（「〈真実功徳〉は、誓願の尊号なり」『尊号真像銘文』、『真宗聖典』六二五頁）を拠り所にして、願生偈を造り、釈尊の教えに相適《あいかな》うことができた。阿弥陀仏の本願に遇う者は流転を脱し、速やかに名号の功徳に満たされる。それは阿弥陀仏因位の法蔵菩薩が自利利他の行を修め、速やかに本願成就して回向された行であるからである」という文脈になる。このように世親は、真実功徳である阿弥陀仏の名号に依拠して、釈尊の教えに相応するために願生偈を造るのであり、阿弥陀仏の名号は本願成就の行であるから流転を離れさせると説いている。文末は、通常「得る故なり」と読むのであるが、親鸞は「得たまえるが故に」と読んで法蔵菩薩を主語にしている。

親鸞加点本『浄土論註』では「願偈を説いて総持して」と読む訓点が付けられている（『浄土論註』〈『定本親鸞聖人全集』八・加点篇(1)、一二頁〉が、ここでは「願偈総持を説きて」という読みになっている。

親鸞は次に、曇鸞によって龍樹と世親の説を詳細に論究していく。

181

『浄土論註』発端の文

『浄土論註』に曰うには、「謹んで龍樹菩薩の『十住毘婆沙論』の説を考察すると、〈菩薩が不退転の位を求める時、二種の道がある。第一は難行道、第二は易行道である〉という。〈難行道〉というが、五濁の世、無仏の時において、不退転の位を願い求めることを難行とする。この難行道に今、多くの困難な道途がある。あらまし、いくつかを取り上げて難行道の意味を示そう。第一は、外道の相似した善が菩薩の法則を乱す。第二は、声聞の自利の姿勢が菩薩の大慈悲の行を妨げる。第三は、自身を顧みることのない悪人が他の者の勝れた修行の功徳を損なう。第四は、誤った幸福観が清浄な修行を怠らせる。第五は、ただ自力だけで仏力（他力）の護持がない。これらのことが、目に触れて、このようなことばかりである。例えば陸路を徒歩で行けば苦であるようなものである。〈易行道〉とは、専ら仏を信ずる因縁（信仏の因縁）によって浄土への往生を願い、仏の願力に乗じて清浄の浄土に往生させていただき、仏力が住持して、直ちに大乗正定聚に入る。正定聚とはすなわち不退転の位である。例えば水路を船に乗じて行けば楽しいようなものである。この『無量寿経優婆提舎』（浄土論）は大乗の極致であり、順風を行く不退の航行である。〈無量寿〉とは安楽浄土の如来の別号である。釈尊は王舎城ならびに舎衛国におられ、大衆の中で、無量寿仏の浄土の厳《おごそ》かに整えられた（荘厳）功徳をお説きになった。それゆえ、その仏の名号をもってこの経の体（本質）とする。後の聖者である世親菩薩は釈迦如来のこの大悲の教えをしっかりと受け止め、経に沿って願生偈を製作した」と。已上

【註釈】『浄土論註』冒頭部からの引文である。親鸞はこの冒頭部（発端の文）の引用を端緒として、次に三念門釈の文、成上起下の文、さらに巻下から回向門釈の文を抄出している。

曇鸞は龍樹の指摘した難行と易行を相対させて、難行道である所以を述べている。菩薩が、仏教に似て非なる外道の道理、声聞の利己的な考え、悪を憚らない人の行為、世俗の価値観、自分しか信じない者の

生き方に惑わされてしまうことを挙げる。このような困難な現実の中で、龍樹が吐露した、仏を信ずる因縁によって正定聚に入る道に焦点を当てる。さらに、世親がこの大乗の極致を、『無量寿経』を論ずる『浄土論』を著すことで示そうとしたとして、曇鸞は『浄土論』の注釈を始める。ここに龍樹と世親から曇鸞への系譜を親鸞は見出した。

文中の「信仏の因縁」という語句については、龍樹が阿弥陀仏を讃える前出の易行品の偈頌に、「十方現在の仏、種種の因縁を以て、彼の仏の功徳を嘆じたまう」、また「是の福の因縁を以て、願わくは、仏、常に我を念じたまえ」とあったが、曇鸞は龍樹の文に沿いながらも、「種種の因縁」「福の因縁」を法蔵菩薩の自利利他成就の本願を信ずる「信仏の因縁」に収斂させ、意味を明瞭にしようとしている。

次の引用は、断続する八文である。三念門釈の文と成上起下の文は連続したものであるが、親鸞はその中を適宜、精密に「乃至〈中略〉」し、実にそれを八回繰り返し、仕立て直して引用している。親鸞は、不要と思われる説明の部分や『阿弥陀経』に関する部分を省略しながら、世親が阿弥陀仏に帰命し浄土への往生を願うことは、釈尊の教えに相応する道であるという曇鸞の注釈を要約している。

『浄土論註』三念門釈の文・成上起下の文

また云うには、「菩薩の誓願は軽薄なものではない。もし如来が威神力を加えなければ、どうして遂げることができようか。それで仏力の加護を願う。ゆえに〈世親はまず〈世尊よ〉と〉仰《あお》いで仰《おお》せられている。次の〈我一心〉〈願生偈〉とは、世親菩薩が自らを正した言葉である。この意味は、無礙光如来を念じて浄土に生まれようと願い、その心が相続して他の想いが混じらないことである。〈乃至〉

〈帰命尽十方無礙光如来〉（願生偈）の〈帰命〉は、つまりこれは礼拝門である。〈尽十方無礙光如来〉は、つまりこれは讃嘆門である。どうしてわかるのか、〈帰命〉が礼拝であることが。それは龍樹菩薩が阿弥陀如来を讃える偈（易行品）の中で、〈稽首礼〉といい、あるいは〈我帰命〉といい、あるいは〈帰命礼〉といっている。この『浄土論』の解義分にも〈五念門を修する〉といっている。五念門の中で礼拝は第一門である。世親菩薩はすでに〈我一心に〉と往生を願っているのであるから礼拝しないはずはない。だからわかったのである、帰命はつまりこれは礼拝であると。しかし礼拝はただ恭敬であり必ずしも帰命ではない。帰命は必ず礼拝である。もしや、このことから考えると、帰命は重きをなす。願生偈は自分の一心を申し上げるのであるから当然、〈帰命〉というべきである。あとの『浄土論』解義分では広く礼拝という語によって論じている。偈と解義分が相互に事を成して、意義はいよいよ明らかになっているのである。どうしてわかるのか、〈尽十方無礙光如来〉が讃嘆門であることが。それは下の解義分の中で次のようにいうからである。〈どのように讃嘆するのか。それは彼の如来の名を称するのである。彼の如来の光明の智慧の相の如く、彼の如来の名と義の如く、真実の如く修行し、仏教に相応しようと願うからであると。（乃至）世親は今〈尽十方無礙光如来〉といわれている。つまりこれは、彼の如来の名に従って彼の如来の光明の智慧の相の如く讃嘆するのである。ゆえにこの句は讃嘆門であるとわかったのである。

〈願生安楽国〉（願生偈）という一句は作願門である。世親菩薩の帰命の心からの願いである（天親菩薩、帰命の意なり）。（乃至）

問う、大乗の経論は諸処で〈衆生は畢竟、無生（不生不滅）にして虚空（空）の如し〉とお説きになっているのに、なぜ世親菩薩は〈願生〉といわれるのか。

答う、衆生は無生にして虚空の如しと説く意味に二つある。第一の意味は、凡夫が衆生を実有と思うような、凡夫が考える実体としての生存は究極的にはすべてないのであろう。亀の甲に毛が生えるようなもので〔実在するはずのないことから〕虚空の如しというのである。第二の意味は、いわゆる諸法は因縁生（すべては縁起によって生じるもの）であるから、不生であり、実有としていかなるものも存在しないことから虚空の如しという。天親菩薩が願生するという意味はこの因縁の意味である。縁起生の意味であるから仮に〈生〉というが、凡夫が、実有の衆生、実体としての生存があると考えるようなことではない。

問う、それではどのような意味で往生というのか。

答う、この世間で仮名《けみょう》の人（仮に与えられた名称としての五蘊仮和合の人）に五念門の行を修めさせようとする時、五念門の各門は前の門が後の門の因となって行ぜられる。穢土にいた仮名の人と浄土に生まれたあとの仮名の人は、決して同一ではないし、決して別ではない。往生する直前の心と往生した直後の心も同様である。なぜなら、もし同一であるならば因果を否定することになるのであろうし、もし別であるならば因果によって相続する事象を否定することになる。この道理は不一不異を観ずる教えであり、『中論』などに詳しく説かれている。以上で、第一行である三念門を解釈し終えたと。（乃至）

〈我依修多羅　真実功徳相　説願偈総持　与仏教相応〉と『浄土論』にいわれている。（乃至）〔この中に〈依る〉とあるが〕どこ（何所）を依り所とするのであろうか、なぜ（何故）依るのであろうか、どのようにして（云何）依るのであろうか。どこを依り所にするのか（何所依）といえば、修多羅を依り所とするのである。なぜ依るのか（何故依）といえば、如来は真実功徳の相であるからである。どのようにして依るのか（云何依）といえば、五念門を行じて釈尊の教に相応させるのである、と。（乃至）〈修多羅〉とは十二部経の中の釈尊の直説をいう。四阿含や小乗の三蔵教以外の大乗の諸経典もまた〈修多羅〉という。ここで〈依修多羅〉というのは小乗の三蔵教以外の大乗の修多羅であり、阿含などの経典ではないのである。〈真実功徳相〉というが大体、功徳には二種ある。第一は、有漏（煩悩）より生じて真如に順っていない、いわゆる凡夫の人天が修める善行やその果報である。これら因も果も、皆、真如に反しており、皆、虚偽である。ゆえに〈不実の功徳〉という。第二は、菩薩の智慧と清浄な行より起こり浄土の仏事を荘厳（菩薩の智慧清浄の業より起こして仏事を荘厳）する功徳である。真如に依って清浄な荘厳の相に達するのである。この功徳は真如に反せず、虚偽ではない。ゆえに〈真実の功徳〉というのである。どうして真如に反しないのか、それは真如に依って真俗の二諦に順っているからである。また、どうして虚偽ではないのか、それは衆生を救い究極のさとりへ悟入させる（衆生を摂して畢竟浄に入る）からである。

〈説願偈総持　与仏教相応〉の〈持〉とは、不散不失のことをいう。〈総〉とは、少でもって多を包摂する（少を以て多を摂する）ことをいう。（乃至）〈願〉とは、往生をねがう（欲、楽）ことをいう。（乃至）〈与仏教相応〉とは、例えば箱と蓋が適合するようなことである」と。（乃至）

【註釈】『浄土論註』からの引文はまだ続くが、以上は巻上からの八文である。親鸞が抄出した文は、曇鸞が世親の願生偈の文を五念門に配当した箇所である。世親のいう「帰命」「尽十方無礙光如来」「願生安楽国」に礼拝・讃嘆・作願の三門が凝縮されていると曇鸞は注釈した。親鸞は注意深く文言を省きながらそれを要約している。南無阿弥陀仏と同意の「帰命尽十方無礙光如来」が礼拝門と讃嘆門に相当するということは、称名には礼拝門と讃嘆門が込められていることになる。また作願門の注釈に「天親菩薩帰命の意なり」とあるように、「帰命」には作願門も含まれていることになる。世親は五念門を初めて提起したが、その中、作願門（心に作願して一心に往生を願う）という奢摩他（止）の行と、観察門（智慧をもって浄土を正念に観察する）という毘婆舎那（観）の行、つまり瑜伽行としての止観行を根幹に据えた。しかし曇鸞は「帰命尽十方無礙光如来」に礼拝門と讃嘆門を認め、口業における称名へと重心を移したのである。

三念門を注釈した曇鸞は、続く「我依修多羅」以下の四句を成上起下（上の三門を成じて下の二門を起こす）の偈と位置付ける。曇鸞にとってよほど納得のいく注釈だったとみえて、数行の間に四回もこの用語を繰り返す。しかし親鸞は慎重にその部分を「乃至」として省略する。それは親鸞がこの四句一行を、成上起下の偈とは見なかったということである。どのように親鸞は考えたのであろうか。それは引用の仕方から考えるほかはないが、前に三念門の文が置かれ、この成上起下の文の後は第五回向門の文が続くことを考えれば、ここは第四観察門の文として読まなければならないことになる。

もともと世親は、始めの四句一行で帰敬の意を述べて、次の一行四句「我依修多羅　真実功徳相　説願偈総持　与仏教相応」では、我れは『無量寿経』などに説かれる浄土の荘厳（真実功徳相）に依りながら、我れも浄土の二十九種の荘厳を讃え、往生を願う偈を説き誦持して釈尊の教えに相応しようと、『浄土論』の造意を啓白しているのであるが、曇鸞は、これを成上起下の偈とすることで、始めの四句を礼拝門と讃嘆門と作願門に配当し、成上起下の偈とした第二行の四句の後は観察門とし、偈文を見事に五念門に配当したのである。

しかし親鸞は、曇鸞が観察門を起こすための中継ぎ（成上起下）の文としたことを採用せず、観察門そのものを表す文としたのである。この時、観察門の「観」は毘婆舎那（観）ではなく、善導が『観経疏』

玄義分で、『観無量寿経』の経題の「観」を、「観といふは照なり。常に浄信心の手を以て、以て智慧の輝を持ち、かの弥陀の正依等の事を照らす」（『聖典全書』一、六六〇頁）と解釈し、親鸞がのちに『一念多念文意』で「〈観〉は、願力をこころにうかべみるともうす」（『真宗聖典』六六六頁）というように、「観」は「観仏本願力」（願生偈）の「観」、つまり「信」を表すものとなったのである。

そうすれば世親が依り所とする大乗の修多羅の説く真実功徳相とは、二十九種荘厳を生成しようとする、先の引文にあったように、「菩薩の智慧清浄の業より起こして仏事を荘厳」しようとする誓願の、「衆生を摂して畢竟浄に入らしむる（衆生を救い究極のさとりへ悟入させる）」功徳、つまり信の体である真実功徳の名号となる。のちに親鸞が『尊号真像銘文』で「〈真実功徳相〉というは、〈真実功徳〉は、誓願の尊号なり。〈相〉は、かたちということばなり」（『真宗聖典』六三五頁）という解釈の根拠になろう。

また親鸞が抄出しながらいおうとする「総持」は、「総」とは「少を以て多を摂する」とあるので名号にほかならず、「持」とは「不散不失」だというが、『浄土文類聚鈔』で『阿弥陀経』の「執持名号」を解釈して「〈持〉というは不散不失に名づく。（中略）〈執持〉は即ち〈一心〉なり」（『真宗聖典』五〇〇頁）とあるので、真実功徳の名号を一心に執持するという意味であろう。

のちの著作の内容と一致するということは、『教行証文類』執筆時にすでに親鸞思想の構想は完成されていたことになる。また、自釈ではなく引文によってこのような構想を表現し得ている所に、『教行証文類』の勝れた独自性がある。

次は当然、『浄土論註』から第五回向門に関する引文である。適切に表現されている巻下からの引用である。

185

『浄土論註』回向門釈の文

「〔『浄土論』に〕〈どうして回向するのか。一切の苦悩する衆生を見捨てず、心に常に〔共に浄土に往生しようと〕願うことには、〔その本願力〕回向を第一として大悲心を成就しておられるからである〉といわれている。回向には二種の相がある。第一は往相、第二は還相である。往相は、自身の功徳を一切の衆生に回施して、誓いを立て、共に浄土に往生せしめてくださるのである」と。抄出

【註釈】 曇鸞の回向門の釈が引用され、尊敬を表す送りがなによって法蔵菩薩の五念門であり、回向門がすべての始まり（首）であることが、親鸞によって示されている。世親は、浄土を願生する行者が、衆生と共に往生しようと願い、五念門を修めて集積したすべての功徳を衆生に回施しようとする回向の行を最重要課題（首）にすることは、大悲心の成就を実現しようとするからであるという（『浄土論』解義分、起観生信章・善巧摂化章）。親鸞は、曇鸞が回向を往相と還相に分かつことに示唆を受け、回向門の主語を法蔵菩薩とし、法蔵菩薩（如来）の回向を始め（首）として功徳の名号に集約される礼拝、讃嘆、作願、観察などの行信が衆生に施されると読み取った。いわば親鸞の五念門である。

次は道綽の『安楽集』からの引用である。

185

『安楽集』から四文

『安楽集』（巻上）に云うには、「『観仏三昧経』にいわれる、〈釈尊は父の浄飯王に勧めて念仏三昧を行じさせられた。父王が釈尊に申し上げることには、《仏の境界で得られる徳は真如実相、第一義空であるが、

どうして弟子にこれを行じさせないのですか》と。

釈尊が父王に仰せられることには、《諸仏の得られた徳は無量で深い境界であり、神通解脱の智慧がおありです。これは凡夫が行ずる境界ではないので、父王には勧めて念仏三昧を行じさせ申し上げるのです》と。

父王が仏に申し上げることには、《念仏の功徳の内容はどのようなものですか》と。釈尊が父王に仰せられることには、《伊蘭の林が四十由旬四方に広がり、一本の牛頭梅檀があり、根や芽はあってもまだ地上に出なければ、伊蘭林は臭く芳しくはない。もし伊蘭の花や実を喰えば正気を失って死ぬであろう。のちに梅檀の根や芽が次第に生長してやっと樹木になろうとすると、香りが溢れ、遂にはこの林を改変してすべてを香り豊かにしてしまう。これを見る者は皆、不思議な心を生じるでしょう。このようなものです》と。

続いて釈尊が父王に仰せられることには、《一切の衆生が生死の中にあって、念仏の心を生じるのもまた同様です。ただよく念仏を相続すれば、必ず仏前に生まれるでしょう。一たび往生することができれば、一切の悪を改変して大慈悲を成就するであろうことは、あの梅檀が伊蘭林を改変するようなものです》いう所の〈伊蘭林〉は、衆生の身にある三毒（貪瞋痴）や三障（惑業苦）など限りない重罪を喩えている。〈梅檀〉は衆生の念仏の心を喩えている。〈やっと樹木になろうとする〉とは、一切の衆生は念仏相続すれば、往生の業因が成就して往生が決定すること（業道成弁）をいうのである。

問う、一衆生（浄飯王）における念仏の功徳を考えて、おそらくまた一切の衆生の救済を知るのであろうが、どういうわけで念仏の一念の功徳が一切の罪障を断つこと〔になるのであろうか〕、一本の梅檀が四十由旬の伊蘭林を改変して香り豊かにしてしまうが如くであるのだろうか。

答う、諸部の大乗経典に依って念仏三昧の功能が不可思議であることを顕そうというのであるが、どのような効能かというと『華厳経』に次のようにいう通りである。〈例えば人が、獅子の筋を琴の弦にして一たび奏でるなら、すべてほかの弦は悉く断ち切れてしまうようなもので、もし人が、菩提を求める心の中に念仏三昧を行じるなら、一切の煩悩や罪障は悉く断ち切れると。また人が、牛や羊や驢馬などすべての乳を搾り、器に入れるとしよう、もしそこに獅子の乳を一滴落とすなら、忽ちに支障なくすべての乳は変質して清水となるようなものである。もし人が、ただよく菩提を求める心の中に念仏三昧を行じるならば、一切の悪魔や罪障は忽ちに支障がなくなるのである〉と。

また『経』（華厳経）にいうには、〈例えば人が、体を見えなくする薬を使って処処を巡り歩けば、ほかの通行人はこの人を見ないようなものである。もしよく菩提を求める心の中に念仏三昧を行じるならば、一切の悪神や罪障はこの人を見ない、どこへ行こうとも遮ることはできない。なぜかといえば、よくこの念仏三昧を念じることは、つまりこれは一切の三昧の中の王であるからである〉」と。

また『安楽集』（巻下）に云うには、「『摩訶衍（大智度論）』にいうが如くである。〈ほかのもろもろの三昧が三昧ではないということではない〔が念仏三昧のほうが勝れている〕。それはなぜであろうか。ある三昧は、ただ貪欲を除いて瞋恚と愚痴を除くことはできない。ある三昧は、ただ瞋恚を除いて愚痴と貪欲を除くことができない。ある三昧は、ただ愚痴を除いて瞋恚を除くことができない。ある三昧は、ただ現在の罪障を除いて過去や未来などすべての罪障を除くことができない。もしよく常に念仏三昧を修めるならば、現在・過去・未来を問わず、すべての罪障を除くのである〉」

また『安楽集』（巻下）に云うには、「『大経の賛（讃阿弥陀仏偈）』にいう、〈もし阿弥陀仏の徳号を聞いて歓喜し賛仰し心が帰依するならば、僅か一念でも大きな利益を得て、功徳の宝が具わるのである。たとえ大千世界に充満しているような火の中でもまた、直ちに進んで仏の名を聞くべきだ。阿弥陀仏の名を聞けば再び退転しない。このゆえに至心に稽首して礼拝したてまつる〉」と。

また『安楽集』（巻上）に云うには、「また、『目連所問経』にいうが如くである。〈釈尊が目連に仰せられることには、《例えば、多くの川の長大な流れの中にある草木は、前は後ろを顧みず、後ろは前を顧みずして、皆、大海で会うように、世間もまたその通りである。華やかで富裕で思いのままであっても、皆、生老病死を免れることはできない。仏教をひたすら信じないことによって、来世は人と生まれても、さらに激しく困苦して千仏のおられる国に生まれることはできない。ゆえに我れが説くには、無量寿仏の国は行きやすく得やすいが、人は行じて往生することができない。却って九十五種の邪道に事える、と。我れはこの人を、〝真実を見ない人〟と名付け、〝真実を聞かない人〟と名付ける》と〉経文に説き示された教えはすでにこの通りである。どうして難行道を捨てて易行道に依らないのであろうか」と。已上

【註釈】『安楽集』からの引文である。道綽の『安楽集』は『教行証文類』と同じく経論などからの多くの引文によって構成されている。ここでは『観仏三昧経』によって念仏の易行性と超越性が説かれ、『華厳経』『大智度論』によって罪障を滅する念仏三昧の超越性が説かれ、『讃阿弥陀仏偈』によって聞名の功徳により不退転に至ることが説かれ、『目連所問経』によって、無常を超える道が浄土への往生であるが、皆はそれに耳を傾けない旨が説かれ、終わりに道綽本人によって易行道が勧められている。原文には「無

眼人」「無耳人」とあり、これは身体に障礙を持つ人への差別による譬喩表現である。ここは真実を見聞しようとしない人を導こうとして説かれたものであるが、改めるべき誤った表現になっている。

次は善導の文が十文引用される。まず『往生礼讃』から引用される五文の第一文である。

188

『往生礼讃』前序の文

光明寺の和尚（善導）が云うには、「また『文殊般若（文殊師利所説摩訶般若波羅蜜経）』に次のようにいうが如くである。〈一行三昧を明かしたいと思う。ただ勧める、一人静かな所でもろもろの散乱する心を捨て、心を一仏にかけて、その相貌を観想しようとせず、専ら名字を称えれば、念の中に阿弥陀仏ならびに一切の諸仏を見たてまつることを得る〉といっている。

問う、どうして、観の行をさせずに、直ちに専ら名字を称えさせる意図はどこにあるのか。

答う、もはや衆生は罪障が重く、観の対象は微細であるのに心は粗雑であり、識は跳び上がり、精神は舞い上がって観を成就することができないからである。それを釈尊は憐み、直ちに勧めて名字を称えさせるのである。正しく称名は行じ易いので、相続して往生するのである、と。

問う、すでに専ら弥陀一仏を称えさせるのに、どうして対象に一切の諸仏が多く現前するのか。これはどうして、邪な観法と正しい観法が混じって一仏と多仏が雑多に現れるのではないだろうか。

答う、仏と仏は同じくさとり、形に別はない。もし一仏を念じて多仏に目見《まみ》えることがあっても、なんの根本の道理に背くことがあろうか。

また『観経』にいうが如くである。〈勧めて座観や礼拝や念仏を行じさせるが、皆当然、面を西方に向けることが最も勝れているのである〉と。樹が倒れる時は必ず傾いている向きに引かれるようなものである。ゆえに、確かに支障があって西方を向くことができない時は、ただ西へ向く思いをしても、それもまた喜ぶべきことである。

問う、一切の諸仏は法報応の三身を得て、同じくさとり、証果である慈悲と智慧を円満して別はないであろう。それぞれの方を向いてその一仏を礼拝し念じ、努めて称えれば、それもまた往生できるのであろう。どうして、偏に西方だけを讃えて礼拝し念ずることなどを勧めるのか、何の意味があるのか。

答う、諸仏のさとりは平等で一つであるが、因位の願行に至り追求すれば因縁に異なりがないわけではない。さて阿弥陀仏は、始め深重の誓願を発して、光明と名号によって十方の衆生を救い導いてくださる。ただ信心して求めるならば、一生を尽くす念仏から十声・一声まで、仏の願力によって往生することはたやすい。ゆえに、釈尊や諸仏は勧めて、西方に向かうことを区別することばかりである、と。またほかの仏の名を称え念じて障りを除き罪を滅することができないというわけではないと心得るべきである。

もし前述のように、よく念仏を相続して臨終を待ち設ける者は、十人は十人、百人は百人、皆往生するのである。なぜかというと、外からの妨げの縁がなく正念を得ているからであり、阿弥陀仏の本願と相応することを得るからであり、釈尊の教えに相違しないからであり、〔諸〕仏の言葉に従うからである」と。

已上

【註釈】『往生礼讃』からの引文はまだ続くが注釈を加える。三つの問いが善導によって起こされ答えられている。第一は、どうして観察の行ではなく称名行を勧めるのであるかという問いであり、易行によると答えられている。第二は、一仏を念じているのにどうして諸仏も現前するのであるかという問いであり、仏のさとりは平等であるから諸仏が現前しても当然であり、西方の一仏を念じることが道理として勝れていると答えられている。第三は、諸仏のさとりは平等であるのにどうして西方の一仏への礼拝を勧めるのであるかという問いであり、阿弥陀仏の本願の深重性が理由として答えられている。

次は『往生礼讃』から引用される第二文から第四文までである。正確にいうと第三文（初夜讃）は文中に「乃至」がなく一連になっているが、三箇所からの引用であり、親鸞は末尾に「抄要」としている。

『往生礼讃』日没讃・初夜讃・後序の文

また云うには（日没讃）、「ただ念仏の衆生だけをご覧くださり摂取して捨てないので、〈阿弥陀〉と名付ける」と。已上

また云うには（初夜讃）、「弥陀の智慧の願海は深広であり岸も底もない。その名を聞いて往生しようと願えば皆悉くその国に到る」と。「たとえ大千世界に充満しているような火の中でもまた、直ちに進んで仏の名を聞け。名を聞いて歓喜し讃えれば、皆、必ずその国に生まれることができるであろう」「一万年に亘る末法の時代の後、三宝が消滅するであろうが、この経だけは百年間留まるであろう。その時、この経を聞いて一念するなら、皆、必ずその国へ生まれることができるであろう」と。抄要

また云うには（後序）、「我々は現に生死の凡夫であり、罪障は深重であり六道を輪廻している。苦しみはいうことができない。今、善知識に遇い本願の名号を聞くことができた。一心に称念して往生を願え、と。願わくは、仏の慈悲は本願をお捨てにはならないから、弟子である我々を救ってくださるように（弟

子を摂受したまうべし〉」と。已上

【註釈】初夜讃の文は三箇所からの引用であるが、「乃至」の表記はなく、末尾に「抄要」とある。いずれも離れた箇所からの引用であるが、趣旨は一貫して、名を聞いて名を称える者は本願によって必ず往生できるということである。後序の文末尾の「弟子を摂受したまうべし」は「摂受したまへ。弟子（後略）」とあとへ続く文である。親鸞は、「念仏の衆生」である「生死の凡夫」は仏の弟子であるからどうか摂め取ってください、という文意にしている。

次も『往生礼讃』の後序からの引用である。

『往生礼讃』後序の文

また云うには、「問う、阿弥陀仏を称念し、礼拝し観察して現世にどのような功徳利益があるのか。答う、もし阿弥陀仏の名を称えること、一声すればよく八十億劫の迷いの重罪を消滅する。礼拝や念仏も以下同様である。

『十往生経』（意）にいう、〈もし衆生が阿弥陀仏を念じて往生を願えば、かの仏は二十五菩薩を遣わして行者を助け護り、歩く時も座る時もとどまる時も臥す時も昼も夜も一切の時所で、悪鬼悪神に機会を得させないのである〉と。

また『観経』（意）にいう通りである、〈もし阿弥陀仏を称え、礼し、念じてその国に往生しようと願えば、阿弥陀仏は無数の化身の仏や観音や勢至を遣わして行者を守護してくださる。また、前《さき》の観音勢至をはじめとする二十五菩薩などと共に百重千重にも行者の周りをとり囲んで行住坐臥、一切の時所、昼夜を問わず、常に行者を離れずにおられる〉と。今、すでに現世でこの勝れた利益がおありである、頼むがよい。願わくは、もろもろの行者は各おの、至心をもちいて往生を求めよ。

また『無量寿経』(意)にいう通りである、〈もし私が仏に成るならば、十方の衆生が我が名号を称するなら末は十声でも、もし往生しないなら、私は仏には成るまい(若我成仏　十方衆生　称我名号　下至十声　若不生者　不取正覚)〉と。かの仏は今、現においでになり、仏に成っておられる。まさに知るべし、本願は虚しくない。衆生が称念すれば必ず往生を得る(彼仏今現在成仏　当知本誓　重願不虚　衆生称念　必得往生)。

また『阿弥陀経』(意)にいう通りである、〈[釈尊がいわれる]《もし衆生が、阿弥陀仏についての説法を聞くならば、その名号を執持するがよい。あるいは一日、あるいは二日、また七日間、一心に仏の名を称え不乱であれ。そうすれば命が今にも終わろうとする時、阿弥陀仏はもろもろの聖衆と共に現前されるであろう。この人は臨終に心がうろたえることなく、直ちに彼の国へ往生することができるであろう》と。[さらに]釈尊が舎利弗に仰せになるには、《私にはこの利益がわかるからこのように説く。もし衆生でこの説法を聞く者は、まさに願を発して彼の国に生まれようと願うべきである》と。

続く文(『阿弥陀経』意)にいうには、〈東方の無数の諸仏と南、西、北、上、下方、それぞれの方角における無数の諸仏が、各々の本国で嘘のない舌によって三千大千世界を覆い、誠実な言葉でお説きになるには、《汝ら衆生よ、皆この一切の諸仏が護念してくださる経を信ずるがよい》〉と。どのような意味で〈護念〉というのか。もし、衆生が阿弥陀仏を称念するなら、もし、七日あるいは一日、一声まで、あるいは十声、一念までも、必ず往生できると。このことを諸仏は証明しているので〈護念経〉という。

続く文〔『阿弥陀経』意〕にいうには、〈もし仏の名を称え往生する者は、常に六方の無数の諸仏に護念されるので、《護念経》という〉と。今、すでに強力な誓願がまします、憑むべきである。もろもろの仏弟子たちよ、どうして意を励まして往かないのか」と。

智昇法師の『集諸経礼懺儀』下巻には善導和尚の『往生礼讃』が全文収録されている。以上はこれから引用した。

【註釈】『集諸経礼懺儀』収録の『往生礼讃』の終わりの部分〔後序〕が、省略されることなく全文引用されている。阿弥陀仏の名を称え念じることとは現世にどのような利益があるのかという問いを立て、生死の重罪が消滅する利益があると答えている。善導は浄土三部経からの引文でそれを証明しているが、現世の利益を問題にしている所に主眼があろう。

阿弥陀仏と菩薩たちは念仏する者を悪鬼神から常に護ってくださる、という現世の利益が説かれ、また有名な四十八文字からなる、善導の本願加減の文と成就文が示される。成就文に該当する部分は、阿弥陀仏は三世〔過去・現在・未来〕の内の現在に成仏しておられるという本願の成就が示され、それゆえ本願は虚しくないという理路になっている。ここに「彼仏今現在成仏」とあるが、現行の『集諸経礼懺儀』収録の『往生礼讃』では「彼仏今現在世成仏」〔『大正蔵』四七、四七四頁中〕となっている。本書〔教行証文類〕の後序〔『真宗聖典』四七四頁〕でも、親鸞は「今現在世成仏〔今現に世にましまして成仏したまえり〕」の「世」字を省いている。法然の真影に、この文を法然自身が真筆でお書きくださったとあるが、同様に「世」字は欠落し、せっかくの四十八文字は四十七文字になっている。誤記であろうという解釈もあるが、「真文」

（後序）とまでいう文においてあり得ないことであろう。

原文のままでは「今現に世〔間〕にましまして」と読むきらいがある。この場合の「世」は世間、世界（loka）であるが、しかし善導のいわんとする所は「現在世」であり、この場合の「世」は「三世」の「世」で「世路（adhvan）」とも漢訳されるように時間的過程を表し、「現在世」とはその作用が現にはたらいている時間帯を表すのである（『岩波 仏教辞典』「三世」項）。「現に世に在して」と日本語の語順で読んでしまうと、有情世間におられる仏になってしまい、それでは法然浄土教の根幹に関わることになる。阿弥陀仏は現在、浄土において成仏しておられる、という意味を誤解なく受け取るために「世」字を意図的に省いたのではないかと考えられる。それでは、現世の利益を示す文にはならないようであるが、成仏という成就に裏付けられ、その仏力である作用が現に生死の世界ではたらいていることになろう。衆生が称念すれば必ず往生できる行として、現世における利益が示されていることになる。しかし法然も、『選択本願念仏集』で二度（『聖典全書』一、一二六六・一二七三頁）「現在世」として引用していることから考えると、その理由は明らかではない。親鸞が閲覧した『集諸経礼懺儀』には、この引用の通りに「彼仏今現在成仏」とあったのかも定かではない。

引用の文は、さらに『阿弥陀経』から、臨終にうろたえることがないことや諸仏から護念される現世の利益が挙げられている。終わりの文は坂東本の訓点によれば、「若し仏を称して往生する者は、常に六方恒河沙等の諸仏の為に護念せらる」となるが、「若し仏を称して往生すれば、常に六方恒河沙等の諸仏の護念する所とな（為）る」と読んで、往生した者は諸仏の護念する対象となるという判断文とするほうが原文に則している。親鸞は「往生する者は」として、念仏して往生を願う者が現世において諸仏護念の利益を受けていることを表す現象文として読んでいると考えられる。
次は『観経疏』玄義分から二文、『観念法門』から二文、『般舟讃』から一文の引用である。

193

『観経疏』『観念法門』『般舟讃』の文

また云うには（玄義分）、「〈弘願〉というのは『大経』の説（取意）の通りである。すなわち、一切の善悪の凡夫が往生するが、皆、阿弥陀仏の本願力に乗じて増上縁としない者はいないのである」と。

また云うには（玄義分）、「〔南無阿弥陀仏の〕〈南無〉とは、つまりこれ帰命であり、またこれ、発願回向という意味がある。〈阿弥陀仏〉と〔称えること〕は、つまりこれ、その行である。この義（願行具足）のゆえに、必ず往生できる（必得往生）」と。

また云うには（観念法門）、「〈摂生増上縁〉とは『無量寿経』の四十八願の中に説く通りである。阿弥陀仏の仰せには、〈もし私が仏に成るならば、十方の衆生が私の国へ生まれようと願って私の名字を称えること十声でも、私の願力に乗じてもしも生まれなければ、正覚を得ないようにしよう〉と。これは、つまり往生を願う行人の命終の時、願力をもって摂受して往生させるということである。ゆえに〈摂生増上縁〉（阿弥陀仏が念仏者を摂受して往生せしめるという勝縁）というのである」

また云うには（観念法門）、「善悪の凡夫が回心し行じて、〔そうすればその者を〕悉く往生させようとする。これもまた証生増上縁（釈尊や諸仏が念仏者の得生を保証するという勝縁）である」と。已上

また云うには（般舟讃）、「法門は不同で八万四千もある。しかし、無明と、その果である苦と、苦を招く行業を滅しようとするための利剣は、つまり弥陀の名号である。一声、称念すれば罪は皆、除かれて消

え失せる、と。夥しい過去の罪業を智慧に従って滅す。教えないのに（覚《おし》えざるに）〔自然に〕真如の門に転入する。このたび娑婆の長劫に亘る苦難を免れることができるのは、特別に知識である釈尊の恩を蒙っているからである。さまざまに思量し方便して、選び抜いた弥陀の本願の教え（弥陀弘誓の門）に遇わせてくださったのである」已上抄要

【註釈】第一文は善導が『無量寿経』の文を取意したものであるが、道綽が『安楽集』で、『無量寿経』の四十八願、特に第十八願の意を「大経に云く、十方の人天、わが国に生ぜんと欲する者は皆阿弥陀如来の大願業力を以て増上縁と為さざるはなしと」（『聖典全書』一、六〇八頁）と、往生は本願他力によることを説いた文が元になっている。道綽は他力を、増上縁（強く勝れた縁）という仏力を表す言葉で表現している。「増上縁」は般若系の経典に登場して以来、広く仏典に出る言葉であり、道綽は曇鸞を踏襲してこの語を用いている。

　第二文は、本願力は増上縁であるから、強く勝れた仏力に誓われた名号を称える所に願行具足して必ず往生させる力がはたらくという、有名な善導の六字釈である。のちに言及する。

　第三・第四文では、増上縁を阿弥陀仏と釈迦諸仏の力に分析している。

　第五文は『般舟讃』からの引文であり、『般舟讃』の正讃と呼ばれる中心部は、一句七言で一一二六句の長大な偈頌であるが、親鸞はそれの三箇所から計一〇句を選択し、末尾に「抄要」として途中の文の境目は表示せず一連としている。親鸞の『般舟讃』といっていい。本願の名号を讃え、それを指南する釈尊に感謝している。これによれば、親鸞のいう「真如の門」は「弥陀弘誓の門」であり、弘誓一乗海である

ことが示されている。「覚《おし》え不《ざ》るに真如の門に転入す」は「不覚転じて真如門に入れば」（『聖典全書』一、九七〇頁）であろうが、『浄土和讃』にも「定散自力の称名は　果遂のちかいに帰してこそ　おしえざれども自然に　真如の門に転入する」（『真宗聖典』五八〇頁）とあって、親鸞は称念が願力の自然として弘願の門へと転入する道であることをいっている。

以上のような、名号を讃嘆する師釈を承けて、次に親鸞は善導の六字釈を基盤にして名号を解釈する。

194

帰命字訓釈など

このようなことから考えると、「南無」の言は帰命であるが、この「帰」の言は至である。また「帰説《きえつ》」（よりたのむなり）という意味である。この場合、「説」字は悦《えつ》の音であり、「よろこぶ（悦服）」という意味である。また「帰説《きさい》」（よりかかるなり〈舎息〉）という意味もある。この「説」字は税《さい》の音である。このように「説」字には悦と税という二つの音がある。〔こういうことで「帰」は衆生が歓喜（悦）して帰依（税）するという意味であるが、同時にこの〕「説」字は〔阿弥陀仏が〕告げるという意味であり、述べる、人（阿弥陀仏）の意を〔釈尊が〕宣述するという意味である。「命」の言は業であり、招引《まねきひく》であり、使であり、教であり、道であり、信であり、計《はからう》であり、召《めす》である。これによって「帰命」とは本願が衆生を招喚する勅命であることがわかる。

「発願回向」とは、阿弥陀仏がすでに因位において発願して、衆生の行を回向なされる心である。

「即是其行（衆生に回向された其の行）」とは、つまり選択本願の行がこれである。

「必得往生」とは、不退の位に至ることを獲ることを彰している。『無量寿経』にはそれを、「即得〔往生住不退転〕」といっているし、『十住毘婆沙論』（易行品）には「〈即時入〉必定」といっている。この「即」は本願力を聞くことによって真実報土へ往生する真実の因が決定する時刻の極まりを明示している。この「必」は審《つまびらか》（あきらか）であり、然《しからしむる》であり、分極である。金剛の信心が成就したすがたである。

【註釈】親鸞の帰命字訓釈と発願回向釈と即是其行釈と必得往生釈である。先に、善導の「〈南無〉と言うは、即ち是れ帰命なり、亦是れ発願回向の義なり。〈阿弥陀仏〉と言うは、即ち是れ其の行なり。斯の義を以ての故に、必ず往生を得」という六字釈が引用されたが、親鸞はこれを再解釈して、称名が真実の行であることを証明しようとしている。

南無阿弥陀仏の「南無」は帰命であるという善導を承けて、「帰」の字訓釈をする。まず「帰」は「至」であるとする。「至」は「致す」であり、身を捧げて事を行う意味で、帰依を表している。次に、「帰説《きえつ》」「帰説《きさい》」という熟字によって訓釈する。「きえつ」は「よりたのむ」の意で、信心歓喜を表す「悦」によって「帰」の意味を増幅させている。「きさい」は「よりかかる」の意で、舎息（やどる・憩う）を表す「税」によって「帰」の意味を増幅させている。しかしこの熟字訓の真の目的は「帰」から「説」字を導き出す所にある。次には「説」の当然な意味である「告ぐる・述べる・宣述する」という意味へと転訓する。つまり「帰」から「説（告・述）」の意味を導き出したのである。その時、「帰」は衆生の帰依と同時に、仏の帰せよという告知の意味を持つことになる。

帰命の「命」は「招引・使・教・召」などと字訓釈して、命令の意味とする。この結果、帰命は本願招喚の勅命という意味になった。この解釈によって、さらに親鸞は、善導が「南無」の第二の意味とした

「発願回向」を、如来が発願して衆生の行を回向したもう心として、如来の発願回向と規定する。

　さらに親鸞は、善導が六字の後半部の「阿弥陀仏」の四字を「阿弥陀仏と言うは、即ち是れ其の行なり」と釈した文の「阿弥陀仏と言うは」を省いて、「即是其行と言うは」と続けてしまう。前部の「如来、已に発願して衆生の行を回施したまうの心なり」に続けて「即是其行と言うは、即ち選択本願、是れなり」とする。親鸞は善導の六字釈を南無の二字釈に約《つづ》めている。つまり、如来が発願し回施した衆生の行、衆生に回向した行、〈即ち是れ其の行〉（即是其行）とは何か、という発問にして、それに「即ち選択本願、是れなり」と親鸞は即答したのである。

　巻頭の標挙の細注「選択本願の行」がここに示され、結果、法然が説く選択本願念仏は如来回向の行である、という明確な結論が導き出されている。善導の六字釈が、親鸞の帰命釈として見事に進化を遂げたのである。

　続いて、善導のいう「必得往生」を解釈する。「必得往生」は当然、必ず往生を得るという意であるが、親鸞はこの「必得」に焦点を絞って解釈する。往生が定まった者は不退の位であるから、「必得往生」は不退の位を「獲」ることを「彰」していると親鸞は解釈する。「獲」字について親鸞は諸処で言及するが、「〈獲〉の字は、因位のときうるを〈獲〉という。〈得〉の字は、果位のときにいたりてうることを〈得〉というなり」（『末燈鈔』、『真宗聖典』七三七頁）とあるように、此土における現在性を表す「獲」を使い、不退の位は因位の時に獲て、往生は果位の時に得ると読み分けている。また言葉に埋め込まれている真実の意味を指す隠彰の「彰」を使って、「必得〔往生〕」は不退の位を獲るという意味を言外に彰す句として読み込んでいる。親鸞は通念である浄土往生の意義を、往生を得る者は現在において不退の位を獲るという所に重心を移している。

次に、『無量寿経』の本願成就文の「即得〔往生住不退転〕」と『十住毘婆沙論』易行品の「〔即時入〕必定」を挙げて、善導の「必得往生」の「必」は、易行品の「必」であり、「得」は成就文の「得」であると意味を跡付ける。成就文は「即得往生　住不退転」であり、易行品は「即時入必定」であるので、善導の「必得」を、不退の位を獲るという意味で読む根拠になる。親鸞は『一念多念文意』でも、成就文の「即得」を正定聚不退転にかかる語句として読んでいる（『真宗聖典』六五四頁取意）。

畳みかけるように、親鸞は次にこの「即」と「必」を自釈する。「即」は報土へ往生する真実の原因（信）が決定する一念（時剋の極促）を表し、「必」は信成就の相を表していると解釈し、正定聚不退転の意味であることを結論付け、六字の名号が開く必然的な境位であることを示している。

次は、善導よりおよそ百年後に出て、「後善導」とも称せられた法照の、善導の『法事讃』の讃文も多く引用する『五会法事讃』から八文の引用である。

195

『五会法事讃』の文

『浄土五会念仏略法事儀讃』に云うには、「釈迦如来が教えを施される場合、詳述するか略述するかは相手の機根に応じるが、いずれも遂には実相に帰着させるためである。生滅を超えた真の無生をさとる者に、誰が施そうとするであろうか。そうして念仏三昧は真の無上深妙の法門である。弥陀法王は四十八願に誓う名号によって、その本願力を専らにして衆生を救済してくださる。（乃至）釈迦如来は常に〔念仏〕三昧海中において、すべてを救おうとする細やかな御手で掬いあげておられることはいうまでもない。父王にいわれるには、〈王よ、今、座してただ念仏すべきです〉と。どうして念を離れながら無念を求めることができようか。生を離れて無生を求めることができようか。相好を離れて法身を求めることができようか。言葉を離れて解脱を求めることができようか。（乃至）大いなることである、正しい道理である真実の法は一如であって衆生を教化し、人を利益する。弘誓はそれぞれ別であるゆえに、我らの世界の釈尊はこの濁世に呼応して生まれ、阿弥陀仏は浄土に出現したもう。方面は穢土と浄土に異なるが利益は同じである。もし修め易くさとり易きならば、まことにただ浄土の教えのみである。そうして西方浄土は特に勝れており、その国に比《なら》ぶものはない。また荘厳するのは百宝の蓮華である。蓮華は九種に広がり人を収め入れることであるが、いずれも仏の名号によるのであると。（乃至）

法照、『称讃浄土経』に依って讃嘆する。〈如来の尊号は甚だ明らかである。十方の世界に遍く広まりたまう。ただ名を称える者のみ皆往生を得る。観音・勢至は自ら来て護ってくださる。弥陀の本願は特に高く勝れており、慈悲による方便によって凡夫を導き、一切の衆生は皆、迷いを脱して浄土へ到る。名を称えれば罪を消除することを得る。凡夫がもし浄土に到ることができれば、曠劫からの塵沙の罪は消亡し、六神通を具え自在になり、永く老病の苦を除き、無常を離れる〉

法照、『仏本行経』に依って讃嘆する。〈何を名付けて正法というのか。もし道理に適えばこれが真宗である。教えの是非を正し、今こそ選び取らなければならない。一々の子細を曖昧にしてはならない。正法は世間に抜きん出る。持戒、座禅を正法という。念仏成仏はこれ真宗である（念仏成仏是真宗）。仏の教えに賛同しない者は外道である。因果を否定する考えは空見（虚無主義）である。正法は世間に抜きん出る。座禅、持律がどうして正法であろうか。念仏三昧がこれ真宗である。本性を徹見し、心の初生の相をさと

れば仏である。どうして道理に相応しないことがあろうか〉略抄

法照、『阿弥陀経』に依って讃嘆する。〈西方浄土はさとりへ向かうには娑婆より勝れている。五欲と邪魔がないからである。仏と成るために種々の善行を労せず、蓮台に端坐して弥陀を念じたてまつる。五濁の世での修行は多く退転する。念仏して西方に往くが一番良い。彼の土に到れば自然に正覚を成就し、苦界に還来して衆生を彼岸へ渡す者となるであろう。万行の中で念仏は差し迫って必要である。さとりへ迅速であることは浄土門に勝《まさ》るものはない。ただ釈尊の尊い説法だけではなく、十方の諸仏が共に弘め証明しておられる。この世界に一人、仏の名を念ずれば、西方に一つ蓮華が生ずる。ひたすら一生、常に不断にして念ずれば命終の時、一つの華はこの界へ還り来て迎えるであろう〉略抄

慈愍和尚、『般舟三昧経』に依って讃嘆する。〈今日、この会座の人々よ、曠劫より我ら皆、経めぐって来た。この人身を受けたことを考えると遇い難いことである。例えば優曇華が初めて開くようなものである。正しく希に浄土の教えを聞く機会に遇えている。正しく念仏の法門が開かれる時に遇えている。正しく弥陀の本願の招喚に遇えている。正しくこの会座の人々が信あって回心する機会に遇えている。正しく今日、この経に依って讃嘆する機会に遇えている。正しく共に蓮華の台に上ることを言い交わす縁に遇えている。正しく会座に仏道修行の妨げがないことに遇えている。正しく無病で皆、来集できたことに遇えている。正しく七日間の念仏の修練が成就することに遇えている。四十八願は必ず我らを引き連れて行く。遍く会座の同行に勧める、努め回心して、さあ帰ろう（帰去来）。かりに問う、郷里はどこにあるのか。それは極楽の池の七宝の蓮台である。阿弥陀仏は因位に弘誓をお立てである。《名を聞いて我を念ずれば、皆、迎えてここに帰らせよう》と。貧窮とそれともまた富貴とを分け選ばない。下智と高才とを分け選ば

ない。多聞・持戒と破戒・罪人とを分け選ばない。ただ、もし回心して多く念仏するようにすれば、よく瓦礫を変じて黄金にするようになさるのである。言葉をこの会座の人々に贈る。《同じ縁を結び、仏道を行こうとする者は早く相尋ね求めよう》と。かりに問う、どこを相尋ね求めて行くのか。答う、阿弥陀仏の浄土へ行くのである。かりに問う、何によって浄土に生まれることができるのであろうか。答う、念仏が自ずから事をやり遂げる。かりに問う、今生の罪障は多い、どうして浄土に進んでいっしょに入れようか。答う、名を称えれば罪障は消滅する。例えば明るい灯火が闇中に入るが如くである。かりに問う、凡夫が生まれることができるのであろうか。どうして一念で闇が消え、明るくなるのか。答う、疑いを除き去り多く念仏すれば、阿弥陀仏は必ず自ら親しく近づいて来られる〉と。抄要

法照、『新無量寿観経』（観無量寿経）に依って讃嘆する。〈十悪五逆が至り極まる愚人は、永劫に迷いに沈み長く煩悩の塵に塗《まみ》れているが、一念、弥陀の名を称え得て、彼の土に至れば速やかに法性の身と同じになる〉」と。已上

【註釈】法照自身の散文（三文）と、慈愍を含む讃文（五文）が引用された。始めの文には、念仏三昧が相手に応じた教えではなく無上の教えであり、阿弥陀仏は本願の名号によって衆生を救うのであると念仏の超越性が説かれている。続いて釈尊が父に念仏を勧めたことが説かれ、阿弥陀仏は念仏の人を素晴らしい浄土へ迎えてくれる旨が説かれ、念仏において二尊が一致することが示されている。「乃至」を挟んでの第二文と第三文は『五会法事讃』では順序は逆であるが、親鸞は入れ換えることで、念仏三昧が無上の法門であり（第一文）、釈尊が父王に勧めた教えであり（第二文）、釈迦・弥陀二尊一致の「浄土の教門」であ

る名号は「至理の真法」である（第三文）とまとめている。

讃文の部分では、各経典に依りながら念仏が讃えられている。念仏する者は往生を得るうえ、観音勢至から護られる。罪障は消える。念仏成仏は正法であり真宗である。浄土での修行はさとりへの妨げがないので退転しない、と讃えられる。また、無差別平等の浄土の教えに遇えた喜びを、同行を前に「今日道場の諸衆等」と表白する慈愍による熱烈な讃文は感動的である。

『新無量寿観経』とあるが、後に引用される元照の『観経義疏』には、『開元釈教録』に『観無量寿経』には二訳あり古い訳は亡失したとあるので、新しい訳である畺良耶舎の『観無量寿経』を指すものと思われる。

次は、新羅の憬興が『無量寿経』を注釈した『述文賛』からの引用である。親鸞は、『悲華経』と『如来会』の文を補足して引文の意図を明瞭にしている。

199

『述文賛』『悲華経』『如来会』の文

憬興師が云うには（述文賛）、「釈迦如来が広く説かれた『無量寿経』の大要に二点ある。第一は、前半で広く阿弥陀如来の浄土の〔因〕果、つまり因位での法蔵菩薩の行のありさまと、その結果である成就した浄土のありさまを説かれた点である。第二は、後半で広く衆生の往生の因果、つまり穢土における衆生の救済のありさまと、浄土で受ける利益を表された点である」

また云うには、『悲華経』の諸菩薩本授記品に云うには、「その時、宝蔵如来（釈尊の因位である宝海梵志の子が成った仏）は転輪王（阿弥陀仏の因位の無諍念王）を讃えていわれる、〈喜ばしいことである。（乃至）大王よ、汝が西方には、百千万億の仏土の先に世界がある。尊善無垢という。この世界に仏がおられる。尊音王如来という。（乃至）今現在、多くの菩薩のために正法を説く。（乃至）純一で大いなる教えは清浄で純粋でないものはない。その中の衆生は平等に化生する。また男女の差別はなくその名称もない。その仏の世界のあらゆる功徳は清浄によって荘厳されている。すべて大王無諍念王の願う所の通りで異なりはないのであろう。（乃至）今、汝の名を改めて無量清浄とする〉」と。已上

『無量寿如来会』に云うには、「広くこのような大弘誓願を発して、そのすべてをすでに成就なされている。世間に希有なことである。この願を発し了《おわ》って真実の中に安住し、種々の功徳を具え、威徳広大な清浄仏土を荘厳なされている」と。已上

【註釈】憬興は、釈尊が『無量寿経』で阿弥陀如来の浄土の因果と衆生往生の因果を説かれたと端的に示している。親鸞はそれを引用したあと、『悲華経』と『如来会』の文を引用する。『述文賛』からの引用下であるので不自然であるが、『述文賛』に「不違観音授記悲華経」（『大正蔵』三七、一四八頁中）とあるので、『悲華経』の「諸菩薩授記品」から『述文賛』の因位法蔵菩薩について記述する文と同様の文を、中略（乃至）を三度繰り返し簡潔にして引用したと考えられる。

次の『如来会』はその願成就を示すためと考えられる。しかし引用の順序を重んじる親鸞においては極めて異例であり、『悲華経』と『如来会』をここに引用する確かな意図は明らかではない。

ただ、明恵が『摧邪輪』巻上で、『悲華経』によれば阿弥陀仏も因位で宝海梵志（因位の釈尊）の勧めで菩提心を発しているではないかと、菩提心を重視しない法然を批判している（『日本思想大系（一五）鎌倉旧

仏教』六四頁）ことに起因するのではないかと考える。これは、菩提心を至上とする明恵にとって当然の批判である。貞慶や明恵などには、阿弥陀仏に対して批判的な立場を取る『悲華経』に基づく釈迦中心信仰があった（菅野隆一「親鸞と『悲華経』」『印度学仏教学研究』第三六巻第一号、一九八七年）といわれる。

親鸞は明恵が依拠する『悲華経』に依りながら、宝海の子であった宝蔵如来が、因位の阿弥陀仏の本願を讃え、さとりを授記していることを示し、この広大で真実なる本願こそが菩提心であることを示そうとしたと考えられる。あとの『述文賛』からの引文中に、憬興自身の言葉で、阿弥陀仏の因位の無諍念王も釈迦仏因位の宝海梵志も共にこの娑婆世界において菩薩行を修めたと示されている。そうすれば『如来会』の文の引用は、その本願は円満に成就したことを、釈尊によって証明させていることになる。

『述文賛』からの引用は続く。

『述文賛』回施功徳・宿因聞法の文

また云うには、「福徳と智慧の二つの荘厳（福智二厳）を成就されたから、悉く平等に衆生に行を施されるのである。自身の修めた功徳をもって衆生を利益なされるので、功徳を成就なされたもうたのである」と。

また云うには、「久遠からの因縁によって仏に遇え、法を聞く、喜ばねばならないわけである」と。

【註釈】 このように親鸞は、『述文賛』の文を抄出しながら文脈をつないで自身の思想を表現していく。「福智二厳（六波羅蜜）」の成就とあるが、『無量寿経』巻上の「大荘厳を以て衆行を具足し、諸の衆生をして功徳を成就せしむ」（『真宗聖典』二九頁）を解釈したものである。この「悉く平等に衆生に行を施される（「備施等衆生行」備《つぶさ》に等しく衆生に行を施したまえる）」も、原文は「備施等衆聖行（施等の衆聖の行を備うる）」（『大正蔵』三七、一五四頁中）である。故意であるか否かは不明であるが、「聖」を「生」として、本願成就によって衆生に大行が回向されるという文脈にしている。それによって仏に遇え法を聞くのであるから、喜ぶべきことであるとしている。

『述文賛』からの引用はまだ続く。

『述文賛』正勧往生の文など

また云うには、「浄土の人は清らかでその国は美しい。そこに生まれるために力を尽くさない者があろうか。善を行い、往生を願え。如来は善によって浄土をすでに成就しておられる（善に因りて既に成じたまう）。自ずからその果である浄土への往生を獲られないはずはない。ゆえに〈自然〉（無量寿経）という。貴賤を分け選ぶことなく、皆往生させる。ゆえに〈著無上下（上下無きことを著す）〉（『無量寿経』巻下「著於無上下」、『真宗聖典』六一頁）という」と。

また云うには、「〈易往而無人。其国不逆違。自然之所牽（往き易くして人無し。其の国逆違せず。自然の牽く所なり）〉（『無量寿経』巻下、『真宗聖典』六一頁）とある。因を修めれば往生するが、修めることがなければ往生することは甚だ少ない。因を修めて往生することは、ついぞ道理に違《たが》うことはない。このことを〈往き易し《易往》〉というのである」

また云うには、「〈本願力故（本願力の故に）〉（『無量寿経』巻上、『真宗聖典』二八頁）というのは、往生は誓願の力であるという意味である。〈満足願故（満足願の故に）〉というのは、願として欠けることがないからである。〈明了願故（明了願の故に）〉というのは、求め願う所が明瞭で空虚ではないからである。〈堅固願故（堅固願の故に）〉というのは、堅固な縁であり何者も破ることができないからである。〈究竟願故（究竟願の故なり）〉というのは、必ず果し遂げるからである」

また云うには、「総じていえば、凡夫の願生の意を増加させようと思うから、釈尊はきっと、浄土の勝れていることを表しているに違いない」と。

また云うには、「すでに、〈この娑婆世界で菩薩の行を修めた（〔一名観世音。二名大勢至。是二菩薩〕於此国土。修菩薩行）〉と『無量寿経』巻下（『真宗聖典』五五頁）にいわれている。それによってわかる、無諍念王（阿弥陀仏の因位）はこの世界におられたことが。宝海（釈迦仏の因位）も同様である」と。

また云うには、「〔『無量寿経』流通分に釈尊の以上の経説によって四十億の菩薩が不退転を得たとあるが、それは〕阿弥陀仏の威徳（威神功徳）の広大であることを聞いたから不退転を得たのである」と。

【註釈】 以上で『述文賛』からの引用が終わった。憬興は『無量寿経』を達意簡明に解釈している。「如来は善によって浄土をすでに成就しておられる（善に因りて既に成じたまう）」は坂東本の訓点による読みであるが、通常は「因の善すでに成ずれば」であろう。親鸞は、衆生の因行ではなく如来浄土の因として読んでいる。

そして、本願成就の浄土は平等な世界であり、その浄土に往生する因は如来が回施された名号を修めることであると、衆生往生の因を説いている。この因を修めれば「易往」であり、修めなければ往生する人は甚だ少ないので、「無人」という解釈は鮮やかである。本願に裏付けられた名号であるから往生は必然するというのである。

また、『無量寿経』に説かれる浄土荘厳は衆生に生まれたいと願わせるために違いないと、その方便性を指摘して興味深いものがある。

また、菩薩がこの土で菩薩行を修めたと経文にあるので、『悲華経』のいう因位の阿弥陀仏も因位の釈迦仏もまた、この土で菩薩行を修めたのであると解釈している。それは「弥陀の五劫思惟の願をよくよく案ずれば、ひとえに親鸞一人がためなりけり」(『歎異抄』、『真宗聖典』七八三頁)という法蔵説話の実践的な解釈であり、因位の法蔵菩薩の行を重視する親鸞に深い影響を与えていることが想像される。

『悲華(悲の白蓮華)経』は五濁の世界(穢土)で苦悩する人々を救済して成仏した釈尊の大悲を讃える経典である。浄土において成仏した阿弥陀仏と対比して、釈尊の大悲は五濁悪世を離れなかったので「白蓮華」に喩えられ讃嘆される。大施品の初めで寂意菩薩は、世尊はなぜ悪世を遠離せずして無上菩提を成就し説法なされたのかと問う(『大正蔵』三、一七四頁下)。釈尊は大悲を成就するために浄妙の国を取らず不浄土を取るといって無諍念王(阿弥陀仏の前生)の話を始める。王は宝海(釈迦の前生)という大臣による懸命な説得で菩提心を発し、五十一の誓願を立て、師仏の宝蔵如来(宝海の子)から将来世に無量寿という名の仏と成り、安楽という名の浄土を開くと授記される(『大正蔵』三、一八五頁中)。次いで宝海に促された無諍念王の第一王子も菩提心を発し誓願を立て、宝蔵如来はその大悲心を認め観世音と名付ける。同様にして第二王子も誓願を立て得大勢(大勢至)と名付けられる。のちに宝海は五濁の世における衆生救済の大悲心を成就して、穢土における成仏の五百の誓願を立てる。無諍念王(無量清浄仏)は悲泣してその大悲を絶讃する（『大正蔵』三、二一三頁中）。終章では宝蔵如来が、五濁悪世に無上正等覚を成就しようとする宝海に、穢土において釈迦如来に成るであろうとの授記をなし、「大悲の分陀利〔華〕」を生じたと讃え、「成就大悲」と名付けている（『大正蔵』三、二一八頁中）。

このように、阿弥陀仏に対する釈迦牟尼仏の優位性を説く内容の『悲華経』を背景に、親鸞の引文は構成されている。穢土を厭離せず、一切苦悩の衆生を捨てずして、五濁悪世において無上菩提を得て法を説いた釈迦牟尼の大悲を讃える内容は、浄土思想を批判して釈尊へ回帰しようとする明恵などの復興運動にとっては後ろ盾となる経典である。親鸞はそれに対して、先のように無諍念王（阿弥陀仏の因位）も宝海（釈迦仏の因位）もこの世界において衆生救済の行を修めたという『述文賛』の文をここに引用している。のちに「願海」について言及するが、このような浄土教批判に対して、親鸞は阿弥陀仏の本願思想によって応えようとしていると思われる。

引文の注釈に戻るが、最後の引文で、流通分において四十億の菩薩が不退転を得たとあるが、釈尊から阿弥陀仏の威徳（威神功徳）を聞いたから不退転を得たのであるとの解釈は、第十七願成就の「十方恒沙の諸仏如来、皆共に無量寿仏の威神功徳の不可思議なるを讃歎したまう」と、第十八願成就の「諸有衆生、其の名号を聞きて（中略）不退転に住す」の意味を読み取っている。衆生が不退転を得る所に憬興と親鸞は衆生往生の果を見ている。

この「威徳」も、現行の蔵経では「成徳」（『大正蔵』三七、一七〇頁下）とあって、故意によるものか否かは不明であるが変更されている。『法華経』の授学無学人記品で釈尊は、阿難が仏と成った折には「仏大威徳ましまして名聞十方に満ち寿命量あることなけん」（『大正蔵』九、二九頁下）と授記している。『法華経』など諸経典に多出する「威徳」は要語であるが、親鸞にとっては、諸仏称名の願成就において、諸仏が無量寿仏の「威神功徳」を讃嘆するが、その「威〔神功〕徳」にほかならない。また、それは「威徳広大の浄信」（『浄土文類聚鈔』、『真宗聖典』四八二頁）を獲せしむることになる。いずれにしても憬興の斬新な思想と解釈は親鸞との類似があり、親鸞は強く影響を受けたに違いない。それにしても『述文賛』の膨大な文章量から選ばれた僅少な引用である。

次は張掄の文（『楽邦文類』収録）を始めに、諸師の文を引用する。

張掄・慶文・元照・戒度・用欽・嘉祥・法位・飛錫の文

『楽邦文類』に云うには、「総官（軍職）の張掄がいう、〈仏の名号は持《たも》ちやすく、浄土は往きやすい。八万四千の法門の中でこの速やかな道に及ぶものはない。ひたすら早朝の僅かな間をとどめて、どこまでも永劫不壊の浄土へ往くたすけである念仏をすべきである。これは努力することは僅かで、功徳を得ることはさらに尽きることがないのであろう。衆生に何の労苦があって、自ら捨てて念仏しないのか。ああ、この世は夢幻であり、かりものでないものはない。命ははかなく、長く保つことはできない。一息先は直ちに来生である。一たびこの身を失ってしまえば、万劫かかっても再び人の身を受けることはない。もし今、さとらなければ、仏であっても衆生をどのようになされようか。願わくは、深く無常を念じて、いたずらに後悔を残すことないようにと。浄楽の居士張掄は、念仏の縁を勧める〉」と。已上

天台宗の祖師である山陰（慶文法師）が云うには（文の所在不明）、「まことに仏名は真身と応身より建立なされているがゆえに、慈悲海より建立なされているがゆえに、誓願海より建立なされているがゆえに、

智慧海より建立なされているがゆえに、法門海より建立なされているに由るがゆえに、もし、ひたすら一仏の名号を称えれば、すべての諸仏の名号を称えることになろう。功徳は無量であるので、よく罪障を滅し、よく浄土に生まれる。どうして疑いを生じる必要があろうか」と。已上

律宗の祖師である元照が、その著『観経義疏』に云うには、「いうまでもなく我らが仏、釈尊の大慈は、浄土の教えを開示して、懇ろに広く、あらゆる大乗の教えの中に勧め言い聞かせておられる。それを目に見、耳に聞いてもことさらに疑い謗り、自ら甘んじて迷いに沈み、迷いを超えようと願わない。如来が説くのはこのような憐むべき者のためになされているのであるが、まことに、この教えが特別、通常とは異なることを知らないからである。それは、賢愚を択《えら》ばず、僧俗を簡《えら》ばず、修行の長短を論ぜず、罪の軽重を問わず、ただ、決定の信心だけを往生の因となされる」と。已上

また元照が云うには（観経義疏）、「今、浄土の諸経典のすべては、魔に言及しない。このことからわかった、この教えには魔の礙げがないことが明白である。山陰の慶文法師の『正信法門』（現存していない）は、これを弁《わきま》えるについて詳細である。今、明らかにするためにつぶさにその問いを引用するに、いわく、〈ある人がいうには、《臨終に仏菩薩が光を放ち、蓮台をお持ちになる姿を見たてまつり、天楽、異香の来迎によって往生するのはすべて魔のしわざである》と、この考えをどうするのか。

答う、『首楞厳経』に依って三昧を行じることがある、ことによっては陰魔が動き出す。『摩訶衍論』（大乗起信論）に依って三昧を行じることがある、ことによっては外魔（天子魔）が動き出す。『止観論』（摩訶止観）によって三昧を行じることがある、ことによっては時魅鬼が動き出す。これらはすべて禅定を修める人は、その人自身の力に合わせて前もって魔の因種があり、それから必ず攻撃を受けるのでこれらの

ことが生じるのである。もし明らかに知ってそれぞれに対して正しく治めるならば除き去らせることができる。もし自分をさとりへの流れに入った者と思ってしまうならば、皆、魔障を受けるのである、と。以上、この世でさとりに入る道を示したが、この道ならば魔が礙げを起こす。今、修める所の念仏三昧を要約すると、これこそ仏力を憑《たの》む。帝王の傍にいると決して危害を加える者がないようなものである。思うに、阿弥陀仏には、大慈悲力、大誓願力、大智慧力、大三昧力、大威神力、大摧邪力、大降魔力、天眼遠見力、天耳遥聞力、他心徹鑑力、光明遍照摂取衆生力がおありになることによるのである。このような不可思議な功徳の力がおありになる。どうして、念仏の人を守護して臨終の時まで礙げのないようにさせることができないことがあろうか。もし守護しなければ慈悲力がどうしておありになろうか。もし魔障を除くことができなければ智慧力、三昧力、威神力、摧邪力、降魔力がどうしておありになろうか。もし照らし見抜くことができずに、念仏者が魔の礙げを受けるなら、天眼遠見力、天耳遥聞力、他心徹鑑力がどうしておありになろうか。『経』(観無量寿経)にいう、《阿弥陀仏の御身の光明は、遍く十方の世界を照らし、念仏の衆生を摂取してお捨てにならない》と。もし念仏して臨終に魔障を受けるというならば、光明遍照摂取衆生力もまた、どうしておありになろうか。いうまでもなく念仏の人が臨終に感得する瑞相は多くの経に出ている。皆、釈尊の御言である。どうして貶めて魔境とすることができようか。今、そのために邪疑を破ったのである。まさに正信を生ずべきである〉と。以上は『正信法門』の文である」

また云うには、元照律師の『阿弥陀経義疏』の文、「一乗至極の教えは帰する所はすべて浄土を指南している。万行を円満に修め、最勝なるものをただ弥陀の名号一つに推し戴く。まことにもって、因位から願を建て、志を持って、行を窮め、永劫に亘って衆生救済の憐れみを懐いた。芥子粒ほどの地も、自らの身を衆生に施さなかった場所はない。慈悲と智慧の六波羅蜜を行じ、衆生を救い、余すことはない。自分の身と身につけた財は、求められるままに与えた。機と縁が熟し、行を円満に成し遂げ、同時に円満に仏の三身を表す。その万徳はすべて四字（阿弥陀仏）に彰れる」と。已上

また云うには（元照『阿弥陀経義疏』）、「いうまでもなく、我らの弥陀は名によって衆生を接収なされる。そうであるから、名を耳に聞き、口に称えると、限りない聖徳は心に進入し、永くさとりの種となって、にわかに億劫の重罪を除き、無上菩提をさとる。まことにわかったのである、小善根ではなく、これは多功徳である」と。已上

また云うには（元照『阿弥陀経義疏』）、「〈『阿弥陀経』に「是人終時　心不顚倒　即得往生」とある〉その臨終の正念について、凡人の臨終は精神の中枢が失われ、善悪の業因が報いとして現れないことはない。ある人は悪念を起こし、ある人は邪見を起こし、ある人は愛着を生じ、ある人は正気を失い悪相を起こすであろう。偏にこれらの因は皆、〈顚倒の因〉というのではないか。以前から仏の名号を称える者は、罪が滅し、障りは除かれ、念仏の功徳は内へと薫じて、慈光は外から摂取して、苦の世界を免れ、浄土の楽を一瞬にして得るのである。『阿弥陀経』では次からの文（六方段）で、諸仏が往生を勧めるが、その利益がここにこのように〔心不顚倒　即得往生と〕示されてある」と。已上

また元照が『観経義疏』に云うには、「慈雲（遵式）法師がいう、〈ただ浄土往生の浄行（念仏）だけが速やかな真実である。修めるべきである。もし道俗、誰もが速やかに無明を破り、永遠に五逆・十悪の重軽の罪などを滅しようと思うなら、まさにこの法を修めるべきである。大・小乗の戒体（戒の本体、戒律を守り続けさせる力）を長く清浄であることを得させ、念仏三昧を得させる。菩薩の波羅蜜（さとりへの行）を成

就しようと願うならば、この法を学ぶべきである。臨終にあらゆる恐れから離れさせ、身心は安らかで聖衆は現前し、手を引かれ導かれることを得て、初めて煩わしい苦労を離れて直ちに不退転に至り、長い時を歴ることなく〔さとりを得る〕。直ちに、迷いを超えた境界を得ようと思うならばこの法を学ぶべきである〉と。どうしてこのような古の賢人の法語に従わないわけがあろうか。以上、五部門に渉って肝要な箇所を簡略に表した。そのほかはここでは出さない、詳しくは文を解釈する処にある。『開元釈教録』を調べると、この『観無量寿経』には二訳ある。以前の訳は失われ、現存する本が、これこそ畺良耶舎の翻訳である。『梁高僧伝』にいう、〈畺良耶舎は、この中国では《時称》という。宋の元嘉の初年に都で著した。文帝の治世である〉」

元照が『観経義疏』に云うには、「慈雲の讃にいう、〈〔観経は〕了義（釈尊の真意を明らかに説く経）の中の了義である。円頓（さとりを立ち所に満たす完全な教え）の中の円頓である〉」と。已上

元照（大智）が『観経義疏』に唱えて云うには、「円頓である唯一の教えである。純一で雑じりがない」と。已上

律宗の戒度（元照の弟子なり）が云うには（観経義疏正観記）、「仏名はこれこそ、阿弥陀仏が劫（功）を積み、薫修（薫習）した、その功徳を揃え納める。すべては四字（阿弥陀仏）として表れている。このゆえに、この名を称えて利益を得ることは浅いものではない」と。已上

律宗の用欽（元照の弟子なり）が云うには（超玄記）、「今、もし心と口が表裏一致して、阿弥陀仏一仏の嘉号を称えれば、因位より果位までの仏の無量の功徳を具えないことはない」と。已上

また用欽が云うには、「一切の諸仏は永劫を経て実相をさとり、しかも一切は不可得〔空〕であるから、

無相の大願を発し、行じて妙行に安住しない。さとりを得ても無得の菩提である。住してその国を荘厳するのではない、無神通の神通であるがゆえに。舌相で世界を遍く覆い無説の説を示すがゆえに、この経（阿弥陀経）を信じるようにお勧めになる。どうして心で思い計らい、口であげつらうことができようか。私は思うが、諸仏の不思議な功徳は一挙に弥陀の仏身・仏土の荘厳に収まる。そうであるから、名号を執持する行については、諸仏の功徳の中に、当然弥陀の名号もまた収めるべきである」と。已上

三論宗の祖師、嘉祥がその著『観経義疏』で云うには、「問う、念仏三昧は、どうしてこのように多くの罪を滅することができるのか、と。解答していうには、仏には無量の功徳がおありになる。仏の無量の功徳を念ずるので無量の罪を滅することができる」と。已上

法相の祖師、法位が『大経義疏』（現存しない）に云うには、「諸仏は皆、その徳をその名に示す。名を称することはすなわち徳を称することになる。徳はよく罪を滅し、福を生ずるが、名もまた同様である。もし仏名を信ずれば、よく善を生じ、悪を滅することは決して疑いない。称名往生に何の迷いがあろうか」と。已上

禅宗の飛錫が『念仏三昧宝王論』に云うには、「念仏三昧の善は最上である。万行の元首であるから〈三昧王〉という」と。已上

【註釈】初めに『楽邦文類』全五巻に収録されている三百編近くの文類の中から、親鸞は張掄の文を引用している。親鸞は「文類」を題名としてよく用いるが、『楽邦文類』からの影響であろうと推測される。宋代の天台僧、宗暁が編纂し西暦一二〇〇年に成立したものが、すぐさま日本に伝来し、それは同時代の

親鸞にとって、先進の中国浄土教の最新の資料として貴重なものであったことが想像される。

続いて、慶文、元照、遵式（慈雲、元照の引用）、戒度、用欽、嘉祥、法位、飛錫の文が引用される。この中、元照、戒度、飛錫や、元照の『観経義疏』に引用される遵式などの文は、『楽邦文類』に引用されるので、親鸞は引用の参考にしていると思われる。もちろん引用される文は同一ではなく、親鸞の選択眼に基づいた諸師の名号讃嘆の文である。それは諸仏の讃嘆といってもよい。諸仏称名の願成就として親鸞は引用している。関東における親鸞の動向の詳細は不明であるが、これほどの引用には膨大な大蔵経を必要とする。どのような環境下にあったのか、興味が引かれる。

また、「天台宗（台教）の祖師山陰（慶文）」「律宗の祖師元照」「律宗の戒度」「律宗の用欽」「三論（宗）の祖師嘉祥」「法相（宗）の祖師法位」「禅宗の飛錫」と、宗派の名やその祖であることを親鸞は掲げ、宗派を超えて各祖師が念仏を讃えていることを強調している。

特に元照（一〇四八～一一一六）は南山宗（律宗）中興の祖である。親鸞と同時代の俊芿《しゅんじょう》（一一六六～一二二七）は元照の律学を慕い入宋し、元照を南山大師の化身とまで崇め、元照の教学を請来し、泉涌寺を再興し、後鳥羽上皇など多くの信者を得て日本の戒律復興に影響を与えた。親鸞は、その元照が浄土教に帰し念仏を讃える文をここに引用する。言葉には表れないが深い思いがあったに違いない。親鸞は、最新の中国仏教の、念仏を至上とする文の集成をどれほど心強く受け止めたであろうか。それは法然の教えの真正と先進性を証明している。

諸文の概要を示してみると、まず、軍の総官である張掄は、無常を念じて念仏往生の速やかな道を真摯に勧めている。

天台宗の慶文は、仏名の根源が如来の仏身・慈悲・誓願・智慧・法門にあるので、弥陀の名を称えれば諸仏を讃えることになり、罪は滅し往生できるのであると、根拠を示して念仏往生を勧めている。

律宗の元照の文は多く引用される。人を分け隔てることなく、信心だけが往生の因であるとする浄土の教えを疑うことのないように諭している。念仏三昧は仏力を憑む道であるから、守護されて魔の礙げを受けない。念仏者の臨終の瑞相は魔境ではないと信を勧める。如来の願行のすべてが名号として表現されている。称えれば仏の功徳が衆生の心に入りさとりの種になる。名号を称える者の臨終は正念である、と名号を勧める。また、元照は次のように慈雲の説も紹介している。

天台宗の慈雲（遵式）は、念仏は浄業であり無明を破り、戒律を護る力を清浄にする。臨終は安らかで浄土で不退に至ると勧めている。また、『観無量寿経』は了義教、円教、頓教であると讃え、元照も同意し、さらに一乗であると提唱している。ここは『観経義疏』（『大正蔵』三七、二八〇頁上）の取意と思われる。

親鸞は、慈雲の『観無量寿経』の書誌もここに引くが、最新の資料からの覚え書きのためと思われる。

律宗の戒度（元照の弟子）は、「劫を積んで薫修（繰り返され身についた修行）し」に「功を積んで薫習（心に染み込む）し」の意味を暗に含ませ、如来の積年の修行の功徳がまとめられた四字（名号）であるから、その功徳を積めば、つまり名号を称えれば心に染み込み、利益が深いことを説いている。

律宗の用欽の書は伝わっていないが、心と口とに裏表なく真実に弥陀一仏の名号を称えれば、仏の功徳がすべて具わる。また、阿弥陀仏の本願も浄土荘厳も不可得空であるから、釈迦諸仏はお勧めになる。諸仏と弥陀は同体であると説く。

三論宗の嘉祥は、念仏は仏の無量の功徳を念ずることであるから、無量の罪が滅せられると讃える。

法相宗の法位は、称名は仏の徳を讃えることであるから、善を生じ悪を滅すと勧める。
禅宗の飛錫は、念仏三昧は三昧の王であると讃える。
以上は中国の諸師であった。続いて日本の源信である。

207

『往生要集』の文

『往生要集』に云うには、「〈諸々の聖教では念仏を往生の業とする、その証拠の第二として〉『双巻経』（大経）でも、三輩の行業が説かれ三種それぞれ行の浅深はあるが、共通して〈一向専念無量寿仏〉といっている。証拠の第三は、四十八願の中に念仏の法門として特別に一つの願を発していう、〈乃至十念　若不生者不取正覚〉と。証拠の第四は、『観無量寿経』に〈極重の悪人に他の手段はない。ただ弥陀の名を称えることで、極楽に生まれることができる〉と」已上

また云うには、「『心地観経』にある如来の六種の功徳を依り所とすべきである。〈第一に、如来は無上の大功徳田（功徳を生む元になる福田）である。第二に、如来は無上の大恩徳（めぐみ）である。第三に、如来は衆生の中で最も尊いのである。第四に、如来に遇い難いことは、優曇華の如くである。第五は、如来はただ独り（尊く）、この三千大千世界にお出ましになる。第六に、如来は世間と出世間の功徳を円備している。正しい道は如来に具わるこれら六種の功徳に依ることである（坂東本の読み）。そうすれば如来は常に一切の衆生を利益してくださる〉と」已上

この六種の功徳に依ることについて信和尚（源信）が詳しくいうには、「第一は、次のように念ずべきである。〈一称南無仏　皆已成仏道（一たび南無仏と称するは、皆すでに仏道を成る、『法華経』）〉、それゆえに我れ

は無上の功徳田である如来に帰命し礼したてまつる、と。第二は、次のように念ずべきである。慈眼で衆生をご覧になることは平等で一人子のようである。それゆえ我れは極大の慈悲の母である如来に帰命し礼したてまつる、と。第三は、次のように念ずべきである。十方のもろもろの菩薩は阿弥陀仏を恭敬したてまつる。それゆえ我れは無上の智慧と慈悲の如来に帰命し礼したてまつる、と。第四は、次のように念ずべきである。一たびでも仏の名を聞くことができることは、優曇華に遇うよりも稀で勝《まさ》っている。それゆえ我れは極難値遇者である如来に帰命し礼したてまつる、と。第五は、次のように念ずべきである。一百倶胝界（一大千世界）に二尊が同時に出世なさることはない。それゆえ我れは希有大法王である如来に帰命し礼したてまつる、と。第六は、次のように念ずべきである。仏法僧という功徳海は三世を通じて同一の本質である。それゆえ我れは円融万徳尊である如来に帰命し礼したてまつる」と。已上

また云うには、「波利質多樹（忉利天にあるという香木）の華で一日、衣を薫じると、香り高い瞻蔔華や波師迦華で千年薫じても及ぶことはできない所である」已上

また云うには、「一斤の石汁（霊薬）が千斤の銅を変えて黄金にする。また、雪山に草があり、〈忍辱〉という。牛が食えば醍醐（乳）が得られる。また、月利沙（ねむの木）は昴星（すばる）が現れると果実を結ぶが如くである〔このような不思議がある。これに准えて念仏の功徳を疑ってはならない〕」已上

【註釈】源信が、浄土往生の最も重要な行が念仏であることを証明する文、念仏の心構えを説く文、念仏の利益を説く文、念仏の不思議を疑ってはならないとする文が引用された。

初めの文では、念仏はすべての者に要請されている要行であり、本願の中でも特別に念仏往生が誓われ、

他の道が閉ざされた悪人が往生できる行であることが示されている。

次の引文に出る『心地観経』の文は、釈尊が、帰依すれば功徳を生む福田としての仏宝を讃える文（『大正蔵』三、二九九頁中）であるが、源信は弥陀を讃える文として読み、弥陀を念じる心構えを詳説している。それを親鸞は、名号の意義を示す文として引用している。「正しい道は如来に具わるこれら六種の功徳に依ることである（義、具《つぶさ》に此くの如き等の六種の功徳に依る）」は『心地観経』や『往生要集』では「一切の義を依たり。此くの如き等の六種の功徳を具して」とあるが、親鸞は文中の「一切」を省いて文の切れ目を変えている。意味に大きな相違はないが、前後関係を考慮すれば親鸞の意図は、六種の功徳は弥陀とその名号の功徳にあることを示す所にあろう。

次に、源信によるその功徳への帰命の偈を引用する。六種の功徳への帰命の第一は、「一称南無仏　皆已成仏道（一たび南無仏と称する者は、皆すでに仏道を成就している）」という功徳ゆえの帰命である。『法華経』方便品（『大正蔵』九、九頁上）にある有名な句である。『教行証文類』に『法華経』からの引用はないが、源信によってその経文を示して念仏の功徳の第一に示している。

次の引文の波利質多樹の華の譬えは、『往生要集』では菩提心の利益の譬えとして説くのであるが、親鸞は名号の功徳の譬えとして引用している。

最後の引文では、源信が臨終の十念の功徳として挙げた滅罪の譬えと生善の譬えから、三箇所を「乃至」はないが抄出している。念仏の功徳の不思議が昴星などの譬えによって説かれている。板東本では「月利沙」となっているが、原典では「尸利沙」である。形誤であろう。

次の引文は、いよいよ法然の文である。

208

『選択本願念仏集』の文

『選択本願念仏集』（源空の集成）に云うには、「南無阿弥陀仏　往生の業は念仏を根本とする」と。

また云うには、「それ速やかに生死を離れようと思うならば、二種の勝れた教えの中で、しばらく聖道門をさしおいて、選んで浄土門に入れ。浄土門に入ろうと思うならば、正雑二行の中で、しばらくもろもろの雑行をなげうって、選んで正行に帰すべし。正行を修めようと思うならば、正助二業の中で、それでもなお助業を傍らにして、選んで正定業を専らなすべし。正定の業とは即ち仏の名を称えることである。称名すれば必ず往生することができる、仏の本願に順《したが》うからである」と。已上

【註釈】『選択本願念仏集』からの引用である。初めに題号と題下にある要文が引用され、次に流通総結の文が引用されている。

題号と題下の文は、文前要義の文といわれるが、往生の行は念仏を最要とするという選択本願念仏の表明である。総結の文は、「且《しばら》く聖道門を閣《さしお》き」「且く雑行を抛《なげう》ち」「猶《なお》助業を傍《かたわら》にし」と決然とした選択が示され、のちに「三選の文」とも呼ばれた。「且く閣く」は、文面上の意味は「しばらく置く」であるが、「まさに（且）、聖道門をやめん（擱）として、選んで浄土門へ入れ」という強い意味があり、過激な語調である。さすがに日蓮は読み取って、さらに過激に『立正安国論』で、雑行を「捨」て、定散の門を「閉」じ、聖道門を「閣」き、雑行を「抛」つという法然を批判している（『日蓮聖人全集』第一巻、一七七頁）。

親鸞の『選択集』からの引用は、ただこの一箇所に、この二文だけである。親鸞は本書の後序に「希有

最勝の華文」「無上甚深の宝典」と絶讃するが、引用は極めて禁欲的である。その理由はさまざまに論じられるが、親鸞はこの『教行証文類』で法然の選択本願念仏の真実性を証明しようとしている。浄土真実であることの証明である。その証明のために当の『選択集』を用いたのでは証明することにならない。巻頭からここまで経論釈を引用し、名号の真実性を証明し、それが必然的に法然の選択本願念仏に帰結することを示すためにここに引用した、という文脈が見える。

親鸞は、ここに釈尊以来、龍樹、天親、曇鸞、道綽、善導、各宗の祖師、源信などの名号讃嘆が法然に結実していることを受け、自釈を加える。

209

結　釈

以上で明確にわかった、称名は凡夫や聖人の自力の行ではない。ゆえに「不回向（称名のほかにはもろもろの功徳を浄土へ差し向けることは不要）の行」というのである。大乗や小乗の聖人、重罪や軽罪の悪人は、皆同じく斉しく選択本願の大宝海に帰依して、念仏成仏すべきである。

こういうわけで、『浄土論註』に云うには、「かの浄土では、阿弥陀如来の正覚の華から化生しない者はない。同一に念仏して別の道はないからである」といわれている。已上

【註釈】引文部の結釈である。念仏は不回向の行と法然自身がいい（「不回向回向対といふは、正助二行を修する者は、たとひ別に回向を用ゐざれども自然に往生の業となる」『選択本願念仏集』〈『聖典全書』一、一二六三頁〉）、その意味には論議があるが、「本願の念佛には、ひとりたちをせさせて助をささぬ也（『和語灯録』諸人伝説の

詞〈『浄土宗全書』九、六〇八頁〉という法然の言葉によって、念仏にはそれ以外の功徳を改めて差し向けて加える必要がないという意味に取った。「ただ念仏」であって、積んだ行も善も、菩提心も、人間の誠意も、もちろん供物も差し向ける必要がないということである。これは思想的な浄土宗の独立宣言である。また、『浄土文類聚鈔』に大行は「大悲回向の行なるが故に〈不回向〉と名づく」（『真宗聖典』四八〇頁）とあるように、如来回向の行であるから不回向であり、「皆同じく斉しく」平等な選択本願念仏に帰依することが、ここで親鸞によって勧められている。続いて、それは念仏成仏の道であることを曇鸞の文で証明している。

自釈は続くが、次の文は行巻前半部の総結として読まれてきた。

209

他力についての自釈

そうであるから、真実の（選択本願の）行信を獲れば、心に歓喜が多いので「歓喜地」という。これを預流果に喩えるのは、預流果の聖者は眠り怠けても二十九回目は迷いの生を受けないからである。いうまでもなく十方の群生海の我々が、この行信に帰命（南無）すれば如来は摂取してお捨てにならない。ゆえに、「阿弥陀仏」（四字）とお呼び申し上げる。これ（摂取不捨のはたらき）を「他力」という。

こういうわけで、（摂取不捨によって歓喜地に入ることを）龍樹大士は「即時入必定（即の時に必定に入る）」といっている。曇鸞大師は「入正定聚之数（正定聚の数に入る）」といっている。仰いでこれ（選択本願の行信）を憑《たの》むべきであり、専らこれ（選択本願の行信）を行じるべきである。

【註釈】前の文で平等な念仏成仏の道が示されたが、その「行信」を獲れば歓喜地であると問題を展開する。この「行信」は古来、行信論として多種多様に解釈されてきた。しかしここでは簡潔に前後関係によって読むことにする。このあと、巻末の真宗の綱要といわれる文で、親鸞は「誓願に就いて、真実の行信有り、亦方便の行信有り。其の真実の行願は諸仏称名の願なり。其の真実の信願は至心信楽の願なり。斯れ乃ち選択本願の行信なり」(『真宗聖典』二二五頁)という。そうすれば行信とは、如来が第十七願と第十八願に誓われた行と信ということになり、当然、如来に属するのか衆生に属するのかという、能所・機法の論議になろう。しかしこれは法然門下や江戸期の宗学での論争であって、親鸞には、能所や機法の概念による論理展開や、用語解釈の方法は見られない。

ここで親鸞が考えていることは、釈尊、七祖、諸師の念仏への讃嘆、つまり諸仏称名の願成就が法然の選択本願念仏へと収斂されているということであり、法然の専修念仏は法然の独創ではなく、大宝海というべき阿弥陀仏の本願海から生み出され、伝承されたものであるということであろう。この大宝海という本願海も、純粋な仏の境涯だけを指すのではなく、法蔵菩薩が五劫の間思惟し、本願を立て、その実現のために永劫の間修行した衆生救済の本願の時空を指すのであるから、衆生に同塵し、煩悩と格闘し、群生海を包摂するような本願世界であると理解すべきである。煩悩と菩提が格闘の末に、衆生が救済される智慧として誓われ成就した真実が、選択本願の行信ということになろう。その時、行と信の関係を能所や機法という概念を使って会通しても、親鸞の示す所が明らかになることはない。

親鸞の考えていることは、諸仏称名(行)の根源に本願の信心海(信)があるということである。法然が念仏という行を勧める背景には信の世界があるということである。その信は、のちに三一問答で明らかにされるように「真実（まこと）」の意味であり、回向されることによって凡夫が唯一さとり得る道である。その信心海は真実の大乗、つまり煩悩が菩提になり得る平等な一乗海である。だから総序で、「専ら斯の行に奉え、唯、斯の信を崇めよ」と讃えている。また、念仏の根源に信があるからこそ、念仏によって信が開かれるのである。だから「遇《たま》たま行信を獲ば、遠く宿縁を慶べ」という。信の内容は信巻に譲るが、さまざまな語彙によって表現される「海」という概念は親鸞独自のものである。

しかも行信に帰命すれば摂取不捨（他力）によって歓喜地（必定、正定聚）に入ることを、龍樹と曇鸞の文で証明している。親鸞は摂取不捨の利益を正定聚に住することであると端的に示して明解である。これは真実の大乗であることの証明である。

自釈は続き、次は両重因縁といわれる部分である。

210

両重因縁釈

まことにわかった。徳号という慈父がおられなければ、生まれるその本《もと》の因は欠けてしまうであろう。光明という悲母がおられなければ、生まれる所の縁から離れてしまうであろう。しかし生まれる本と生まれる所である因と縁が一つになっても、信心という生まれる主体なしでは、光明土に到ることはない。信心の業識（真実信心という生まれる主体）を内因として、光明と名号の父母を外縁とする。この内外の因縁が一つになって真実報土の真実の身をさとり得る。

ゆえに宗師（善導）は、「以光明名号摂化十方但使信心求念（光明と名号によって十方の衆生を導き、ただ信心をもって求念させる）」（『往生礼讃』〈『聖典全書』一、九一五頁〉）といっている。

また、「念仏成仏是真宗（念仏成仏が真宗である）」（法照『五会法事讃』〈『大正蔵』四七、四七九頁下〉）といっている。また、「真宗叵遇（真宗には遇い難い）」（『観経疏』散善義〈『聖典全書』一、七九三頁〉）といっていることよ。知るべきである、と。

【註釈】ここに出る「信心の業識」には、その意味を巡って、十二縁起や『倶舎論』や『大乗起信論』などの説を取り上げての論議がある。「信心」という真実と、業を縁として生じた「識」が接続するので意味を取りにくい。しかも業識は俗にいう霊魂のことである。迷いとさとりの関係で論じる向きもあるが、ここは信心の喩えとして、生の主体としての業識を用いていると読むほうが自然であろう。

親鸞の言葉を辿れば、正信偈に法然の教示を「必ず信心を以て能入とすといえり（必以信心為能入）」と讃えるように、法然は涅槃に入る必須が信であることを教える。必須としての信心を、親鸞はさらに業識という輪廻の主体としての根本識に喩えるということは、信心が往生の主体であることを示していることになる。重要な問題である。

「念仏成仏是真宗」は先に引用があった法照の『五会法事讃』中の句である。

この一連の自釈は、科文によって真実行を表す引文の結釈と真実行を表す総結、さらにあとの章節は重釈要義というように分断されるが、親鸞が法然の念仏の根元を遡及していく連続した文として読むほうが親鸞の意に適っている。

親鸞は、さらに行信について言及する。

211
行一念釈

およそ往相回向の行信については、行に一念があり、また信に一念がある。「行の一念」とは、いわゆる称名の回数における一念という意味で、選択本願念仏の易行性の極致を顕す。

ゆえに『大本』（無量寿経）に言うには、「釈尊が弥勒へ仰せられることには、〈阿弥陀仏の名号を聞くことができ、歓喜踊躍してあるいは一念でも（乃至一念）称えることがあれば、間違いなく知るべきである、この人は大利を得るのである。すなわち無上の功徳を具えるのである〉」と。已上

光明寺の和尚（善導）は「下至一念」（「下至一日一時一念等」『観経疏』散善義〈『聖典全書』一、七七三頁〉）といっている。また「一声一念〔等に至るまで〕」（『往生礼讃』〈『聖典全書』一、九五八頁〉）といっている。また「専心専念」（『観経疏』散善義〈『聖典全書』一、七六五～七六七頁〉）といっている、と。已上

智昇師の『集諸経礼懺儀』の下巻所収の『往生礼讃』（善導）に云うには、「深心はすなわち真実の信心である。自身は煩悩を具足した凡夫で、善根は少なく、三界を流転して火宅を逃《のが》れられない、と信知する。今、弥陀の本願は、名号を称すること、僅か十声までの者、また名号を聞く者などに至るまで（下至十声聞等）、必ず往生させると信知して、一念に至るまで（乃至一念）疑心があることなどはない（無有疑心）。それゆえ〈深心〉という」と。已上

【註釈】行の一念とは、僅か一回でも称える者は功徳を得るというように、易行の極致を表すものであるという。それはまさに法然の説きかたである。その法然の説示の源流が、『無量寿経』の流通分で釈尊が弥勒に付嘱した一念にあると親鸞は考えたのである。その「乃至一念」を、善導が「専心専念」というこ

とで信（専心）を内包するものであると展開し、『集諸経礼懺儀』にある善導の文によって、釈尊が弥勒に付嘱した一念が、「乃至一念　無有疑心」とあるように、真実信心に帰結することを示している。善導には「専心専念」と熟語にする用法はないが、親鸞は「専心」と「専念」を、行信を表す熟語にして用いている。

引用された『集諸経礼懺儀』収録という『往生礼讃』文では「下至十声聞等」となっているが、通常の『往生礼讃』では「下至十声一声等」（『聖典全書』一、九一二頁）となっている。親鸞は「聞」の字に着目して『集諸経礼懺儀』収録の『往生礼讃』の文を引用したと思われる。この『集諸経礼懺儀』収録の『往生礼讃』文、「名号を称すること、下至十声聞等に及ぶまで（及称名号下至十声聞等）」は、現行の『大正蔵』の『集諸経礼懺儀』では「下至十声等」（『大正蔵』四七、四六六頁中）であり「聞」はない。宋版、元版、明版所収本では「下至十声聞等」とあるという（『聖典全書』一・解説、九〇九頁）ので、親鸞が閲覧した『集諸経礼懺儀』にはあったと考えられる。この「聞」は『一念多念文意』に「名号を称すること、とこえ、ひとこえ、きくひと、うたがうこころ、一念もなければ」（『真宗聖典』六六八頁）といい、また本願成就文を解釈して「〈聞其名号〉というは、本願の名号をきくとのたまえるなり。きくというは、本願をききてうたがうこころなきを〈聞〉というなり。また、きくというは、信心をあらわす御のりなり」（『真宗聖典』六五四頁）というように、「聞」は疑心のない一念の信である。「一声」は「聞信」と不可分であることが示されている。法然の念仏の根底に信があるからこそ聞く者は信を生ずるのである。

ここは行一念釈と呼ばれる箇所である。法然の選択本願念仏を「行信」と親鸞は表現したが、それを行の一念と信の一念に分節して、ここでは行の一念の意味を掘り下げ、法然の念仏を釈尊の教説（弥勒付嘱の一念）の上で位置付け、さらにその行には信という契機があることを展開している。このような分節化と展開は親鸞独自の方法である。

次に親鸞は自身の文章で以上のことをまとめる。

211

乃至釈など

『無量寿経』に「乃至〈一念〉」といい、善導の『観経疏』（散善義）に「下至〈一念〉」といっている。「乃〈至〉」と「下〈至〉」は、言葉は異なっているが意味は同じ「一」である。さらに、「乃至」は多念から一念まで兼ね収める言葉である。

また「大利」とあるが、それは小利に対する言葉である。「無上」とは有上に対する言葉である。まことに明白にわかった、〈一念に得る〉大利と〈具わる〉無上〈の功徳〉は一乗真実の利益である。小利有上はすなわち八万四千の仮門である。

『観経疏』（散善義）に「専心〈念仏〉」といっているのは、つまり一心である。二心のないことを表している。「専念〈弥陀名号〉」といっているのは、つまり一行である。二行のないことを表している。

今、釈尊が弥勒に付嘱した一念は一声であり、一声は一念であり、一念は一行であり、一行は正行であり、正行は正業であり、正業は正念であり、正念は念仏である。すなわちこれは南無阿弥陀仏である。

【註釈】 親鸞は、弥勒付嘱の一念を解釈することで法然の念仏を解明しようとしている。「付嘱」という言葉は正依の『大経』にはないが、異訳の『如来会』に、釈尊が弥勒へ「今此の法門を汝に付嘱す」（『聖典全書』一、三三四頁）とあるので、未来の衆生のために弥勒に託された一念が法然の選択本願念仏であると見ている。

この一念の「一」は易行の極致を表す一であり、数の多少の一ではなく、数のすべてを収めた象徴的な一であるという。その一念によって大利無上の一乗（大乗）の利益が得られるという大乗の宣言である。その一念は善導によれば専心専念（一心一行）の行信である。ここまで親鸞は、真実の行を探究しながらそこには必ず信という契機があることを諸処で示してきたが、それを前提にして、終わりに弥勒付嘱の一念は、一声、一念、一行、正行、正業、正念、念仏と転釈して南無阿弥陀仏に帰結させ、行の概念で統一している。

親鸞は法然の念仏を遡及し根底にある信という岩盤に突きあたり、そこから再び、法然が平等に簡潔に「ただ念仏」と説く易行の至極に還ってきたのである。初めから行と信の観念を持って読み分けようとすると親鸞の文を読み抜くことはできない。それは親鸞が、分けられた行と信の概念を用いて『教行証文類』を作成しているわけではないからである。親鸞は法然の選択本願念仏を重層的に解明しようとしている。

次に親鸞は、自身の言葉で念仏の利益を表現する。

212

行一念釈総結

されば、大悲本願の船に乗り、智慧の光明の広海に浮かび進んだので、至徳の名号の風は穏やかにしてあらゆる禍《わざわい》の波は穏やかに転化する。すなわち無明の闇を破り、速やかに無量光明土に到って大般涅槃を証す。さらに普賢菩薩の徳である至極の慈悲に従い衆生を救済するのである。知るべし、と。

【註釈】念仏の道は、さとりへの道であり、また衆生を救済する慈悲の道であり、自利利他円満な大乗であることが示されている。「至徳の風」は、「至徳の尊号」とあるので名号の意味に取った。ここは総序の「難思の弘誓は難度海を度する大船」に似ているが、海が難度海と光明広海と、反対の概念になっているので一様に解釈はできない。しかし、名号が無明を破り、さとりへと導くという趣旨は一貫している。

次に親鸞は多念を解釈する『安楽集』の文を引く。唐突の感があるが、行の一念を明らかにしたので、それに対して多念について解釈するものといわれる。それにしてもその必要性は感じられない。

思うに親鸞は、釈尊が弥勒に付嘱した一念が法然の選択本願念仏に結実していると考えた。しかし法然の説示は一様ではなく、その念仏の勧めは一念だけではなく多念にも及ぶ。「行は一念・十念むなしからずと信じて、无間に修すべし、一念なほむまる、いかにいはむや多念おや」〈『西方指南抄』〈『定本親鸞聖人全集』五・輯録篇(2)、二九五頁〉〉というように多念の優位も説く。法然自身も六万遍の念仏を日課としていたことも伝えられ、親鸞のいう弥勒付嘱の一念と齟齬が生じる。親鸞には法然の説く多念の意義を説明する必要が生じ、『安楽集』の文がここに引かれたのであろう。

213

『安楽集』の文

『安楽集』に云うには、「『観無量寿経』に、十念を持続して往生するというが、これは釈尊が説かれる一つの名数にすぎない。つまり、よく念仏を積み、心を集中させ、他に気を散らさなければ、往生の業は成就せしめられ終わる。それをまた苦労して数を記すことはないということである。また、いうには、かりに久しく行じてきた人の念仏であれば大体このようにすべきである、と。かりに初めて行じる人の念仏であれば数を記す、これもまた良い。これもまた聖教に依るのである」と。已上

【註釈】道綽は、十念の「十」は実数ではなく、まとめたものとの意味で付ける名称としての名数にすぎず、要は念仏して心を集中させることであるとしている。また、初心者は回数を数える方法を取っても良いという。法然の多念の勧めも教育的な手法であり、真意は一念にあり、基本的に回数に拘泥する必要はないことを証明するものとして、親鸞は『安楽集』の文を引用していると考えられる。

以上を受けて、次に親鸞は自身の言葉で大行を結釈する。

大行釈総結

以上が真実の行を明らかにする確証である。誠に知った、〔念仏は〕選択摂取の本願の行であり、超世希有の勝行であり、円融真妙の正法であり、至極無礙の大行である。知るべし、と。

【註釈】真実の行は選択本願念仏であるとの結論である。法然の選択本願念仏は真実の行であるという表明である。ここが行についての一応の結論になり、次は重釈要義といわれる段落になる。

『六要鈔』以来、次の段落は重釈と見られてきた。今まで述べてきた行巻の要義を重ねて解釈するという意味である。前段が教巻の結嘆と同じ文体であるから、これを行巻の結釈とし、以降は前出した他力と

一乗海についての追釈として読まれてきた。しかし、読み進むことで明瞭になるが、たびたび触れたように、親鸞は法然の念仏の根底への遡及を試みていると、ここでは推測しておく。初めに自釈を置き、続いて『浄土論註』の文を引用する。

213

自釈、『浄土論註』の文

〔先に、行信に帰命すれば摂取不捨のゆえに阿弥陀仏とお呼びし、その摂取不捨のはたらきを他力といい、他力によって正定聚に入るのであるといったが〕その「他力」というのは阿弥陀如来の本願力である。『論』（浄土論註）に曰うには、「〔『浄土論』の第五園林遊戯地門に〕〈本願力〉とあるが、これは、大菩薩は平等法身の三昧におられて、さまざまな身や神通、説法を現されることを示すが、すべては本願力より生起することによってである。例えば、阿修羅の琴は弾く者がいなくても自然と曲が奏でられるようなものである。以上が〈第五教化地の功徳のすがた〉である。（乃至）

〔『浄土論』に〕〈法蔵菩薩は四種の門に入って自利の行を成就された、と知るべし〉とある。この中の〈成就〉とは、自利の行を完遂したということをいう。〈知るべし《応知》〉とは、自利に基づくので利他ができる。自利をまっとうできずに利他することはできないのである、ということを、よく知るべきであるというのである。

〔『浄土論』に〕〈法蔵菩薩は第五門に出て、回向利益他の行を成就された、と知るべし〉とある。この中の〈成就〉とは、回向門を因として教化地という果を証したということをいうのである。因あるいは果も、一つとして利他を成就できないことは決してないのである。〈知るべし〉とは、利他に基づくので自利ができるのであり、利他をまっとうできずに自利することはできないということを、よく知るべきであるというのである。

〔『浄土論』に〕〈法蔵菩薩はこのように五念門の行を修め、自利と利他の行を成就して、速やかに阿耨多羅三藐三菩提を成就することを得られた（速得成就）ゆえに〉とある。仏の得られた法を〈阿耨多羅三藐三菩提〉とする。この菩提を得るによってのゆえに〈仏〉とする。今、〈速得阿耨多羅三藐三菩提〉といっているのは、これは速やかに仏になることを得られたということである。〈阿〉は無と訳し、〈耨多羅〉は上と訳し、〈三藐〉は正と訳し、〈三〉は遍と訳し、〈菩提〉は道と訳す。まとめて訳せば〈無上正遍道〉である。〈無上〉の意味は、この道（菩提）は真理を窮め、真如を尽くすに、超える者はない。どうしてかというと、正のゆえである。〈正〉は聖智である。法相（法性）の通りに知るゆえ〈正智〉とする。法性は相がないゆえ聖智は無知（分別を絶つ智）である。〈遍〉に二つの意味がある。第一は、聖心が遍く一切の法を知り通しておられるという意味であり、第二は、法身が遍く法界に満ち満ちているという意味である。仏身、あるいは仏心は、遍く行き渡らないことなどないのである。〈道〉は無礙道のことである。『経』（晋訳華厳経）にいうには、〈十方の無礙人（諸仏）は一道によって生死の迷いを出られた〉と。この〈一道〉とは一無礙道である。〈無礙〉は、生死即ちこれ涅槃なりと知ることをいうのである。この入不二（生死は不二であることを証入する）の法門が無礙のすがたである。

問う、どのような理由があって、〔『浄土論』で〕〈速得成就阿耨多羅三藐三菩提（我々が速やかに無上正等覚を得る）〉といっているのか。

答う、『論』（浄土論）に〈法蔵菩薩が五念門の行を修めて自利利他の行を成就なされたがゆえに〉といっている。さてそれを調べ、我々が速やかにさとりを得るという本《もと》を究明すれば、〔法蔵菩薩が自利利他成就して成られた〕阿弥陀如来を増上縁とするのである。他利と利他について言及すれば、相反する意味がある。もし仏よりいえば利他（他である衆生を利益する）というべきであり、衆生よりいえば他利（他である仏が利益する）というべきである。今は仏力について言及しているので利他というのである。知るがよい、この意味を。

すべて、浄土に生まれることや浄土の菩薩・人天の起こす行は、皆、阿弥陀如来の本願力に縁《よ》るからである。どうしてかというと、もし仏力に縁らなければ四十八願は成就のあてのない徒事《いたずらごと》として設けられたことになろう。今、端的に三願を取り上げて、徒事ではなく正しい道であることを証明しよう。

〔第十八〕願にいうには、〈もし私が仏と成ったとしても、十方の衆生が至心（真実心）に信楽して私の国に生まれようと欲《おも》い、あるいは十遍まで念仏して、もし生まれないなら、私は正覚を得ないようにしよう。ただ、五逆罪を犯した者と正法を誹謗する者のみは除くのである〉と。仏の願力に縁るゆえに十遍念仏すれば往生できる。往生するゆえに三界の輪廻を免れ、輪廻しないがゆえに速やかに無上正等覚を得る、これが第一の証明である。

〔第十一〕願にいうには、〈もし私が仏と成ったとしても、国の中の人天が正定聚に住し、必ず滅度に至らなければ、私は正覚を得ないようにしよう〉と。仏の願力によるゆえに正定聚に住するであろう、正定聚に住しているゆえに、必ず滅度に至るのであろう。もろもろの迂回や起伏の難儀はないゆえに速やかに無上正等覚を得る、これが第二の証明である。

〔第二十二〕願にいうには、〈もし私が仏と成ったならば、他方の仏国の多くの菩薩たちが我が国に生まれ来《きた》れば、終極には必ず一生補処（菩薩の最高位）に至らせよう。ただし、その菩薩の本願が自在な教化を求め、衆生のために固く誓いを立て、功徳を積み、一切の者をさとりへ導き、諸仏の国を遊行し、菩薩の行を修め、十方の諸仏を供養し、無量の衆生を教え導き、無上正等覚に立たしめようとする、このような菩薩については浄土に居ることを免除する。これらの菩薩は常並《つねなみ》ではなく、菩薩のあらゆる位の行を実現し、普賢の徳である慈悲行を修めるであろう。もし、そうでないと私は正覚を得ないようにしよう〉と。仏の願力に縁るゆえに、常並ではなく、菩薩のあらゆる位の行を実現し、普賢の徳である慈悲行を修めるであろう。常並ではなく、菩薩のあらゆる位の行を実現するがゆえに速やかに無上正等覚を得る、これが第三の証明である。

〔このように阿弥陀仏の本願力によって我々が速やかに無上正等覚を得ることができるのである〕このことから〔如来の本願力である〕他力を推測すると、それは速やかに無上正等覚を得るにはあらゆる善に勝る強縁（増上縁）である、そうでないことがあり得るだろうか。

さらに例を引いて自力と他力のすがたを示さなければならない。人は三悪道を恐れるから戒を受け持《たも》つ。戒を受け持つゆえによく禅定を修める。禅定を修めるゆえに神通を習い修めるのである。神通力によるゆえに四天下を思うままに行くことができるようなものである。このようなことを自力という。また、力の弱い者は、驢馬に跨っても空に上れないが、転輪王の道行きに従えば、虚空に乗って四天下を思うままに行き、妨げられることがないようなものである。このようなことを他力という。〔偏見は〕愚かなことであるなあ。のちに学ぼうとする者は、他力に乗託すべきであると聞いて、まさに信心を生ずるがよい。狭量な偏見を持ってはならない」とである。已上

【註釈】親鸞は段落の冒頭に「他力と言うは如来の本願力なり」といって、その証明のために『浄土論註』の文を引用している。前段では、念仏が釈尊以来正統に伝承されてきたことを証明したが、ここでは、それが願海ともいうべき本願他力から生み出されたものであることを証明しようとしている。

親鸞はまず、「本願力と言うは」という第五園林遊戯地門の功徳を説く文の中程から引用する。五念門行の主語を尊敬語法によって法蔵菩薩にして、法蔵菩薩は第五園林遊戯地門において、その本願力より衆生を救済し利他を成就した。自利利他の五念門を成就して速やかに仏に成られたが、その仏の本願力は他力としてはたらき、我々が速やかに無上正等覚を得ることができるとする。法蔵菩薩が自利利他の行を修める本願の世界（願海）が念仏の深層であるということである。

曇鸞はさらに、衆生の入出二門が三願によって成立することを証明している。「三願的証」と呼ばれ、第十八願、第十一願、第二十二願によって、十念で往生し、正定聚に住し滅度に至り、一生補処の菩薩となるが、願いによって穢土に戻り衆生を救済する菩薩になることを証明している。凡夫が速やかに無上正等覚を得るのは、この本願他力を増上縁とするからであることを明らかにしている。

曇鸞が利他の主語を仏としたことで、親鸞は自利利他が円満する五念門行の主語を法蔵菩薩とした。法蔵菩薩の五念門行が本願海の内実であり、それは衆生に他力としてはたらくのである。曇鸞が、衆生からいえば他利であるとした所に、親鸞は仏語としての他力を見出し注目したのである。このことを重視するのは親鸞に固有のことであり、「慇懃《ねんごろ》に他利・利他の深義を弘宣したまえり」と証巻の総結で讃嘆している。他利の解釈は一定していないが、ここでは、衆生からいえば他である仏が利益するという意味に取り、他力と同義にした。そのことにより、利他の主語は仏であるから、自利利他する五念門の行は、仏（法蔵菩薩）の行である、ということが導き出されるのである。

第二十二願の、菩薩の願によって除外する（除其本願）というくだりも解釈が一定しないが、証巻の注釈に譲る。

次に、前出の元照の文によって他力の重要性を示し、念仏の深層である他力の釈は終わる。

217

元照の文

元照律師が云うには（観経義疏）、「ある時は、この世界で煩悩を断ち、真理をさとろうとすれば自力を用いるので、それは大乗や小乗の経典に説かれている。ある時は、他方の世界に往き、法を聞き、菩提をさとろうとすれば他力を憑《たの》むべきであるから、浄土往生が説かれている。自力と他力の異なりはあるが、さとりへの勝れた方法である。自心（菩提心、信）をさとらせようとするのである」と。已上

【註釈】南山律を再興した元照はのちに浄土教に帰依し、戒律と浄土教を研鑽した。その元照のこの言葉には重みがあろう。「自心」の意味は広いが、自力の場合は菩提心の意、他力の場合は信の意と両義に取った。

次に親鸞は、さらに念仏の根元としての一乗海を解釈する。

217

一乗釈

「一乗海」というが、その「一乗」は大乗である。大乗は仏乗である。一乗を得るとは無上正等覚（阿

耨多羅三藐三菩提）を得ることである。無上正等覚は涅槃界である。涅槃界は究竟法身（究極の形を超えた身）である。究竟法身を得るとはすなわち一乗を究竟することである。如来は異なっておられず、法身は異なっておられない。如来はすなわち法身である。一乗を究竟するとはすなわち無辺不断［なる如来を究竟すること］である。大乗に二乗と三乗はない。二乗と三乗は一乗に入れようとする教えである。一乗はすなわち第一義乗である。唯一、これは誓願一仏乗だけである。

【註釈】 親鸞は一乗海という概念を提出している。あとで引用があるように、勧衆偈の「頓教一乗海」に典拠があるが、念仏の根元である本願他力の世界を一乗海として探究する。一乗とは、衆生が斉しく仏に成ることができる唯一の教えのことであるが、『法華経』では、二乗と三乗を統一した教えとして一乗が説かれる。天台宗では、三乗（声聞・縁覚・菩薩）は『法華経』の一乗教に入れさせるための方便である（開三顕一）とする。

親鸞のこの自釈は、『勝鬘経（勝鬘獅子吼一乗大方便方広経）』の文（『大正蔵』一二、二二〇頁下）を下地にしている。この一乗を説く経文に拠りながら誓願一仏乗を唯一の教えとし、二乗と三乗は方便であると結論している。直前の元照の文には、自力の道も他力の道も共に勝れた方法（方便）であるとあったが、ここでは、衆生が斉しく仏に成る唯一の教え（一乗）は誓願一仏乗であると歩を進めている。

次に親鸞は、釈尊の結経である『涅槃経』と始経である『華厳経』の文によって誓願一仏乗を証明する。

『涅槃経』『華厳経』の文

『涅槃経』に言うには（聖行品）、「善男子よ、実諦（唯一の真理）を大乗という。大乗でなければ実諦とはいわない。善男子よ、実諦は仏の所説であり、魔の諸説ではない。もしこれが魔の説ならば仏の説ではないので実諦とはいわない、善男子よ、実諦は一道清浄であり、二つとない唯一の真理である」と。已上

また言うには（徳王菩薩品）、「どうして菩薩は一乗に信順するのか。菩薩は、一切の衆生を皆、一道に帰依させることを心得ている。一道はいう所の大乗である。諸仏菩薩は衆生のために分かちて三乗を説く〔が真実は一乗である〕。ゆえに菩薩は道理に背くことなく一乗に信順するのである」と。已上

また言うには（獅子吼菩薩品）、「善男子よ、畢竟（仏法の至極）に二種ある。第一は荘厳畢竟、第二は究竟畢竟である。第一は世間畢竟とも第二は出世間畢竟ともいう。荘厳畢竟は六波羅蜜であり、究竟畢竟は一切の衆生が得る一乗である。一乗は仏性である。この意味で私は〈一切衆生悉有仏性〉と説くのである。一切の衆生は悉く一乗がある。無明が覆っているから見ることができない」と。已上

また言うには（獅子吼菩薩品）、「どうして一とするのか、一切の衆生は悉く一乗であるからである。どうして非一であるのか、三乗を説くからである。どうして非一、非非一であるのか、無数の法であるからである」と。已上

『華厳経』（如来光明覚品／菩薩明難品）に言うには、「文殊の法は法爾として不変である。法の王はただ一法である。一切の諸仏は一道によって迷いを出られた。一切の諸仏の身はただ一法身である。一心であり、一智慧である。十力と四無畏も法爾である」と。已上

【註釈】一経より五文の引用である。ただ一つの真理（実諦）が大乗であるという聖行品の文から始まっている。直前の自釈で一乗は大乗であるということであったので、誓願一仏乗はただ一つの真理であるということになる。聖行品結語の「一道清浄」は宗派を超えて経疏に広く重要な語として出る。その典拠になるのがこの『涅槃経』の文であり、唯一絶対不二を表す熟語である。「一道は無上道で、法華一仏乗の教えを指す。法華経の教えは蓮華のように清らかで汚れがないことをいう」（『仏教哲学大辞典』七九頁、「一道清浄」項）とあるように、一道清浄は法華一乗を表す要語でもある。親鸞はそれを誓願一仏乗の証明に用いている。

第二文は、菩薩は一乗に信順し、衆生を一乗に帰せしむると説く。第三文は、一乗が仏性であり、一乗（本願）によれば大乗のさとりを開くことができるのであるが、無明によって覆われているので見ることができないと説く。第四文は、一乗の一が相対を超えた絶対の一であることを示して誓願一仏乗の超越性を証明している。

『華厳経』の文「文殊よ、法は常に爾なり」、あるいは「文殊よ、法は常爾にして」を、親鸞は「文殊の法は常に爾なり」と読んでいる。賢首菩薩が、「文殊よ」と呼びかけて説法する場面であるが、親鸞は「文殊法常爾」を直線的に読んでしまったのではないかという解釈ばかりである。しかし、親鸞の編纂と考えられる法然の言行録である『西方指南抄』下末「念仏大意」（『定本親鸞聖人全集』五・輯録篇(2)、三〇八頁）には、法然が、法照の『大聖竹林寺記』の文を引用して、念仏を勧める文殊の「往生浄土のはかり事、弥陀の名号にすぎたるはなく、頓証菩提の道、たゞ称念の一門にあり。これによりて釈迦一代の聖教にほむるところ、みな弥陀にあり」という説法を紹介している。親鸞にとって、文殊の法とは、弥陀の名号の勧めにほかならず、これに重ねて読めば、文殊の法は常にそのようである、と。つまり、阿弥陀仏（法王）は一乗（唯一法）であり、諸仏は一道（称念の一門）より解脱し、諸仏は阿弥陀仏と同体で、一心であり唯一の智慧であり、十力も同様であると、文殊が説いていることになる。このように諸仏称名の意味に取れば、親鸞の引用の意図は明瞭になる。また、この『華厳経』の文を見出したことは、法然の説示に文証を得たことになる。

これら引用された経文は、「一道」「一実」「一乗」「一」「非一」「非非一」「一法」「一法身」「一心」「一智慧」と「一」で統一されている。親鸞は一乗が持つ、尽きせぬ意義を示そうとしているのである。

以上を受けて、次に親鸞は一乗の釈を結ぶ。

219

結文

されば、これらの経説でいわれる真実のさとりである一乗は皆、安養浄土の利益であり、本願至徳の名号である。

【註釈】これらの引用された経文に出る「一（乗）」は、誓願一仏乗であり至徳の尊号に結実している、という親鸞の結論である。

次は一乗が「海」の如くであることについての親鸞の解釈である。

219

海　釈

一乗海の「海」とは、久遠からの凡夫や聖者の修めた自力の善の川水を転じ、逆・謗・闡提の限りない無明の海水を転じて、それが本願の大悲と智慧の、真実の限りない万徳の大宝海となる、これを海に喩えたのである。まことに知った、『経』に、「煩悩の氷が解けて功徳の水になる」といわれる通りである。已上

願海は、声聞（下乗）・縁覚（中乗）の粗雑な善、つまり菩薩の心なき中下のしかばねを宿さない。いわんや、人天の虚仮邪偽の善業や雑毒の雑心のしかばねを宿すことがあろうか。

【註釈】海は、自力の善や無明を転じるはたらきと、しかばねのような人間の善なるものを宿さないことをいうものである。世親の『十地経論』巻十（『大正蔵』二六、二〇一頁下）に海の十相が挙げられるが、その中では不受死屍、余水失本名、同一味などの相で説明されている。また親鸞は、この転じ成すことを氷と水に喩えている。この典拠となる「経」は現存する経典の中で見つけることはできないが、源信の「『經』に云く。〈煩惱と菩提とは體二無く、生死と涅槃とは異處に非ず〉といへり。我今未だ智火の分有らざるが故に、煩惱の氷を解きて功徳の水と成すこと能わず（経に煩悩即菩提などといわれるが、私にはまだ智慧の火がないので、煩悩の氷を溶かして功徳の水と成すことができない）」（『往生要集』〈『聖典全書』一、一一四四頁〉）という文に拠ったのであろうと考えられている。

願海は、同一鹹味や不宿死屍の徳で表されるように、純粋な涅槃界や浄土そのものではなく、自力や煩悩、偽善を転成し、宿さず、包摂しようとする本願の世界であり、念仏の根源を表すものである。それは

『高僧和讃』に「名号不思議の海水は　逆謗の屍骸もとどまらず　衆悪の万川帰しぬれば　功徳のうしおに一味なり」（『真宗聖典』五九四頁）とあるように、海に喩えられる諸仏称名の世界ともいうべき名号の世界である。

願海は仏典に見られる語であるが、その意義の説明に会うことはなかなかない。そういう中で、源信が重要な指摘をしている。『往生要集』大文第十問答料簡（問答によって論議のある問題を解き明かそうとする章）では、その第一で極楽の国土と仏を問題にしている。その中で、阿弥陀仏の教化する範囲は極楽（浄土）、もしくは『鼓音声経』で阿弥陀仏が声聞と共にいたという清泰（穢土の国）だけかと問い（『聖典全書』一、一二〇七頁）、答えて、経文は一部分を取り上げているだけであり、事実は不可思議である、としながらも、その教化の領域を『華厳経』の偈文で表している。つまり「『華厳経』の偈に云ふが如し。〈菩薩、諸の願海をば修行して、普く衆生の心の所欲に随ふ。衆生の心行広くして無辺なれば、菩薩の国土も十方に遍せり〉（『大正蔵』一〇、二三五頁中）と」（『聖典全書』一、一二〇八頁）という。また「往昔に勤修したまふこと多劫海にして、能く衆生の深重の障を転じたまへり」（『大正蔵』一〇、二五頁上）という偈も続いて引用する。源信はこれらの『華厳経』の偈文を阿弥陀仏（法蔵菩薩）の境界（願海）を表す文として引用している。つまり法蔵菩薩の境界は衆生の煩悩世界にあって、その群生海を変えなそうとする本願海であることが、ここに示されている。これは親鸞に強い影響を与えたに違いない。親鸞が願海という概念をその思想の根幹に据えた動機に違いないと考えられる。

次に親鸞は、経文や釈文によってそれを証明する。

『無量寿経』『浄土論註』『観経疏』『般舟讃』『楽邦文類』の文

それゆえ『大本』（無量寿経）に言うには、「声聞、または菩薩は、如来の聖心をよく考究することがない。開眼しない者が開導しようとしているのである。如来の智慧海は深く広く、岸も底もない。二乗の思い量る所ではない。ただ仏だけが明らかにさとっておられる」と。已上

『浄土論』（浄土論註）に曰うには、「〔『浄土論』に〕〈なぜ荘厳不虚作住持功徳成就というのか。なぜならば、願生偈に《仏の本願力を観ずるに、これに遇うて空しく過ぎる者はない。よく速やかに功徳の大宝海を満足させる》といっている〔それゆえに不虚作住持功徳成就という〕〉といわれている。この不虚作住持功徳の成就は、思うにこれは阿弥陀如来の本願力である。今、まさに簡略に、虚作（虚しい所作）の相は住持（持続）できない無常なる相であることを示して、それをもって不虚作住持の意味を顕す。（乃至）いう所の不虚作住持とは、源《みなもと》の法蔵菩薩の四十八願と、只今の、阿弥陀如来の自在な神力とに依る。願はそれによって力を生成し、力はそれによって願に就き従う。願は空《むな》しくなく、力は架空の設《しつら》えではない。力と願は符号して遂に違《たが》うことはない。ゆえに成就という」

また曰うには（浄土論註）、「〈海〉とは、その意味は、総別を知り尽くす仏の智慧が深く広く果てしなく、二乗の粗雑な善、つまり菩薩の心なきしかばねを宿さない、これを海のようだと喩える。このゆえに〈天人不動の衆、清浄の智海より生ず〉（浄土論）といっている。この〈不動〉とは、その意味は、浄土の天人は大乗の機根を成就して決して揺らぐことがないということである」と。已上

光明師（善導）が云うには（観経疏）、「我れは、菩薩蔵・頓教（菩薩のために説かれた速やかにさとりを得る教え）と一乗海とに依る」

また云うには（般舟讃）、「『瓔珞経』には漸教を説いている。万劫の間、功を積んで不退の位を証する。『観経』や『阿弥陀経』などの説は頓教であり、菩提蔵（仏果に導く教え）である」と。已上

『楽邦文類』に、宗釈禅師（編者の宗暁）が云うには、「瞏丹の一粒は鉄を変じて黄金と成す。真理の一言は悪業を転じて善業と成す」と。已上

【註釈】願海の功徳を経論釈によって証明する。本願は如来の海の如き智慧の世界である。「海」は広く深い仏智の世界の喩えであった。また、この本願力に遇って空過する者はなく、皆、名号の功徳に満たされる。それは願と力に依るからであると、その根拠が世親と曇鸞の文によって明確に示されている。「開眼しない者が開導しようとしている」とあるが、原文は「生まれてより盲《めし》いたるものの、行いて人を開導せんと欲わん」であり、身体の障礙を否定的な意味で譬喩に使った差別的な表現であり、不適切な譬喩である。

『浄土論註』の引用で、文中の『浄土論』の不虚作住持功徳成就の文は「何となれば荘厳不虚作住持功徳成就とは、偈に〈観仏本願力　遇無空過者　能令速満足　功徳大宝海〉と言えるが故なり」（『聖典全書』一、五〇九頁）であるが、親鸞は「何者か荘厳不虚作住持功徳成就。偈に〈仏本願力を観ずるに、遇うて空しく過ぐる者無し。能く速やかに功徳の大宝海を満足せしむるが故に〉と言えり」と読み、「と言えるが故なり」を「が故にと言《のたま》えり」と読むので意味を取りにくい。しかし、親鸞の読み方は一貫しているので、先のように語句を補足しながら忠実な訳にした。

『浄土論註』の文に続き、誓願一仏乗は大乗菩薩の教えであり、速やかにさとりを得る真実の大乗であ

ることが善導の文によって説かれ、最後に、『楽邦文類』の編者である宗暁の文によって、名号（真理の一言）の転成するはたらきが示され、「海」とは悪業や煩悩を転成する智慧の名号の喩えであることが明らかになっている。

次に親鸞は、念仏を諸善行と対比させて誓願一仏乗を明確にしようとする。

221

約教対顕

そういうことで、教について念仏と諸善行を比較し相対させて論じるのであるが、念仏は易行であり諸善は難行である（難・易対）、念仏は頓教であり諸善は漸教である（頓・漸対）、念仏は段階を経ない横の教えであり諸善は段階を踏む竪の教えである（横・竪対）、念仏は超越する超の教えであり諸善は歩いて渉る渉の教えである（超・渉対）、念仏は本願に順う教えであり諸善は逆う教えである（順・逆対）、念仏は大善根であり諸善は小善根である（大・小対）、念仏は多善根であり諸善は少善根である（多・少対）、念仏は勝れた善根であり諸善は劣った善根である（勝・劣対）、念仏は仏が親密であり諸善は疎遠である（親・疎対）、念仏は仏から近く諸善は遠い（近・遠対）、念仏は因縁が深く諸善は浅い（深・浅対）、念仏は強力であり諸善は微力である（強・弱対）、念仏は重厚であり諸善は軽薄である（重・軽対）、念仏は広大であり諸善は狭小である（広・狭対）、念仏は純一であり諸善は雑である（純・雑対）、念仏はまっすぐな道であり諸善は回り道である（徑・迂対）、念仏は早い道であり諸善は遅い道である（捷・遅対）、念仏は特別の道であり諸善は普通の道である（通・別対）、念仏は不退転の法であり諸善は退転の法である（不退・退対）、念仏は直ちに説かれた法であり諸善は序《つい》でに明かされた法である（直弁・因明対）、念仏は弥陀の名号であり諸善は自力の定散の行である（名号・定散対）、念仏は理を尽くしてない法である（理尽・非理尽対）、念仏は釈迦諸仏の勧める法であり諸善は勧めのない法である（勧・無勧対）、念仏は持続する法であり諸善は持続しない法である（無間・間対）、念仏は煩悩によって断滅せず諸善は断滅する（断・不断対）、念仏は相続し諸善は相続しない（相続・不続対）、念仏の功徳は無上であり諸善の功徳は有上である（無上・有上対）、念仏は上上の法であり諸善は下下の法である（上上・下下対）、念仏は不思議な法であり諸善は思議できる法である（思・不思議対）、念仏は仏果の功徳であり諸善は未だ因位の行である（因行・果徳対）、念仏は仏の自説であり諸善は別の説である（自説・他説対）、念仏は不回向の行であり諸善は自力回向の行である（回・不回対）、念仏は諸仏が護念する法であり諸善は護念しない法である（護・不護対）、念仏は諸仏が証誠する法であり諸善は証誠しない法である（証・不証対）、念仏は諸仏が讃嘆する法であり諸善は讃嘆しない法である（讃・不讃対）、念仏は釈尊が阿難や弥勒に付嘱した法であり諸善は付嘱しない法である（付嘱・不嘱対）、念仏は了義の教えであり諸善は不了義の教えである（了・不了教対）、念仏は機が堪えられる教えであり諸善は堪えられない教えである（機堪・不堪対）、念仏は如来が選択した教えであり諸善は選択しない教えである（選・不選対）、念仏は真実の教えであり諸善は方便仮門である（真・仮対）、念仏は仏に遇える教えであり諸善は遇えない教えである（仏滅・不滅対）、念仏は法滅の時にも利益する教えであり諸善は利益がない教えである（法滅利・不利対）、念仏は他力の行であり諸善は自力の行である（自力・他力対）、念仏は仏願に基づく行であり諸善は仏願に基づかない行である（有願・無願対）、念仏は選択摂取の本願の行であり諸善は如来が選択摂取しない行である（摂・不摂対）、念仏は正定聚に入る行であり諸善は正定聚に入る行ではない（入定聚・不入対）、念仏は報土に生まれる行であり諸善は化土に生まれる行である（報・化対）。

教について念仏と諸善を比較すれば、意義の相違はこの通りである。さて、これによって本願一乗海の教えである念仏の教えを考えれば、円融満足、極速無礙、絶対不二の教である。

【註釈】選択本願念仏の教えは本願一乗海という真実の大乗であるという結論を、相対する概念を挙げ、言葉を尽くして導き出している。全四十七の相対であるが、この中の「法滅利・不利対」は「法滅・不滅対」と「利・不利対」であろうという見方もあり、そうすれば四十八対になるが、意味に大きな違いは生じないので坂東本の通りに読んだ。

次に親鸞は、念仏の機と諸善行の機を対比させる。

222

約機対顕

また同様に、機について相対させて論じるのであるが、

念仏の人は仏智を信じ諸善の人は疑う（信・疑対）、念仏の人は本願に依るので善であり諸善の人は悪である（善・悪対）、念仏の人は正定であり諸善の人は邪定である（正・邪対）、念仏の人は信によって是《ぜ》の人であり諸善の人は疑によって非《ひ》の人である（是・非対）、念仏の人は真実であり諸善の人は虚仮である（実・虚対）、念仏の人は真であり諸善の人は偽である（真・偽対）、念仏の人は清浄信心であり諸善の人は自力穢濁である（浄・穢対）、念仏の人は利根であり諸善の人は鈍根である（利・鈍対）、念仏の人はさとりへ速やかであり諸善の人は遅い（奢・促対）、念仏の人は豊かであり諸善の人は貧しい（豪・賤対）、念仏の人

は智慧があり諸善の人は無明の闇である（明・闇対）。

機について比較すれば、意義の相違はこの通りである。さて、これによって一乗海の機を考えれば、金剛の信心を開く念仏の機は絶対不二の機である。知るべきである。

【註釈】念仏の機とは金剛の信心を開く者であることが、十一の相対で示されている。

先に述べたように、親鸞は法然の念仏の根底に信という世界があることを洞察した。念仏を生み出す世界は、法蔵菩薩が自利利他成就した本願他力の大乗の仏道である。さらに親鸞はその大乗性を一乗海として解釈した。そして諸行と相対させて念仏の教えの真実性を列挙し、それを生み出す本願一乗海が絶対不二であることを結論とした。

「不二」は相対的対立の超越を意味する大乗仏教の思想であるが、中国や日本では相対する「二」を生み出す絶対的根源と考えられるようになった（『岩波 仏教辞典』）。この思想を徹底した不二絶対論が天台本覚思想であり、親鸞もこの影響下にあったと見る向きもあるが、親鸞は真仏土巻で「願海に就いて、真有り、仮有り」（『真宗聖典』三七五頁）と明確に真仮を分けている。峻別したうえで、「真・仮、皆是れ大悲の願海に酬報せり」（『真宗聖典』三七七頁）と一元化するが、徹底した現実肯定の天台本覚思想とはまったく異なり、法然の選択の思想を精確に引き継いでいる。徹底した真・仮・偽の弁別は化身土巻に明らかである。親鸞は、四十七の相対を生み出す根源を本願一乗海として一元化しているのではなく、念仏と諸善を明確に真・仮に分け、諸行と相対する念仏の教えは、その根源に本願一乗海があることによって「絶対不二の教」であるとしているのである。

さらに、機についても諸行と十一の相対を立て、本願一乗海の機とは、金剛の信心を開く念仏の機であり、金剛の信心の者は、その絶対的な根源である本願一乗海によって「絶対不二の機」であるとしている。親鸞は一元的ではなく重層的である。

次に親鸞は、弘誓一乗海を譬喩によって讃嘆する。

222

一乗海嘆釈

敬って一切の往生を願う人々に申し上げるには、以上、明らかにした弘誓一乗海は、無礙無辺、最勝深妙、不可説、不可称、不可思議の至徳（尊号）を成就なされている。何故なれば、誓願が不可思議であるからである。

不可思議である悲願は、例えば「太虚空」の如し、さまざまな勝れた功徳が広大無辺であるがゆえに。あたかも「大車」の如し、すべての凡夫や聖者を運載するがゆえに。あたかも「妙なる蓮華」の如し、一切の世間の事物によって汚されないがゆえに。「善見薬王」の如し、よく一切の煩悩の病に打ち勝つがゆえに。あたかも「利剣」の如し、一切の驕慢の鎧を断ち割るがゆえに。「勇将の軍旗（幢）」の如し、よく一切の魔軍を降伏させるがゆえに。あたかも「鋭利な鋸」（利鋸）の如し、よく一切の無明の樹を截るがゆえに。あたかも「鋭利な斧」（利斧）の如し、よく一切の苦の枝を伐るがゆえに。「善知識」の如し、一切の生死の縛（煩悩）を解くがゆえに。あたかも「導師」の如し、正しく凡夫の生死出離の要道を知らせるがゆえに。あたかも「涌泉」の如し、智慧の水を出して尽きることなきがゆえに。あたかも「蓮華」の如し、一切の罪過に汚されないがゆえに。あたかも「疾風」の如し、一切の妨げの霧を散らすがゆえに。あたかも「良蜜」（好蜜）の如し、一切の功徳の妙味が円満しているがゆえに。あたかも「正道」の如し、あらゆる群生を智城に入らせるがゆえに。あたかも「磁石」の如し、本願建立の因由である苦悩の衆生を引き付けるがゆえに。「閻浮檀金」の如し、一切の現象世界の善美もその光輝を奪われるがゆえに。あたかも「伏蔵」（地中の財宝の蔵）の如し、よく一切諸仏の法を収めるがゆえに。あたかも「大地」の如し、三世十方の一切の如来が出生するがゆえに。「日輪の光」の如し、一切凡愚の無明を破り信楽を出生するがゆえに。あたかも「君主」（君王）の如し、一切の勝《すぐ》れた人に勝《まさ》っているがゆえに。あたかも「厳父」の如し、一切の凡夫や聖者を訓導するがゆえに。あたかも「悲母」の如し、一切の凡夫や聖者の報土往生の真実の因を育むがゆえに。あたかも「乳母」の如し、一切の善悪の往生人を養育し守護なさるがゆえに。あたかも「大地」の如し、よく一切の往生の歩みを保持するがゆえに。あたかも「大水」の如し、一切の煩悩の垢を流すがゆえに。あたかも「大火」の如し、よく一切の邪見の薪を焼くがゆえに。あたかも「大風」の如し、遍く世間に行ぜさせて礙げられることがないゆえに。よく三界の煩悩の繋縛の城から出し、よく二十五有（三界を二十五に分類したもの）の門を閉じる。よく真実報土を得させ、よく邪正の道を弁別する。よく愚痴海を渇かし、よく願海に流入させる。一切智の仏の船に衆生を乗せながら、さまざまな群生海を行く。真実の福智蔵を円満し、方便蔵を開顕してくださる。良く奉持すべきであり、殊に頂戴すべきである。

【註釈】 本願世界の喩えである願海を、さらにさまざまな喩えで表現している。初めに「弘誓一乗海は（中略）不可思議の至徳を成就したまえり」とあるが、「至徳の嘉号」（総序）、「至徳の尊号」（信巻）とあるので「至徳」は名号である。名号を生み出した悲願を二十八の喩えで讃嘆している。悲願は、広大であり、衆生を運載し、世間に汚されず、煩悩に勝ち、驕慢を断ち、魔を伏し、無明を切り、苦を切り、煩悩を解き、出離の道を示し、智慧の泉であり、罪に汚されず、無礙であり、功徳円満であり、智慧の世界へ導き、衆生を誘引し、世間の善の鍍金を剝がし、諸仏の法を収め、諸仏を生み出し、信を生み出し、最勝であり、良き指導者であり、信を育み、往生を願う者を守り、往生の歩みを支え、煩悩を流し、邪見を焼き、念仏を自在に行じさせる、という内容を持つ法蔵菩薩の願心である。その功徳が名号として成就していることになる。

終わりには、さまざまな群生に対するので方便蔵を開くとあるが、それを是認して統合するのではなく、親鸞は次にこの願海に真仮があることを指摘する。

225

真宗の綱要

およそ誓願には、真実の行信があり、また方便の行信がある。その真実行の願は諸仏称名の願であり、真実信の願は至心信楽の願である。これこそ（斯れ乃ち）選択本願の行信である。この願の対象こそ（則ち）、善悪、大乗小乗のすべての凡愚である。その往生こそ（則ち）、難思議往生であり、生まれる仏土こそ（則ち）は報仏の報土である。これ（仏道を開く選択本願の行信）こそが（斯れ乃ち）、誓願の不可思議であり、一実真如海である。これが『大無量寿経』の主旨であり、他力真宗の正意である。

【註釈】真実の願は、第十七諸仏称名の願と第十八至心信楽の願であることが示される。この選択本願の行信が願海である。この願海から、念仏の教え、諸仏称名が生まれ、この願海から、念仏の機、金剛の信心が生まれる。親鸞は「斯れ乃ち」と「則ち」を重ねて用い、「これこそ」と強調している。

親鸞が、法然の念仏を諸仏の称名と受け取り、諸仏称名の願を遡及すれば、その願海は選択本願の行信の世界であった。「涅槃の城には信を以て能入となす」（『選択集』〈『聖典全書』一、一二九八頁〉）と説示するように、法然は信の人である。つまり法然の念仏は「正信念仏（正信を体とする念仏）」である。その信は、願海の信願より念仏の機に生まれる金剛の信心である。信は大乗の無上涅槃に能入するものである。願海という自利利他を成就せんとする大乗の本願の世界へ遡及することができた親鸞は、法然の念仏が大乗の仏道であることを深く理解したのである。

親鸞はその感激を願生偈に倣って偈讃しようとする。当然、題は「正信念仏偈」である。まず、『浄土論註』の文を引用しながら偈を造る趣意を述べる。

226

正信念仏偈造意

こういうわけで、恩を知り、徳を報ずるために宗師（曇鸞）の『浄土論註』を開いてみると、そこにいうには、「そもそも菩薩が仏に帰順することは、孝行な子が父母に従い、忠臣が主君に従って、立ち居振る舞いに己はなく、出没の動きは必ず命《めい》によっているようなものである。菩薩は、仏の恩を知り、徳を報ずるが、この帰順の道理に順い、まず敬白するはずである。〔そうであるから天親菩薩は願生偈の始めに、帰順する釈尊に〈世尊よ〉と敬白したのである〕また、願う所は軽いものではない、もし如来が威神を施してくださらなければ何によって達成できるであろうか。そうであるから、威神力の施しを乞うて、仰い

で〈世尊よ〉と告げるのである」と。已上

されば、大聖（釈尊）の真実の言葉に帰順し、七祖の解釈を閲覧し、阿弥陀仏のご恩の深遠であることを信知して、「正信念仏偈」を作っていう。

【註釈】 曇鸞は『浄土論註』で、世親が「世尊我一心」と願生偈の始めに敬白する理由を述べている。仏に帰順する心と仏力を乞う心が「世尊よ」という呼びかけになったということである。親鸞もそれに則り、私心なく、仏の命《めい》によりながら正信念仏偈（正信偈）を作成すると、その造意を表明した一段である。

次は正信念仏偈である。

226

正信念仏偈総讃

無量寿如来に帰命し、不可思議光仏に南無したてまつる。

【註釈】 願生偈に倣って阿弥陀仏への帰依の表明である。同時に、それは名号である。ここは「総讃」と呼ばれる。

226

「依経段」弥陀章（一）

阿弥陀仏は因位、法蔵菩薩の時、世自在王仏の御許にましまして、諸仏の浄土の因と、その国の人天の善悪をよく見て、無上殊勝の願を建立し、希有の大弘誓を超発した。五劫の間、弘誓を思惟して選択摂取し、重ねて誓うことには、名号が十方に聞こえるように、と。

【註釈】『無量寿経』に依るので「依経段」と呼ばれるが、親鸞はまず、阿弥陀仏の因位を説き、名号の生まれる本願世界を明らかにする。依経段の中でも阿弥陀仏に関する章であるから「弥陀章」といわれる。「五劫思惟之摂受」は『無量寿経』の「五劫を具足して、荘厳仏国の清浄の行を思惟し摂取す」が典拠であるから、「摂受」は、選択本願念仏（本願念仏を選択摂取する）ということになる。

227

弥陀章（二）

願成就し、普く、無量光、無辺光、無礙光、無対光、光炎王、清浄光、歓喜光、智慧光、不断光、難思光、無称光、超日月光を放ってあらゆる国を照らす。一切の群生はその光の照射を受ける。

【註釈】本願成就して阿弥陀仏と成られ、十二の光明で衆生の闇を照らす。十二光は『無量寿経』に説かれるが、曇鸞は『讃阿弥陀仏偈』で十二光の名を解釈し讃嘆している。これは曇鸞の独創である。親鸞はそれを元に「讃阿弥陀仏偈和讃」を作成している。

227

弥陀章（三）

本願の名号（選択本願念仏）は正定業である。至心信楽の願による回向の信はさとりの因である。等覚（正定聚）と成り、大涅槃を証することは、必至滅度の願成就による。

【註釈】念仏の道が仏道であることを四句で示している。古来、第一句は行、第二句は信、第三・四句は証を表し、行信証の次第であるといわれる。親鸞自身が銘文として、その意味を『尊号真像銘文』で解説している（『真宗聖典』六五〇頁）。それによると「本願名号正定業」とは、選択本願の行という意味であり、「至心信楽願為因」とは、弥陀回向の真実信心を無上菩提の因とすべしという意味であり、「成等覚証大涅槃　必至滅度願成就」とは、正定聚の位に就き必ず大涅槃をさとるのは必至滅度の願成就のゆえである、という解釈になっている。

この中の「正定業」は意味に幅のある語であるが、同じく『尊号真像銘文』に、当巻（『真宗聖典』二〇九頁）にも引用のある「正定之業者　即是称仏名」（選択集）の意味を、親鸞は「正定の業因は、すなわちこれ仏名をとなうるなり。正定の因というは、かならず無上涅槃のさとりをひらくたねともうすなり」（『真宗聖典』六四六頁）と解釈している。それによれば「正定業」は正定の業因という意味で、必ずさとりを開く因である。これらによって、行信が証の因であることが明瞭になっている。

以下、「即横超截五悪趣」までは『尊号真像銘文』に親鸞自身の解釈があるので参考にする。

釈迦章（一）

釈迦如来が出世なさる理由は、ただ弥陀の本願海を説こうとするためである。五濁悪時の群生海は、如来の如実の言葉を信ずべきである。

【註釈】ここからは依経段の中の釈迦章になる。親鸞は本願も群生も「海」に喩える。対蹠的な二者に同じ喩えを用いるのは語法的に矛盾があるが、五濁の群生に離れず、重層して転成し、群生海を凌駕する規模の本願世界を、海に喩えている。荘厳された浄土ではなく、本願海（一乗の法）を説くことが釈迦諸仏の出世の本懐という所に、親鸞の独創性がある。

この本願海がどのように群生を転成するかを次に示す。

釈迦章（二）

よく一念慶喜の真実信心を開けば、煩悩を断ち捨てずして涅槃を得るのである。凡夫も聖者も五逆も謗法も、皆、斉しく回心して信心海に帰入すれば、すべての川の水が海に入り一味になるように、本願念仏の功徳と一つになるのである（凡聖逆謗斉回入　如衆水入海一味）。

【註釈】「〈不断煩悩〉得涅槃」を『尊号真像銘文』では、「無上大涅槃をさとるをう（得）るとしるべし」（『真宗聖典』六五一頁）と解釈している。これは、「無上大涅槃をさとることを得ると知るべし」と意味を取ることができる。この「得」は、「果位のときにいたりてうることを〈得〉というなり」（「正像末和讃法語」、『真宗聖典』六二五頁）といわれるように、浄土において得ることであろうが、その得証の確信が今、獲信の上にあるということである。

また、『尊号真像銘文』では「回入」を、「回心して真実信心海に帰入し」（『真宗聖典』六五一頁）と解釈し、本願海を信心海としている。ここには親鸞の「海」についての構想の一端が見える。親鸞は、法然の選択本願念仏として結実する念仏の教えは諸仏称名の願成就であると受け止め、その諸仏称名の世界が真実の大乗であるという意味で一乗海と表現した。「海」は多様に表現される。功徳宝海、智慧海、慈悲海、誓願海、法門海、光明の広海、一実真如海、本願海などである。次の信巻には、真如一実の信海、如来の満足大悲・円融無礙の信心海、利他の信海などと表現される。

これはどのような構想に基づくものであるのかを考えてみると、親鸞は、『一念多念文意』で「本願一乗円融無礙真実功徳大宝海」（『真宗聖典』六六五頁）を解釈し、「一乗」は本願であり、「円融」は功徳善根が円満して自在な心であり、「無礙」は煩悩悪業に破られないことであり、「真実功徳」は名号であり、名号には一実真如の妙理が円満しているので「大宝海」に喩えるとしている。それが行巻でいう一乗海に相当する。さらに親鸞は、『一念多念文意』では『浄土論』の「能令速満足　功徳大宝海」を解釈し、「功徳」は名号であり、「大宝海」はあらゆる善根功徳が満足しているので海に喩える。それは名号の功徳を信じる人の心の内に速やかにあらゆる善根功徳が満足することを知らしめるための喩えであるとし、続いて「しかれば、金剛心のひとは、しらず、もとめざるに、功徳の大宝、そのみにみちみつがゆえに、〈大宝海〉とたとえたるなり」（『真宗聖典』六六六頁）と展開している。この名号を信じる金剛心の人に開かれる大宝海ともいうべき世界を信心海と表現していると考えられる。それは先の自釈にあった「大小聖人、重軽悪人、皆同じく斉しく選択大宝海に帰して念仏成仏」（『真宗聖典』二〇九頁）する平等な信の世界である。そのことを、ここで「凡聖逆謗斉回入　如衆水入海一味」と表現している。

228

釈迦章（三）

摂取の心光は常に照護してくださる。光がすでによく無明の闇を破ったのではあるけれども、貪愛と瞋憎は雲霧のように、常に真実信心の空を覆っている。それは、しかし、譬えれば、日光は雲霧に覆われるが雲霧の下は明るみ、闇はないようなものである。

【註釈】煩悩と信心の関係を譬喩で表している。煩悩の雲霧は消えず常に信心の空を覆うが、雲霧の下へと日光は届き、世界は明るいという譬喩である。大乗仏教の命題である不断煩悩得涅槃を、煩悩と信心の関係において解こうとする、親鸞のわかりやすい譬えである。

釈迦章（四）

信を獲るならば、聞見して敬い大きに慶ぶ人であり（獲信見敬大慶人）、その結果、他力によって横さまに五悪趣を断ち切るのである。一切の善悪の凡夫が阿弥陀仏の本願を聞信すれば、釈尊はこの人を広大な理解を得た者といわれている。この人を分陀利華（白蓮華）と名付けると。

【註釈】「獲信見敬大慶人」は、坂東本では、元の「見敬得大慶喜人」を改めたものといわれる（『真宗聖典』一二二六頁校注）。典拠は「見敬得大慶」（『無量寿経』東方偈、『真宗聖典』五四頁）であるので元の偈文は経文の通りであるが、改めたことによって「信を獲る」ことが明確になっている。専修寺本と西本願寺本では「獲信見敬大慶喜」であり、『尊号真像銘文』では「獲信見敬得大慶」として「この信心をえて、おおきによろこびうやまう人というなり。〈大慶〉は、おおきに、うべきことをえてのちに、よろこぶというなり」（『真宗聖典』六五一頁）と解説し、特に「慶喜」は「信をえてのち、よろこぶこころ」（同前）であり、横さまに五悪趣を断ち切ることが結果するとしている。

また、「分陀利華」とあるが、『観無量寿経』で釈尊は、念仏する者を人中の分陀利華という。ここでは本願の名号を聞信する人は白蓮華（分陀利華）であるとしている。白蓮華は『妙法蓮華経』（白蓮華のような正しい法の経典）の題名でもある。親鸞にとって分陀利華（白蓮華）は、法華一乗に対して横超他力による誓願一仏乗を標榜する名である。

結　誡

阿弥陀仏の本願念仏は、邪見・憍慢の悪衆生には、信楽を受持することが、甚だ難しい。難中の難であり、これ以上のことはない。


【註釈】ここは依経段の「結誡」といわれる。信楽の受持が難中の難であることが示されるが、至難であるという意味と同時に、出遇えた者の喜びと誇りも含意されている。

また『法華経』見宝塔品の偈に、『法華経』を受持する六難（悪世の中で法華経を説き受持することの困難さ）が説かれ（『大正蔵』九、三四頁上）、それが『法華経』の超越性として語られていることにも、応じていると考えられる。

依経段が終わり、次は七祖の論釈に依るので「依釈段」と呼ばれる段落が始まる。

229 **「依釈段」総讃**

印度（天竺）の地の論家（龍樹・世親）、中国と日本の高僧（曇鸞・道綽・善導・源信・源空）は、大聖（釈尊）出世の正意を顕し、阿弥陀仏の本願はすべての機根に応じることを明らかにする。

【註釈】依釈段の始まりの四句は総讃といわれる。釈尊の正意はすべての者が無上正等覚へ至る道としての大乗が阿弥陀仏の本願にあるということであり、そのことを七祖が明らかにしたという依釈段の序文である。以下、七祖の明らかにした教えが簡潔に示されていく。初めは龍樹である。

229 **龍樹章**

釈迦如来が楞伽山において、大衆《だいしゅ》にお告げになることには、「将来、南天竺に、龍樹菩薩が現れて、悉く有無の邪見を破摧するであろう。そして、大乗無上の法を説き、歓喜地（不退）の位を証明して、浄土に生まれるであろう」と。龍樹菩薩は、難行道は陸路を行く苦と同じであることを示し、易行道は水路を行く楽と同じであると信じ楽《ねが》われる。「阿弥陀仏の本願を憶念すれば、自然に即時に必定（不退）に入る。ただ、よく常に如来の名号を称えて、大悲の本願の恩を報ずべし」といわれている。

【註釈】龍樹章である。楞伽山で説かれたという『楞伽経』で釈尊は龍樹の出現を予言（懸記）し、予言通り龍樹は現れ、本願を憶念して不退の位に入る道を示した。親鸞は、『楞伽経』の文意を龍樹の説の前に置くことで、龍樹の説く所の「憶念弥陀仏本願　自然即時入必定」は、釈尊が託した「大乗無上の法」であることを証明している。

『楞伽経』で釈尊がいう「歓喜地（十地の初地）」と、『十住毘婆沙論』で龍樹のいう「必定（阿惟越致、阿毘跋致、不退転）」は、語源や用法は異なるが、親鸞は正定聚不退転の意味に取る。

空の思想を確立し、初期大乗仏教を確立した大論師であり、中観の祖とされ、日本では八宗の祖と讃えられる龍樹を、親鸞は、釈尊の信託に応え、称名が不退転地に入る大乗の仏道であることを明らかにしたという一点をもって讃えている。

次は天親（世親）である。

天親章

天親菩薩が『浄土論』を造って説くことには、「無礙光如来に帰命したてまつる」と。釈尊の教えに依って真実を顕《あらわ》し、横超の大誓願を明らかにし、広く本願力の回向に由って、群生を救おうとするために一心（信）を彰《あらわ》す。「名号の功徳大宝海に帰入すれば、必ず浄土の大衆の一人になることを獲る。蓮華蔵世界に至ることを得れば、真如法性の身を得証される」と、それから「煩悩の世界に遊行し神通を現し、生死輪廻の世界に入って衆生に応じてその身を示現する」といっている。

【註釈】天親章である。まず「帰命無礙光如来」と、天親が願生偈において阿弥陀仏に帰命したことを示している。願生偈の「帰命尽十方無礙光如来」を十字名号として親鸞は特に尊重する。天親は、釈尊の教え（修多羅）に依りながら真実（名号）を顕し、また、願生偈に「観仏本願力　遇無空過者」とあるように、名号を生み出す横超の大誓願を広く明らかにしたと讃えている。願生偈冒頭の「一心」という表白は、その本願力の回向に由るものであり、この横超の信心を、天親の上に成就した念仏の心として親鸞は重視した。この一心に拠る自利利他（五念門行）の仏道こそ天親が開いた大乗であるとしている。

『倶舎論』を著し、唯識の思想を確立した大論師である天親を、親鸞は、釈尊の教えによって阿弥陀仏に帰依し、信を主体とする自利利他円満する大乗の仏道を明らかにした論師として讃えている。

次は曇鸞である。

曇鸞章

本師である曇鸞を、梁の武帝は、常に曇鸞の居る北方を向いて菩薩と仰いで礼拝申し上げるのである。曇鸞大師は、三蔵の菩提流支が浄土の経典を授けたので、道教の経典を焼き捨て浄土に帰依なされた。天親菩薩の『浄土論』を注釈して、浄土に至る因と果が誓願にあることを明らかにした。「さとりの浄土への往還は回向であり他力に由る。涅槃の因はただ信心一つである。煩悩の凡夫は信心を発せば（惑染凡夫信心発）、生死即涅槃であると証知される（証知生死即涅槃）。さとりの浄土に至れば、必ず、迷いの衆生を普く救う」といわれている。

【**註釈**】曇鸞章である。中国史上、仏教を篤く信仰し、国政までも仏教精神によって行った梁の武帝は、曇鸞を仏のように仰いだことを、冒頭に挙げている。

曇鸞は『浄土論註』の始めに、「ただ信仏の因縁を以て浄土に生ぜんと願ずれば、仏願力に乗じて、すなはちかの清浄の土に往生することを得」(『聖典全書』一、四四九頁)と説き、『浄土論註』の終わりには三願(第十八・第十一・第二十二願)を挙げ、往生の因果は願力に由るとした。さらに「他力の乗ずべきことを聞きて、当に信心を生ずべし」(『聖典全書』一、五二九頁)と結んでいる。また、天親のいう回向を往相と還相に分け、また「生死即涅槃」については、「無上正遍道(阿耨多羅三藐三菩提)」の「道」は「無礙道」であり、「無礙とは、いはく生死即ち是れ涅槃と知るなり」(『聖典全書』一、五二七頁)という。親鸞は、「無礙の大信心海」(『真宗聖典』四〇四頁)や「広大無礙の浄信」(『真宗聖典』四八四頁)というように、信の本質を無礙と考えていたので、「信心発すれば、生死即ち涅槃なりと証知せしむ」という偈にしている。親鸞は曇鸞の著作の要点を、信を中心にして僅か八句にまとめて偈文を構成している。

次は道綽である。

道綽章

道綽は聖道の教えではさとり難いと決断して、ただ浄土の教えだけがさとりに入ることのできる道であることを明らかにする。万《よろず》の善行の自力での勤修を退けて、功徳円満な名号の専称を勧める。三不信と三信の教えを、懇ろに示し、浄土の教えは、像法、末法、法滅の時も同じく衆生を悲しみ導くことを示す。「たとい一生の間、悪を造っても、本願に遇ってしまうと必ず、安養浄土に至って妙果を証させていただく」といっている。

【註釈】 道綽章である。道綽は『安楽集』第三大門で二種の勝法として聖道と往生浄土の名を立て、「唯、浄土の一門のみ有りて、通入すべき路なり」（『聖典全書』一、六一二頁）と決断している。法然によって『選択集』の冒頭にこの文は掲げられ、浄土宗独立の根拠となった。親鸞もそれを元に、「道綽決聖道難証唯明浄土可通入」の偈を造っている。

また、『安楽集』第一大門では、道綽は『大集経』（大集月蔵経）を引用し、それに依拠して、「応に仏の名号を称すべき時なり」（『聖典全書』一、五七五頁）などと、諸処で念仏を勧めている。親鸞はそれによって「万善自力貶勤修　円満徳号勧専称」の偈を造っている。

「三不三信」については道綽に先立ちすでに曇鸞が、三種の不相応として、信心の不淳、不一、不相続を挙げて、この不相応と相違することが如実修行相応であり、天親の「我一心」であると指摘している。道綽はそれを『安楽集』第二大門の結びで、「若し能く相続すれば則ち是れ一心なり。但だ能く一心なれば、即ち是れ淳心なり。此の三心を具して若し生ぜずといはば、是の処《ことわり》あることなからん」（『聖典全書』一、六〇六頁）と、曇鸞の解釈を進めて、三種の不相応と相違する心を、相続・一心・淳心と表現し、それを「三心」として解釈している。

また、「相続」すれば一心であり、一心であれば淳心であると順序立てた。ここは信心の不淳、不一、不相続を取り上げている箇所であるので、「相続」は信心の相続であるが、名号を称念しても無明が晴れず願が満足しないのはなぜか、という問いに対する答えの部分であるから、「若し能く相続すれば則ち是れ一心なり」に、親鸞は念仏相続の意味も併せて読んでいると思われる。曇鸞では三不信の超克が一心であったが、道綽は懇ろに念仏の相続が一心であり、淳心を開くことを説いている。

親鸞は、この道綽のいう三心を本願の三信（至心・信楽・欲生）として受け止めたので「〔三不〕三信」

というのであろう。また、『観無量寿経』の「具三心者、必生彼国（三心を具すれば、必ず彼の国に生ず）」に道綽の「具此三心、若不生者（此の三心を具して、若し生まれずといはば）」を重ね、深心を核とする『観無量寿経』の三心と比定したのであろう。

曇鸞が三種の不相応である三不信を指摘しているのにも拘わらず道綽の功績としてここに挙げることについての疑問があるが、以上のように考えれば、道綽は三不信を超剋する淳・一・相続の三心が本願の三信と、また『観無量寿経』の三心と同意であることを慇懃に説示したことになって、その意義は大きい。

続く偈文は「一生造悪」である。道綽は『安楽集』第三大門（『聖典全書』一、六一三頁）で、第十八願文を「若し衆生ありて、縦令《たとい》一生悪を造れども、命終の時に臨みて、十念相続して我が名字を称せんに、若し生ぜずば正覚を取らじ」と読んでいる。これは『観無量寿経』下下品の文を合縦《がっしょう》させた道綽独自の第十八願である。この節の結びには、「縦使《たとい》一形悪を造れども、但だ能く意を繋けて専精に常に能く念仏すれば、一切の諸障自然に消除して、定めて往生を得」（『聖典全書』一、六一三頁）と、自身の言葉で再解釈し、どうしてこのような浄土への往生を願わないのかと励ましている。親鸞はそれに依りながら、悪人が本願に遇ってしまうと、必ず浄土で妙果を証せしむ、とまで言い切る。「せしむ」は謙譲の意を取った。

次は善導である。

231

善導章

善導はただ独り、釈尊の正意を明らかにした（善導独明仏正意）。定善・散善の人と逆悪の人とを哀れみ（矜哀定散與逆悪）、本願は、光明を縁とし名号を因として衆生を救うことを明らかにし、「本願の大いなる智慧海に入れば、念仏を行ずる者は正《まさ》しく金剛心を賜り（行者正受金剛心）、その慶喜の一念は本願と相応して（慶喜一念相応後）、韋提希と等しく喜・悟・信の三忍を獲て、そのままに涅槃のさとりを証させていただく」といっている。

【註釈】善導章である。善導は自身で『観無量寿経』解釈の「古今を楷定（古今の説をただして規範を確定する）せんと欲す」（『観経疏』跋文〈『聖典全書』一、七九三頁〉）というように、『観無量寿経』の正しい解釈を示そうとした。親鸞はそれを「善導独明仏正意」（善導、独り、『観無量寿経』における釈尊の正意を明らかにした）と讃える。

後世の手本となるべき古今楷定の内容はさまざまに解釈されるが、親鸞は続いて「定善、散善の人と逆悪の人とを哀れみ（矜哀定散與逆悪）」というように、定善（禅定）を修める宗教者も、散善（修善）を重んじる道徳家も、五逆罪の者も、十悪の者も、「與（与）」字によって諸共《もろとも》にしている。これは人間の機根に区別を認めず、皆、凡夫とする善導の思想（九品唯凡）である。皆、凡夫であれば、釈尊は『観無量寿経』を、聖者のためではなくすべての凡夫のために説いたのであり、凡夫の往生を説いていることになる。親鸞はここに善導の古今楷定を見ている。

善導の著作を元に偈文は構成されているが、親鸞は善導の人間に差異を認めない思想を、二度も「與《とも》〔に〕」の字を使用することで表している。定と散と逆悪とを「同等、一緒」にして、韋提希と「同様」に三忍を得るとしている。

「光明名号顕因縁」は、親鸞は先の自釈で、『往生礼讃』の「光明名号をもつて十方を摂化したまふ」

（『聖典全書』一、九一五頁）によりながら、徳号（慈父）と光明（悲母）を因縁（外縁）とし、生み出される信心を往生の業識（内因）として「報土の真身を得証す」（『真宗聖典』二一〇頁）としている。善導は「光明名号を以て十方を摂化したまふ。但《ただ》使信心を以て求念すれば（中略）易く往生を得」（『聖典全書』一、九一五頁）というのであるが、親鸞は「光明名号を以て十方を摂化したまう。但《ただ》、信心をして求念せしむ」（『真宗聖典』二一〇頁）と読んでいる。仮定の意を表す「但使」を使役の意味で読んでいる。このことによって「信心をもつて求念せしむ」の主語は弥陀世尊となり、信心は如来が衆生をして求念せしめようとするものとなる。そのことを親鸞は、ここで「行者、正しく金剛心を受けしめ（正受）」という偈文にして、その回向の義を表している。

この「正受（まさしくうけしめ）」も、善導は「妙覚（菩薩五十二位）の菩薩と、及び等覚（菩薩五十一位）の正受金剛心（金剛三昧）の菩薩、つまり、相応一念後（一瞬の後ぴたりと）果徳涅槃（仏果の徳である涅槃）の者（等覚の菩薩）とに、帰命したてまつる」といっているので、「正受」は「三昧」の意の名詞であるが、親鸞は「正しく金剛心を受けしめ」と、副詞と動詞にして信心の回向の義で読んでいる。

また、善導のいう「相応一念後　果徳涅槃（一瞬ののち、間違いなく仏果を証する）」という等覚の菩薩を示す文を、「慶喜一念相応後」と偈にして、本願相応する一念慶喜の信を表す文にしている。涅槃に肉薄する弥勒菩薩の等覚の金剛心を、他力信心の横超の金剛心へと変換させている。親鸞は信巻にこの帰三宝偈の文を引用するので、そこで詳説する。

次は源信である。

源信章

源信は広く釈尊一代の教えに通じて、偏に浄土に帰依して一切の者を勧める。専修と雑修の信心の浅深を判別して、報土と化土の区別を立てた。

「極重の悪人はただ仏の名を称えよ。我れもまた、阿弥陀仏の摂取のうちにありながら、煩悩が眼をふさいで見たてまつることはできない。しかし、大悲は見捨てることなく、常に我れを照らしてくださる」といっている。

【註釈】源信章である。源信は『続本朝往生伝』でも学徳第一と称される。その源信は浄土往生を願い、人々に勧めた。三句目からは、その著『往生要集』の文によって偈文が構成されている。源信は、専修の者の信と雑修の者の信に違いがあり、それによって浄土も報土と化土に分かれることを示した。源信は、『菩薩処胎経』には「意を発せる衆生の阿弥陀仏国に生れんと欲する者、皆深く懈慢国土に著して、前進して阿弥陀仏国に生るることあたはず。億千万の衆、時に一人有りて能く阿弥陀仏の国に生ず」とあるが、ならば生まれることはできないではないかと問いを立て（『聖典全書』一、一二二二頁）、『釈浄土群疑論』によって、専修専行すれば「執心牢固（信心が堅固）」となり必ず極楽国に生まれるが、雑修の者は「執心不牢」の人であるから懈慢国に生まれると答えている。

親鸞が、大部の『往生要集』から源信の功績として選り抜いた文は、この「専雑執心判浅深　報化二土正弁立」であった。『往生要集』巻下に、懐感が『菩薩処胎経』によって「雑修の者を執心不牢（信心を執持することが堅固ではない）の人とするなり。故に懈慢国（化土）に生ず。若し雑修せずして、専らにして此の業を行ずる（専修）は、此れ即ち執心牢固（信心を執持することが堅固）なるなり。定めて極楽国（報土）に生る」という『釈浄土群疑論』（巻四）を源信は引いている（『聖典全書』一、一二一二頁）。懐感は、善導の『往生礼讃』の文を取意して「〔専ら西方浄土の業を修する者は〕余の一切の諸願諸行を廃して西方の一行を唯願唯行すべし。雑修の者は、万にひとりも生ぜず。専修の人は千にひとりも失すること無し」（『大正蔵』四七、五〇頁下）ともいっている。

親鸞が源信によって懈慢国の問題を取り上げようとするのは、信仰の浅深の問題と共に、明恵の提起が念頭にあってのことと考えられる。明恵は『摧邪輪』（一向専修宗選択集の中に於いて邪を摧く輪）で、法然の過失の第一に「菩提心を撥去する過失」（『日本思想大系（一五）鎌倉旧仏教』四六頁）を挙げて筆舌を尽くして批判している。菩提心に重きを置かない法然を批判して、明恵も『群疑論』に依りながら、「菩薩処胎経に説く、〈衆生、西方の業を作すも、多分西方に生ずることを得ず、懈慢国の中に生ず〉とは、これは是れ専修西方の業、至心発願（大菩提心）の人にあらず」（『日本思想大系（一五）鎌倉旧仏教』八二頁）と批判する。『菩薩処胎経』の文を中心にして、いずれもそれに対する懐感の解釈に依りながら、『往生要集』は「意を発せる」「雑修の者」が懈慢国に生ずるといい、『摧邪輪』は「西方の業を作す〔者〕」、つまり専修念仏の者が懈慢国に生ずるという。真っ向から対立している。親鸞はその問題の解を天台の学匠である当の源信に求めようとしているのではないかと考える。

『菩薩処胎経（菩薩従兜術天降神母胎説広普経）』には「意を発せる衆生（発意衆生）、阿弥陀仏国に生れんと欲する者、皆懈慢国土に染著して、前進して、阿弥陀仏国に生るることあたわず」（『大正蔵』一二、一〇二八頁上）とあるが、これでは「発意（発菩提心）」の者は懈慢国へ行くことになってしまう。窮地の明恵がいう『菩薩処胎経』の趣意は文の改変のようだが、実は『釈浄土群疑論』巻六に「菩薩処胎経に衆生、西方の業を作せども、多分西方に生ずることを得ず、懈慢国の中に生ずと説ける」(『大正蔵』四七、六八頁上)とある。

いずれも、『釈浄土群疑論』による『菩薩処胎経』の文意を根拠にしている。懐感は善導の弟子といわれるが、法然をして「況や師資の釈、其の相違甚だ多し。故に之を用いず」(『選択集』〈『聖典全書』一、一三二五頁〉)といわしめるように、その思想表現には一貫性がない。『往生要集』にある発菩提心の者が懈慢国に行くという『菩薩処胎経』の文を認めることができない明恵は、『釈浄土群疑論』巻六の専修念仏の者が懈慢国に生まれるという懐感の『菩薩処胎経』の文意を探し出した。これは経釈を論拠にする仏教者の緊迫した論戦である。

親鸞はその裁定を、天台の学匠源信の『往生要集』によって、発菩提心などの行は雑修であり信心が堅固ではないので懈慢国に生まれると下した。それが強い語調の「〔浅深を〕判じて」や「正しく弁立(わきまえ正して義を立てる)せり」の句に表れていると考えられる。それは、『選択本願念仏集』で、「上輩の中に菩提心等の余行を説くと雖も、上の本願に望むるに、意唯衆生をして専ら弥陀仏の名を称せしむるに在り」(『聖典全書』一、一二七七頁)といい、「家を捨て欲を棄て沙門となりて、菩提心を発す等は是助行也」(『聖典全書』一、一二七八頁)といい、「菩提心等の諸行を以て小利と為し、乃至一念を以て大利と為る也」(『聖典全書』一、一二八一頁)という法然の遺教である。

次の偈文は、『往生要集』の「極重悪人唯称仏」の文と「我亦在彼摂取中」の文である。離れた箇所にあり、順序も逆であるが、親鸞は一連の文にすることで、源信も悪人の地平から浄土を願った人であると受け止めている。

次は法然房源空である。

源空章

本師である源空は仏教に明らかであり、善悪の凡夫を憐れまれ、真宗（真実の大乗仏教）の教行証を片州の日本に興隆する。つまり選択本願念仏をこの悪世に弘めるのである。「生死輪廻の家に迷い戻り来ること、それは必ず疑情によって引き止められるのである。速やかにさとりの浄土に入ることは、必ず信心をもって能入する」といっている。


【註釈】源空章である。親鸞が「無上甚深の宝典」（『真宗聖典』四七五頁）とする『選択本願念仏集』から、ここに選択した唯一の箇所は、意外にも三心章の深心の文（『聖典全書』一、一二九八頁）であった。

法然房源空は専修念仏を弘めたのであるが、親鸞は、源空の念仏の根源である本願の世界が一乗海という大乗の世界であることを当巻で確認し、さらに一乗海の念仏の機は金剛の信心であることを確認した。源空の教えを、念仏する者には念仏の根源である願海から回向される信が生じ、その信をもってさとりの浄土に入るのである、と親鸞はとらえた。それは龍樹と世親以来の日本における大乗仏教再興の宣言であるとして、「真宗教証興片州」と讃えている。

次は「結勧」と呼ばれる結びである。

233

結　勧

釈尊の教えを弘めた大士と宗師がたは、無辺の五濁の世の十悪の者を救いたもう。道俗の四衆は皆、共に同心で、ただこの高僧の説を信ずべし、と。

六十行を終えた。百二十句である。

【註釈】「大士」である龍樹と天親、「宗師」である曇鸞と道綽と善導と源信と源空への讃嘆と、その教えへの信を勧めて、正信念仏偈は終わった。

「時衆」は四衆（比丘・比丘尼・優婆塞・優婆夷）の意味に取った。

以上で行巻は終わった。

顕浄土真実行文類二

235

序前　『涅槃経』の文

「また一人の大臣がいた。悉知義という。〔彼はいう〕〈昔、王がいた、名は羅摩といった。その父を殺して王位継紹を得ていた。跋提大王、毘楼真王、那睺沙王、迦帝迦王、毘舎佉王、月光明王、日光明王、愛王、持多人王、これらの王も皆、その父を殺して王位継紹を得ていた。しかし一人として地獄に入る者はない。現今の毘瑠璃王、優陀邪王、悪性王、鼠王、蓮華王、これらの王も皆、その父を殺したが一人として愁悩を生じる王はいない〉」文

【註釈】外題があって、『涅槃経』からの抄出文が置かれている。信巻の序前の文である。悉知義（大臣）の、多くの王は父を殺して王位を得たが一人として地獄に堕ちた者も愁悩を生じた者もいない、という阿闍世への進言である。唐突に脈絡のない文が置かれる理由は不明であり、『涅槃経』という出典も示さず引用することは異例である。親鸞は、冷静に淡々と、非道を犯した王の名を連ねている。この文は当巻の後半に引用されている。

次も異例であるが、信巻には序がある。

顕浄土真実信文類序

愚禿釈親鸞集

235
別　序

よくよく考えてみれば、信楽を獲得することは阿弥陀仏の選択の願心に基づいて発起するのである。真実の信心が開ける道は釈尊の慈悲方便によって明かされたのである。

しかし末法の世の出家と在家、現今の仏教指導者たちは、すべては心の現れであるから浄土も阿弥陀仏も自身の心の現れであり、さとれば心の中にあるという唯心主義（自性唯心）に陥り、浄土真実のさとりを貶め、自力の心に迷い、金剛の信心に昏《くら》い。

ここに、愚禿釈親鸞は、釈尊をはじめとする諸仏如来の真実の教えに信順し、論家や釈家の教義を入念に開き見る。広く浄土三部経の恩恵を受けて、特に一心（信心）を彰《あらわ》す華文（浄土論）を見開くことができた。久しく疑問を質し、確証を出《い》だす（且く疑問を至して、遂に明証を出だす）。誠に仏恩の深きことを思うあまりの撰述であり、人々からのあざけりにも恥じることはない。浄土を願い、穢土を厭う人々に請う。この『文類』に取捨を加えることがあってもあざけりをなすことのないように、と。

【註釈】信巻の序は、「総序」「後序」に対して「別序」と呼ばれる。巻頭に序文を有するのは、巻に独自性があることを示している。

真実信を明らかにする巻であるが、冒頭で、信心は阿弥陀仏の本願と釈尊の導きによって発ることが示されている。一元的な唯心主義の浄土理解を批判しながら、自身は一心を彰す『浄土論』を開くことができ、明証を得たことを表明している。

「自性唯心」とあるが、自性（自己の本性）の弥陀、唯心（ただ心にあるのみ）の浄土ということで、弥陀も浄土も心の外にはないという聖道門の説である。中国禅宗の第六祖の慧能は、「凡愚不了自性　不識身中浄土（凡愚は自性を了せざれば、身中の浄土を識らず）」といい、また「仏向性中作（仏は性中に向かって作れ）」（『六祖大師法寶壇経』〈『大正蔵』四八、三五二頁上・中〉）ともいう。浄土と穢土を混同しない法然の思想を受け継ぐ親鸞は、このような仏性思想に基づく唯心論的な一元論を浄土の真証を貶めるものとしている。

「疑問を至して、遂に明証を出だす」は、巻中の三心一心問答と呼ばれる問答を示すものと考えられている。

次に、第十八願名とそれを被る機の名が挙げられ、信巻の標題が掲げられて本文が始まる。

至心信楽の願　正定聚の機

顕浄土真実信文類三

愚禿釈親鸞集

236
大信釈

謹んで往相の回向について考えると、大信がある。大信心は長生不死の神方（死を超える方法）、欣浄厭穢の妙術（穢土を厭い浄土を願う術）、選択回向の直心（如来回向の偽りなき心）、利他深広の信楽（如来深広の信）、金剛不壊の真心（堅牢な真の心）、易往無人の浄信（難信の信）、心光摂護の一心（阿弥陀仏に照らし護られる一心）、希有最勝の大信（希有なる大信）、世間難信の捷径（信じ難い早道）、証大涅槃の真因、極速円融の白道、真如一実の信海である。

この大信心は念仏往生の願（第十八願）より生じている。この願を「選択本願」という。また「本願三心の願」といい、また「至心信楽の願」という。また「往相信心の願」と名付けるべきである。〔信心はさとりの因であるから〕そういうことであるならば、迷いに沈む凡愚や流転の群生に無上菩提を成就することが難しいわけではない。〔しかし〕この信楽は実に獲得が難しいのである。なぜならば、それは如来の加威力（果力）に由るからであり、広慧力（本願力）に因るからである。〔得難い中に〕たまたま浄信を得るならば、この信心は覆ることも虚偽になることもない。このようなわけで、極悪深重の衆生は大慶喜心（真実信心）を得て、仏がたの慈愛を受けるのである。

【註釈】親鸞は十二の句をもって信心を讃え、この大信心は第十八願より生まれると述べ、従来の信心の概念を変えようとしている。一般的に「信」は仏道の初歩とされる。五十二段階の修行の階位においても、天台教学では、始めの十信位は、凡夫の中でもより劣った凡夫の位（外凡）と見做される。その中で親鸞は、このように仏教の枠を極める術語を連ねて信心を表現している。信をさとりの因といい、それによって凡愚のさとりは難しいことではないとまでいい、同時に信の得難さを述べる。

信の意義を問う巻が始まり、始めに信の根源である第十八願文が引用される。

『無量寿経』『如来会』の本願文

至心信楽の本願の文は、『無量寿経』に言うには、「たとえ私が仏に成ったとしても、十方の衆生が、真実の心（至心）で、信じ楽《ねが》って（信楽）、我が国に生まれたいと願い（欲生）、あるいは十遍まで念仏して（乃至十念）、もし生まれなければ、私は正覚を得ないようにしよう。ただ、五逆罪を犯した者と正法を誹謗する者のみは除くのである」と。已上

『無量寿如来会』に言うには、「もし私が無上正等覚を得るならば、その時、他の仏国のあらゆる有情たちが我が名を聞信し終わり（我が名を聞き已《おわ》りて）、〔如来は〕すべての善根を真心から回向なされ（心心に回向せしむ）、〔有情が〕我が国に生まれようと願って、あるいは十遍まで念仏して、もし生まれなければ私は菩提を得ないようにしよう。ただ、悪業を造り、正法や聖人（仏・菩薩）を誹謗する者のみは除く」と。

已上

【註釈】『無量寿経』と『如来会』の本願文が引用された。法然はこの第十八願を念仏往生の願と呼び、王本願とした。浄土教の根幹である。至心に信楽し欲生して十念する者を必ず浄土へ生まれさせる、という阿弥陀仏の誓願であり、親鸞は、至心・信楽・欲生という三心の意味を問うことをこの巻の中心に据えた。

親鸞が正依の『無量寿経』に続いて異訳の経典を引用する時は、先の経文の意味を補い確定するためである。ここでも『如来会』を参照しながら『無量寿経』の願文を読めば、第十八願を親鸞がどのように理解しようとしていたのかということがわかる。

『無量寿経』の第十八願の「信楽」を『如来会』では「我が名を聞き已りて」と訳して、「信楽」の内容が明らかになっている。これによって諸仏の称名と衆生の聞名が対応し、第十八願が諸仏称名を誓う第十七願と対の関係にあることが明瞭になる。さらに、次に引用される第十八願成就文の「其の名号を聞きて信心歓喜せんこと（聞其名号　信心歓喜）」が必然の結果になり、因願と成就文の因果関係も明瞭になる。

現行の『如来会』でも「聞我名已　所有善根　心心回向（我が名を聞き已りて、所有の善根を、心心に回向して）」（『聖典全書』一、三〇三頁）となっているが、文中の「已」が「己」であれば「我が名を聞き、己が善根を、心心に回向して」と読みやすくなる。後続の第二十願には「己が善根を以て極楽に回向せん」とあり、それを勘案して読めば、「己の所有の善根を心心相続して回向する」となろう。いずれにしても「所有《あらゆ》る善根、心心に回向して」と読む所である。有情が阿弥陀仏の名を聞き、あらゆる善根を心から回向して浄土に生まれることを願う、という文である。

親鸞はここを「心心に回向せしむ」と読んでいる。助動詞の「しむ」には使役と尊敬と謙譲の意味があるが、ここでは尊敬の「回向したもう」の意味で、回向の主体は如来になる。本願文の客体（衆生）に属す文の主語を、尊敬の用法によって如来としているのである。親鸞は、如来を主語とする時に「しめ」や「しめたもう」と送りがなをする。香月院深励はこの件を詳しく論証している（『教行信證講義集成』第五巻、一五三頁）。また、「しめの詞をつかふは他力を顕はす所の天爾波《てには》（助詞や助動詞など）なり」（『歎異抄講林記』巻上〈『真宗大系』第二三巻、四一一頁〉）という。

この極めて不自然な「心心に回向せしむ」という訓読は、次の本願成就文の「至心に回向せしめたまえり」という読みの伏線になっている。引文だけで論理を展開しようとする周到な叙述の方法である。

次にその『無量寿経』と『如来会』の本願成就文が引用される。

『無量寿経』『如来会』の本願成就文

本願成就文を、『無量寿経』に言うには、「あらゆる衆生は、阿弥陀仏の名号を聞いて信心歓喜する一念が生ずるであろう。〔その一念の信は阿弥陀仏が〕至心に回向したもうたのである（至心に回向せしめたまえり）。〔ゆえに衆生は〕彼の国に生まれようと願えば、即ち、往生を得て、不退転の位に住するであろう。ただ、五逆罪を犯した者と正法を誹謗する者のみは除く」と。已上

『無量寿如来会』（菩提流支の訳）に言うには、「他方の仏国のあらゆる有情は、無量寿如来の名号を聞いて、よく一念の浄信を発して〔如来が〕歓喜させ（せしめ）、あらゆる善根（名号の功徳）を回向したもうた（回向したまえる）ことを愛楽して、無量寿国に生まれようと願えば、願い通りに皆、生まれ、不退転に住

し、さとりまでをも得るであろう。〔ただ〕無間地獄に堕ちる因の五逆罪を犯した者と正法や聖人（仏・菩薩）を誹謗する者を除く」と。已上

【註釈】両経の本願成就文の引用である。親鸞は自分の考えを示すために送りがなを加えている。『無量寿経』の成就文では「心を至し回向して」と訓読する所を「至心に回向せしめたまえり」と読んでいる。直前の『如来会』の本願文を「心心に回向せしむ」と読んだことがその準備になっており、これによって、信心は如来の至心をもって回向されたものになる。

『如来会』の成就文は、『無量寿経』の成就文の意味をより鮮明にしている。『無量寿経』では「信心歓喜乃至一念」とある所を「発一念浄信（一念浄信を発し）」としている。これによって成就文の「一念」は信であることが明確になった。また『如来会』では信心を「浄信」としていて、如来の清浄心を基《もとい》とする意が表れている。

さらに、『如来会』では「一念の浄信を発し歓喜愛楽して、所有《あらゆ》る善根を回向し」（『聖典全書』一、三二一頁）とあり、信心や信楽の意味を「歓喜愛楽」まで拡張させている。親鸞はこの部分を「一念浄信を発して歓喜せしめ、所有の善根回向したまえるを愛楽して」と読んで、「歓喜愛楽」という熟語を「歓喜せしめ」と「回向したまえるを愛楽して」とに切り離した。「所有の善根回向したまえるを愛楽して」と読むことで、『無量寿経』の本願文の、名号を聞いて信心歓喜するということは、所有の善根（名号の功徳）の回向を愛楽（信楽）することであるとして、如来の回向を中軸にした願文の意味を明瞭にしている。

これで『無量寿経』と『如来会』の第十八願とその成就文の引用が終わり、次に『無量寿経』と『如来

会』から三文が引用される。

『無量寿経』『如来会』の文

また言うには（無量寿経）、「法を聞いて忘れず、仏を見て敬い、信を得て大いに慶べば、私の善き友である。だからこの心を発すがよい」と。已上

また言うには（如来会）、「〔法を求め、信を得る者〕このような者たちは大威徳の者である。広大な仏法の特別な門（浄土）に生まれるであろう」と。已上

また言うには（如来会）、「阿弥陀如来の功徳は仏のみがご存知であって、ただ、仏世尊だけがおわしましてよく開示なされる。天、龍、夜叉など（八部衆）が及ばない所である。二乗は自ずからその言葉による表現を絶つ。もし、衆生がさとりを開いて、その行が普賢菩薩を超え、涅槃に登って、阿弥陀仏の功徳を述べ広めようとした時、思議できない永遠の時間を超えるのであろう。途中で、述べ広めようとする身が滅度しても、阿弥陀仏の智慧を量り知ることはできないのであろう。このゆえに、信じること、聞くこと、そして善き友に受け入れられることが具わり、このような深い法に遇うことができるならば、きっと仏がたに深く慈しまれることを得るであろう。如来の勝れた智慧と、すべてに渉って説かれる正しい教えは、ただ仏のみが会得しておられる。ゆえに浄土（諸智土）のいわれを聞いて、私の教え、真実の言葉を信じるがよい。人の身を得ることは大変難しく、如来の在世に生まれ合わすこともまた難しい。信心の智慧を多くする時、まさに今、得るであろう。ゆえに道を修めようとする者は精進するがよい。もし、このような妙法をすべて聴聞するならば、常に諸仏に喜びを生じさせ申し上げるのである」と。抄出

【註釈】三文の引用であった。いずれも釈尊の教示であり、釈尊や諸仏が、信を喜ぶ者を親友として受け入れてくださるという内容である。釈尊が称讃するということは真実の仏教であるという印可（認可）である。

前述のように「興福寺奏状」の第三は「釈尊を軽んずる失」である。法然の教えは、弥陀一仏への帰依を説き、本師釈尊を軽んじる過失がある、という弾劾である。それに対して、本師釈尊が念仏の信心の人を善き友として処遇し、諸仏も敬いと慈しみをもって受け入れるという釈尊自身の教説の引用は、そのような非難にも答えている。

次からは信の本質を明らかにしようとする引文であり、まず『浄土論註』からである。

『浄土論註』の文

『浄土論註』に曰うには、「〈彼の如来の名を称し、彼の如来の光明智相の如く、彼の名義の如く、実の如く修行し相応せんと欲うが故に（智慧の象徴である如来の光明の通りに、尽十方無礙光如来という名称の通りに、真実のままに行を修め、相応せんと欲うて、如来の名を称えることは讃嘆門である）〉と『浄土論』でいっている。この〈称彼如来名（彼の如来の名を称し）〉とは無礙光如来の名を称えるということである。〈如彼如来光明智相（彼の如来の光明智相の如く）〉とあるが、仏の光明は智慧を表している。この光明はあらゆる世界を照らして礙げがない。あらゆる衆生の無明の闇を消し去る。太陽や月や玉《ぎょく》の光が、ただ地下室の暗闇を破るようなものではないのである。〈如彼名義欲如実修行相応（彼の名義の如く、実の如く修行し相応せんと欲う）〉とあるが、〈名義の如く、実の如く修行し相応しようと欲うゆえの称名であるから〉彼の無礙光如来の名号はよく衆生の一切の無明の闇を破り、よく衆生の一切の願いを満たしてくださるということである」

【註釈】 引文の途中であるが、注釈を加える。『浄土論註』の讃嘆門の文である。世親の「欲如実修行相応故」という句は、読みも意味もわかりにくい句である。親鸞以前から「如実に修行し相応せんと欲するがゆえに」と読んできた。また「如実修行相応」は成句として用いられてきた。しかし、後続（作願門・観察門）の叙述に従えば、「如実に相応を修行せんと欲するがゆえに」と読むべきで、そうすれば意味が通りやすくなる。「真実、〔仏と〕一つになるように行じようとして」という意味である。瑜伽行派の教学を大成した世親の意図からすれば、自身のいう讃嘆門とは、口業をして如来の名（尽十方無礙光如来）を称えることであるが、それは尽十方無礙光という光明の智慧に相応せんとして、その智慧の義に相応する尽十方無礙光如来という名を称えるのである。これは、正しい教えや仏と相応（瑜伽）する修行（瑜伽行）の実践である、ということになろう。大竹晋は、原意として「相応」は「加行（prayoga）」に該当するので「如実修行相応」は「如実修行に向かって加行する」と解している。そしてここでの「如実修行」は奢摩他と毘婆舎那とを如実修行することを指しているという（『新国訳大蔵経　法華経論・無量寿経論他』三二四頁頭注）。

曇鸞は、瑜伽行を目的とせず、称名は光明と名号に相応せんと欲《おも》うことであるから無明が除かれるのであるとした。のちに触れるが、親鸞はこの「欲〔う〕」に信が彰れていると見て、字眼とした。

文意は、称名とは光明と名号に適《かな》って行ぜられる本願相応の真実行である、ゆえに光明と名号のはたらきによって無明の闇は破られるということになる。しかし、ここから問題は展開する。無明は晴れるはずであろうがそのようにはならないという問題である。次に続く。

『浄土論註』三不信の文

「しかし、称名憶念することがあっても、無明はなおもあって、願いは満たされない。これはどういうわけか。それは、真実に適った行ではなく（不如実修行）、名号の意義に適っていない（名義不相応）、それゆえである。どのようなことが不如実修行と名義不相応であるか。それは、如来が実相身（さとりを開いた自利成就の仏）であり、同時に、為物身（衆生を救う利他成就の仏）であることを知らないことである。また三種の「不相応」がある。第一は、信心が淳（あつく、すなお、まこと）ではない、不確か（若存若亡）であるからである。第二は、信心が一つに定まらない、決定《けつじょう》しないからである。第三は、信心が相続しない、雑念が生じるからである。これら信心の不淳、不一、不相続は関係し合って成立している。つまり、信心が不淳であるから信心が一つに決定しない、決定しないから信心が相続しない、また反対に、信心が相続しないので決定の信を得ない、決定の信を得ないから信心が不淳なのである。これと相違していることを如実修行相応という。ゆえに世親は『浄土論』の始めに「我一心」といわれている。〔この〈一心〉は淳、一、相続の信心であり、如実修行相応である〕」と。已上

【註釈】『浄土論註』からの引用である。『浄土論』の冒頭で、世親は「世尊、我一心、帰命尽十方無礙光如来」と表白する。曇鸞は、この「帰命」は礼拝門であり、「尽十方無礙光如来」は讃嘆門であると、少し無理もあるが五念門に配当する。世親の「尽十方無礙光如来」という表白を、仏の功徳に適って仏の名を称える仏への讃嘆であると読み取ったのである。仏の功徳とは光明と名号であり、無明を破るはたらきである。

しかし、曇鸞は、名号を称えても無明は晴れないという問題に逢着した。その理由として不如実修行と名義不相応を挙げ、それは如来が実相身であり同時に為物身であることを知らないからであるという。この二身は曇鸞独自の説で、為物身は他に使用例がなく、曇鸞の説明もないが、如来は真如の身であり、同時に衆生（物）の為《ため》の身であるという自利利他成就をいわんとしていると思われる。本願成就した利他成就の如来であるから、そのことをよく知ることができれば、「仏の本願力を観ずるに、遇《もうお》うて空しく過ぐる者無し」（願生偈）とあるように、無明は晴れるという意味であろう。

それは信の問題であるから、無明が晴れない原因は不淳・不一・不相続という三不信にあるということに、曇鸞は着目する。解く鍵は冒頭の「我一心」いう信心の問題にあろう。それでは世親の「我一心」という真実信心はどのような特質を持つものであるのか、親鸞は、続いて曇鸞の『讃阿弥陀仏偈』を引用する。

240

『讃阿弥陀仏偈』の文

『讃阿弥陀仏偈』（曇鸞和尚の作）に曰うには、「あらゆるものは、阿弥陀仏の徳号を聞いて、信心歓喜して、聞き得たことを喜ぶこと、それが今まさに一念となろう。〔その一念は〕阿弥陀仏（至心の者《ひと》）が回向なされたのである。〔だから〕浄土に生まれようと願えば、皆、往生を得させる。ただ五逆罪を犯した者と正法を誹謗する者だけを除く、と〔釈尊はお説きになる〕。ゆえに私は阿弥陀仏を礼拝し往生を願う」と。已上

【註釈】『讃阿弥陀仏偈』で曇鸞が本願成就文によって阿弥陀仏を讃える偈からの引用である。ここでも親鸞は一貫して回向の主語を阿弥陀仏に変えている。原文は「信心歓喜して聞く所を慶び、乃ち一念に暨《およ》ぶまで心を至す者、回向して生ぜんと願ずれば皆生ずることを得」（『聖典全書』一、五四〇頁）であるが、親鸞は「信心歓喜して聞く所を慶ばんこと乃《いま》し一念に暨ぶまでせん。至心の者《ひと》回向したまえり」と読んで、回向の主語を「至心の者」、つまり阿弥陀仏にしている。このことによって、世親の表白した「我一心」は如来回向の信であるということを、親鸞は曇鸞の言葉によって示しているのである。

先の『浄土論註』からの引文には、「彼の如来の光明智相の如く」「彼の名義の如く」「実の如く」「修行し相応せん」という語句が何度も出た。「如」も「相応」も、真実に適い、教えに相適《あい》っていることを表す語である。世親も曇鸞も仏の意に適う道として浄土の教えに出遇った。釈尊の意に相適う道は真実の仏道である。親鸞はそれを、次は『観経』の「如意」を解釈した善導に尋ねる。

241

『観経疏』定善義の文

光明寺（善導）の『観経疏』に云うには、「〈『観無量寿経』で釈尊が〈阿弥陀仏は神通力を思いのまま（如意）にはたらかせ自在にその身を現す〉（『真宗聖典』一二一頁取意）と説くが〉その「如意」には二種がある。第一は、衆生の意の如しである。衆生のひたむきな思いに随って当然、皆、救うのであろう。第二は、阿弥陀仏の御意の如しである。五眼は円満し照らし見て、六神通は自在で、救うべき者の機を見抜かれ、一瞬にして身心ともに赴き、身口意の三業（三輪）をもって衆生の智慧を開き、各々を利益することは〈仏意によって〉一様ではないのである」と。已上

【註釈】数や法数が並ぶ、機知に富む文章である。「如し」とは一方的なものではなく、衆生の意と仏の意が相応する所に成立するという善導の示唆に富む文である。この構造は、これから親鸞が信心を明らかにしていくうえでの基本形である。

次も『観経疏』からの引用である。

241

『観経疏』序分義の文

また云うには、「この五濁や五苦などの苦悩は六道を通じて受けるのであり、いまだかつて受けない者はなく、常にこれらに怯え悩む。もしこの苦を受けない者は、それは凡夫の数には入らないのである〈それは聖者であろう〉」と。抄出

【註釈】先に、「如意」の意味の第一は衆生の意の如しと善導はいったが、その「衆生」をここで「凡夫」と規定した。『観無量寿経』は凡夫に対して説かれた教えということになる。これが『観無量寿経』を読む善導の視座である。次の引文に出てくる『観無量寿経』の三心も、聖者ではなく凡夫に対する教えになる。高みから俯瞰して教相判釈するのではなく、対象から逆照射して仏教を規定しようとする大乗の精神が表れている。

241

『観経疏』散善義の文

また云うには、「『観無量寿経』で釈尊は、〈上品上生のものは三種の心を発して往生する、と説かれた

あとに自ら〕その三種とは何か（何等為三）、と問いを立てる箇所から、至誠心と深心と回向発願心の三心を具えれば必ず浄土に生まれる（必生彼国）と説かれる箇所まではずっと、まさしく三種の心に区別を立てることで、それを往生の正因とすることを明らかにしている。〔ここで釈尊が自ら〈三種とは何か〉と問いを立てられ、三種の心を示し往生の因としたことは〕二つのことを明らかにしている。第一は、釈尊は衆生の機根に応じて利益を表すのであるが、そのお心は深くして我々は知ることができない。だから釈尊は自ら問いを立てて明らかになさらなければ、私たちには知る由もないことを明らかにしている。第二は、如来が顧みて自ら三心の理《ことわり》をお答えになったことを明らかにしている」

【註釈】 先に「如意」を問題にして、仏の意の如くと衆生の意の如くの二つの意味を善導は示した。さらに、衆生の意の如くというが、その衆生とは凡夫であることを明瞭にした。凡夫を対象とする大乗の仏教を、善導は『観無量寿経』から読み取ろうとしている。

この引文では、衆生の意というが、衆生自身は無自覚なので、それが不明瞭で顕在化できないゆえに、仏が自問自答して三心を示されたという文脈になる。善導はこのように、三心が説かれる散善の教えを仏の自開（釈尊の慈悲による自説）として重視したのであるが、親鸞はそのうえで、衆生の意と仏の意の際どい接点で三心が説かれたとして、そこを糸口にして信の内容を追求しようとしている。引用は続いている。

『観経疏』散善義　至誠心釈

「『観無量寿経』に云うには、〈三心の第一は至誠心である（一者至誠心）〉と。この〈至〉は真であり、

〈誠〉は実である〔つまり真実心である〕。衆生の三業で修める智解と修行は、必ず、如来が真実心でなされた智解と修行を須《もち》いねばならないことを示そうとする思召しによって〈三心の第一は至誠心である〉と釈尊は説かれるのである。だからうわべを賢《かしこ》がり善人らしく振る舞ってはならない。中身は偽りだらけで貪、瞋、邪、偽、奸詐《わるだくみ》は種々様々（百端）であり、悪性を凌《しの》ぐことはできず、あたかも蛇や蠍《さそり》のようなものであるからである。三業にどのような行を修めても〈雑毒の善〉であり、また〈虚仮の行〉というのであり、〈真実の行業（真実の業）〉とはいわないのである。もしこのように心を工夫して行をなすことは、たとい、身心を刻苦勉励して、昼夜を問わず、厳しく行い、頭髪についた火を払い消すようにしても、その者の行はすべて〈雑毒の善〉という。この雑毒の善行の功徳を回向して浄土への往生を求めても、それはきっとよくないことである。なぜなら、まさしく、阿弥陀仏は因位に菩薩行を行ぜられた時、一念一瞬に至るまで、三業の行いは皆、真実心においてなされたからである〔その如来の真実に従い、如来の真実を用い、如来の真実に由ることがなければ往生は叶わない〕。すべて、如来が与えてくださる真実に由って浄土を求める道（施為趣求）はまた皆、真実である。また、真実には二種ある。第一は自利（自力）の真実であり、第二は利他（他力）の真実である。（乃至）不善の三業で修める自力の行業は、必ず如来が真実心においてお捨てになった如くにせよ。また善の三業による行業を起こすならば、必ず如来が真実心においてなされたものを須い、聖者や凡夫、智者や愚者を問わず（不簡内外明闇）、真実を須いるから〈至誠心〉という」

【註釈】至誠心釈からの引用である。善導は『観経疏』で至誠心を解釈している。至誠心とは真実心であるから、真実心によって学問と行を修めなくてはならない（須く真実心の中に作すべき）。外面を善人らしくして内面に虚仮があってはならない。内面に煩悩を抱えながらどのような修行をしても雑毒の善である。真実心を中核にして三業を起動させ学問と修行に励まないと、往生は実現しない。なぜならば、阿弥陀仏は真実心をもって菩薩行を修め、自利利他（施為趣求）の行は真実でなされたからである、ということである。わかりやすい解釈である。

親鸞はその訓点によれば、「真実心の中に作《な》したまえるを須《もち》いん」という文として引用している。「作」に「したまえる」と送りがなをつけて主語を如来にしている。そして、「須」は再読文字で「すべからく……べし」と読んで、「ぜひ……する必要がある」という意味であるが、その「須」を動詞として「もちいる」と読んでいる。さらに、「施為趣求」の施為は利他、趣求は自利の意味であるが、親鸞は「施したまうところ趣求を為す」と読んで、如来の所施（施してくださるもの）を衆生が求め頂くものが至誠心であるという文にしている。親鸞は「作したまいしに由ってなり」の「由」字の頭注で、「経也、行也、従也、用也」と字訓釈しているが、「如来の真実を経由し、行じ、従い、用いる」の意であろう。

次に、善導は「真実に二種あり」として、真実に自利と利他があり、その自利について説いているのであるが、親鸞は『愚禿鈔』下で自利真実を「難行道　聖道門」に配当し、利他真実を「易行道　浄土門」に配当している（『真宗聖典』五一八頁）ことなどから、自利と利他を自力と他力に解釈していると考えられる。だから善導が自利真実について解釈した文のほとんどは「乃至」として省略し、化身土巻に引用する。ここでは末尾の文（『聖典全書』一、七六二頁）だけを「不善の三業は、必ず真実心の中に捨てたまえるを須いよ。又、若し善の三業を起こさば、必ず真実心の中に作したまいしを須いて」と読んで、利他（他力）

の内容にして引用している。

続く「不簡内外明闇」について、善導は、外面は賢者（明）の如く振る舞い、内心は愚か（闇）であるような簡び別けがあっては真実ではない、簡別のない（不簡）、裏表がないことを真実としたのであるが、親鸞は、善導の文の途中を省略することによって、聖者（内）も凡夫（外）も、賢者（明）も愚者（闇）も簡ばず（不簡）、皆に与えられ、須《もち》いることのできる真実が至誠心であるとした。このように送りがなや省略によって親鸞は聖教の真意を読み取っていく。

これで、『観経疏』の文は親鸞によって次のようになった。至誠心とは真実心であるから、如来が真実心でなされた智解と修行を須いねばならない。皆、凡夫であるからうわべを飾ってはいけない。中身は煩悩の身であるからだ。どんな行を修めようと雑毒の行である。この行によって往生することはできない。如来の菩薩行は真実心においてなされたのであるから、その真実を須いねば往生はできない。如来が施与してくださる真実に由って浄土を求める道は真実である。これは聖者や凡夫、智者や愚者を問わず、如来の真実を須いるゆえに至誠心というのである、と。

次は続く善導の深心釈の引用である。

242

『観経疏』散善義　深心釈

「〔三心の〕〈第二は深心（二者深心）〉である。〈深心〉とは深信の心である。この深信の心にまた二種ある。第一の深信は、疑いなく深く、〈自身は現に罪悪生死の凡夫であり、大昔より今に至るまで、常に沈み、流転し続けて、迷いを離れる縁など決してない身である〉と信じる。第二の深信は、疑いなく深く、

〈阿弥陀仏の四十八願は衆生を摂め取る、そのことに疑いなく、惑うことなく、本願力に乗じて、必ず往生できる〉と信じる。また〔第三の深信は〕、疑いなく深く、〈釈尊はこの『観無量寿経』に三福九品や定散二善を説いて、阿弥陀仏の浄土と仏菩薩を讃え、人々に浄土を願い求めさせる〉と信じる。また〔第四の深信は〕、疑いなく、〈『阿弥陀経』で、十方恒沙の諸仏は一切の凡夫に証し勧めて必ず往生することができる〉といわれる、それを深信するのである。また〔第五の深信は〕、深信する者よ、請い願わくは、一切の行者たちが、一心にただ仏の言葉を信じ身命を顧みず、疑いなく仏の示す行に依って、仏が捨てさせようとなさるものを直ちに捨て、仏が行じさせようとなさるものを直ちに行じ、仏が離れさせようとなさる所からは直ちに離れる。これを〈釈尊の教えに随順し、諸仏の意に随順する（仏教に随順し、仏意に随順す）〉という。これを〈阿弥陀仏の本願に随順する（仏願に随順す）〉という。これを〈真の仏弟子〉という。また〔第六の深信は〕、一切の行者よ、この『観無量寿経』に依って行を深信すること（「深信行者」坂東本の読み）は決して衆生を誤《あやま》たせないのである。なぜなら、仏は大悲を具え、その言葉は真実であるからである。仏以外の者は、智慧も行も不十分であり、学びの途次にあり、煩悩とその習性の二つの障りがあり、まだ除かれてないので、仏果を求める願いも不十分である。これらの凡夫や聖者は、たとい諸仏の教えを測り知ろうとしても、まだ明らかに知ることはできない。正しく明らかにすることができたとしても、必ず仏の証明を請うて真実とすべきである。もし仏意に適えば、仏は印可（認可、証明）して〈如是如是（その通り）〉と仰せられる。もし仏意に適わなければ〈汝らの説の義は不如是（汝等が所説、是の義、不如是）〉と仰せられる。認可しないならその理解は、どちらともいえない、はたらきのない、役に立たない言葉と同じである。仏が印可なさるならば、仏の正教に随順する。もし仏の言説であれば、とりもなおさず正教、正義、正行、正解、正業、正智である。あるいは多くとも少なくとも、すべて菩薩、人、天を問わず、誰がその是非を判別できようか。もし仏説ならば了教（完全な教え）である。菩薩などの説はすべて不了教というのである、よく知るがよい。ゆえに今こそ、請うて一切の有縁の往生を願う人々に勧める。ただ仏の言葉を深信してひとすじに行じるがよい。菩薩などの仏の意に適っていない教えを信用して、疑い、惑い、迷って、往生の大いなる利益を失うべきではない、と。（乃至）

釈尊が一切の凡夫に指示し勧めて（釈迦、一切の凡夫を指勧して）、この一身を尽くして名号に専念専修し、命終われば必ず浄土に生まれるといえば、十方の諸仏は皆これを同じく讃め、同じく勧め、同じく証される。なぜなら〈同体の大悲（同じさとりを体とする大悲）〉であるから。一仏（釈尊）が救おうとされる者（一切の凡夫）を一切の仏（諸仏）も救おうとされる。一切の仏が救おうとされるのは一仏が救おうとされる者（一切の凡夫）である。

その証拠に、『阿弥陀経』に説くことには、〈釈尊は極楽の素晴らしい構造を讃嘆なさる〉、また〈一切の凡夫に勧めて、一日でも七日でも一心に阿弥陀仏の名号を称えさせ、必ず往生させたもう（「一心に弥陀の名号を専念せしめて、定んで往生を得しめたまう」坂東本の読み）〉、とある。

また、以下の文にいうには、〈十方に数限りない諸仏がおられ、皆同じく、《釈尊は、五濁悪時、悪世界、悪衆生、悪見、悪煩悩、悪邪無信が盛りである時に、阿弥陀仏の名号を示し讃め、衆生を勧め励まされ、称えれば必ず往生できる》と説かれたと、諸仏は讃えておられる〉とある。つまりこれがその証拠である。

また、十方世界の仏がたは、衆生が釈迦一仏の所説として信じないであろうことを恐れ、共に同心同時に、それぞれの言葉によってあらゆる世界で余す所なく、誠実にお説きになられるには、〈汝ら衆生よ、皆この釈尊の所説、所讃（讃える所）、所証（真実であることの証明）を信じるがよい〉と。一切の凡夫は、罪悪と福徳の多少、念仏する時間の長短を問わず、上《かみ》は命ある限り、下《しも》は一日から七日まで、一心に阿弥陀仏の名号を称えて、必ず往生できる。これは間違いなく疑いのないことである。ゆえに、釈迦一仏の所説の真実を一切の仏が同じく証明されるのである。ゆえに、これを釈尊や諸仏に就き従って信を決定する（就人立信）というのである。（乃至）

また、この正行には二種ある。第一は、一心に阿弥陀仏の名号を称えて、行住坐臥に、時間の長短を問わず、念じて忘れない、これを〈正定の業〉という。阿弥陀仏の本願に順《したが》っているからである（一心専念弥陀名号　行住坐臥　不問時節久近　念念不捨者　是名正定之業　順彼仏願故）。〔第二は〕、礼拝や読誦などであり、もしこれをたのめば〈助業〉という。この正定業と助業以外のあらゆる善行は悉く〈雑行〉という。（乃至）

すべて阿弥陀仏に疎遠な自力を雑えた行（疎雑の行）というのである。以上のようなわけで〈深心〉という」

【註釈】以上が深心釈からの引用である。至誠心釈では、それは人間のまことの心ではなく、如来の真実を須《もち》いるから至誠心というのであるということであったが、深心については、深信の心であると善導はいう。元来、深心は法を求める深重な心であり、秘められた深遠な心であるとされてきた。それを善導は、崇高で奥深い心ではなく、深く信じる心とした。しかも何を信じるのかについては、自身が救われ難き「罪悪生死の凡夫」であることを信じ、また阿弥陀仏の本願と釈尊の教えと諸仏の勧めを信じて、菩薩であろうと仏以外の者の教えは信用してはならない、ということである。特に、深心を「深信の心」とする所には善導の古今楷定の一端が現れている。

親鸞は『愚禿鈔』下で深信について七深信に分類する（『真宗聖典』五二〇頁）が、ここではその第一から第六までを引用している。この中、「深信行者（深信し行ずる者は）」を親鸞は「行を深信するは」と読み、また「専念弥陀名号（弥陀の名号を専念すれば）」を「弥陀の名号を専念せしめて」と読んでいる。極力、行から自力性を削ぎ落としていこうとする意図が見える。

この段落は分節すれば「乃至」を三回挟んでの全四節になるが、第一節の第一深信から第六深信までの文と「乃至」を挟んで続く第二節「釈迦、一切の凡夫を指勧して」からの文は、末尾に「就人立信也」とあるので、「人（釈迦諸仏）」に就き従って信を定めるという文である。尤も就人立信の始まりを示す文がないので、その範囲と内容についての見解には異なりがある。そして第三節と第四節は「就行立信（行に就き従って信を定める）」の文の後半部からの抄出である。第三節の「一心専念弥陀名号」の文は、伝記では、法然が四十三歳の時、三学の器ではない自身の心に相応する法門や身に堪えられる行があるのかと、教える人もなく嘆き悲しんだ末に、経蔵において逢着した文であり（『黒谷上人語燈録』〈『大正蔵』八三、一二三七頁上〉）、浄土宗独立の機縁となった要文と伝えられる。自身も『選択集』二行章で引用している（『聖典全書』一、一二六〇頁）。第四節は深心釈の結びである。科段はあるが、また親鸞は途中を省略もするが、この段落全体は、内容的には連続している文である。

これら散善義の深心釈からの引文の要旨をまとめると、深心とは深信の心であり、何を信じるかといえば、自身が迷いを離れることのできない身と信じ、本願はその衆生をこそ摂取するので、本願によって往生できると信じることである。『観経』では釈尊が阿弥陀仏の浄土を讃え、人々に浄土を願わせようとしている、それを信じ、『阿弥陀経』では諸仏が勧め往生できるという、それを信じる。そのような仏の教えを一心に信じ、仏の示す行を行じ、その行を信じ、仏以外の教えを信じて往生の利益を失うことのないように、という。また釈尊が凡夫を勧めて、一身を尽くして名号に専念専修すれば往生するといえば諸仏も称讃する。それはすべての仏の総意である。その証拠に、『阿弥陀経』では釈尊が浄土を讃嘆し、一心に弥陀の名号を称えさせ往生させると説けば、諸仏は、釈尊が五濁悪世において名号を勧め、称えれば往生を得るとお説きになったと称讃するのである。諸仏も同心に、一心に弥陀の名号を称えれば往生できることを証明している。だからこのような教えを信じることを、釈迦諸仏の教えに従って信を立てるというのである。このように一心に弥陀の名号を専念する行は正定業であり、阿弥陀仏の本願に順う行である。それを深く信じる心であるから深心という、ということになろう。

親鸞はこのような善導の文を引用しながら、仏教の核心が信にあることを画定していく。

次は続く回向発願心釈からの引用である。

245

『観経疏』散善義　回向発願心釈

「〈〔三心の〕第三は回向発願心である（三者回向発願心）〉。（乃至）また、浄土を希求し往生を願い生まれ〔ようとす〕る者は、必ず阿弥陀仏が真実心で回向しておられる本願を助けとして往生への確信を持つがよい。この心は深く信じていることが金剛のようであるから、一切の異見異学や別解別行の人たちによって動揺や破壊させられることはない。ただ疑うことなく一心を持って正直《せいちょく》に進んで、異見の人の言葉に耳を傾けてはならない。それを聞いて進退窮まり、怯《ひる》み、後ろを振り返るならば、道を踏みはずして、直ちに往生という利益を失うことになる」

【註釈】善導は回向発願心を釈して、回向発願（浄土を希求）して往生を願う者は真実心をもって願い、往生の確信を持てという。そして、この心（回向発願心）は深く信じる心であり、金剛石のように破壊されない心であるから疑うことなく進めと、回向発願心に、真実心（至誠心）も深信の心（深心）も込めて往生を励ましている。

親鸞はこの「必須決定真実心中　回向願作得生想　此心深信由若金剛（必ず須く決定真実心中に、回向し願じて得生の想を作すべし。此の心深く信ずること、由《な》おし金剛の若《ごと》くにして）」を「必ず決定して真実心の中に回向したまえる願を須《もち》いて得生の想を作せ。此の心、深信せること金剛の若くなるに由りて」と、回向発願を衆生の発願回向ではなく、如来の真実心による回向（至心回向）として読んでいる。本願成就文でいえば、至心回向されるものは信心である。ゆえに往生の核心を至心回向される信心とした所に読み替えの意図がある。回向発願心に至誠心と深心を包摂させた善導に対して、親鸞は至誠心と回向発願心を深心（深信の心）に包摂させている。

続いて善導は問答を設けて念仏往生への論難に答えようとする。

246

『観経疏』問答の文

「問う。もし、理解と修行が異なる邪《よこしま》で荒い人々が来て、惑わし乱し、あるいは疑問を投げかけ非難を浴びせ、〈往生などできるはずがない〉といい、あるいは〈おまえたち衆生は、大昔から、また今生も三業に、一切の凡夫や聖者の境遇で、余す所なく十悪・五逆・四重・謗法・闡提・破戒・破見などの罪を造っていて、まだ除き去ることはできない。これらの罪は迷いの世界の悪道につなぎ止めるのである。どうして、僅かこの一生に修福の念仏をして、さとりの国に入り、とこしえに不退転の位を証することができようか〉〔といわれれば、どのように答えればよいのか〕

答えていうには、諸仏の教えや行は数限りなくある。さとりを受ける（坂東本の読み）機縁は一人ひとりの情《こころ》に応じてあるので同じではない。例えば世間の人が、目に見ることができるものを信じることができるようなことで、それは光がよく闇を破り、空間はよく物質を包含し、大地はよくものを載せ育み、水はよく潤し、火はよく生成と破壊をするようなことである。これらはすべて〈待対の法（相対的な関係）〉という。つまり目で確かに見ることができる。これでさえ千差万別である。まして仏法の不思議な力による種々なる法門には、それぞれに利益がないことがあろうか。縁に随って一つの法門を出るのは一つの煩悩の門を出ることであり、縁に随って一つの法門に入るのは一つの解脱智慧の門に入ることである。この法門を用いて（為《もっ》て）、〔本願の〕縁に随い、行じて（念仏して）各おのさとりを求めるのである。あなたはなぜ今、有縁の要行ではないものをもって私を惑わすのか。私に親《ちか》しいのは私の有縁の行である。あなたの求めるものとは違う。あなたに親しいものはあなたの有縁の行であり、私が求めるものとは違う。したがって、それぞれ楽《ねが》う所に随って、その行を修めれば必ず速やかにさとりを得るのである。行を修める者は知るがよい、もし教理を学ぼうとするなら凡夫への教えから聖者への教えまで、あるいは仏果まで、皆、自由に学ぶことができるのである。しかし、もし行を学ぼうとするならば、必ず有縁の法を履行せよ。少してあっても努力を用いれば多くの利益を得るからである（徒労に終わることがない）と」

【註釈】善導は、浄土を希求し往生を真摯に願う回向発願心の大切さを説き、非難に惑わされることなく一筋に往生を願えという。ここでは非難への答え方まで問答形式で教示している。法門は相対的であり、それぞれの縁によってさまざまな門が設えられてある。だから念仏門が他の法門から見て異質であっても非難すべきではない、という趣旨である。消極的な弁明に聞こえるが、これは過激な二河譬への導入部としてあくまで控え目な答え方で切り出しているように思える。

親鸞は「為此随縁起行　各求解脱（此れに為《よっ》て縁に随い行を起こして、各々解脱を求む）」を「此れを為《もっ》て縁に随いて行を起こして、各おの解脱を求めよ」と読んでいる。善導の文では、さまざまな法門があり、これに為《よっ》（縁）てそれぞれの縁に随い修行してさとりを求めるのである、だから念仏門の人を非難するには及ばないということであるが、親鸞は「為《もっ》て」と読み、「為」字の細注を上欄に付して、「為字　定也　用也　彼也　作也　是也　相也」と字訓釈をしている。種々に解釈されるが、始めの二訓を考えると、「定めて用いる」という意味になる。「用」は「いただく」の意味もあるので、「遇い得た本願を確かにいただいて、その本願の縁に随い念仏してさとりを求めよ」となり、秘められた善導による念仏の勧めになろう。相対的な善導の表現を絶対的な確信にしている。あとの文勢を考えると、むしろ善導の真意を読み取っている。

さらに善導は論難を防ぎ、回向発願心を確固たるものにするために譬えを引く。二河譬である。親鸞の引用は続く。

247

『観経疏』散善義　二河白道の譬喩

「また、すべての往生を願う人々に申し上げことには、今、さらに念仏行者のために譬喩（「喩」の字さとす）を説いて諭そう。その信心を護り、それによって異なる邪な考えの人々からの論難を防ぐつもりである。何となれば、次のようなことである。例えば、ある人が西に向かって行こうとした、百千里の道のりもあろう。突然、途中で二つの河に阻まれた。火の河が左手（南）に、水の河が右手（北）にある。二つの河はそれぞれ西の対岸までの幅が百歩もあり、底無しに深く、南北には果てしがない。しかし確かに水と火の河の間に一本の白道がある、幅は僅か四、五寸ほどに違いない。この道は向こうの西岸まで、なんと長さは百歩もあり、波浪が打ち寄せ、道を濡らし、火焔もまた襲い、道を焼く。水火は入り乱れ、休むことはないであろう。この人は、すでに果てしない曠野に至っていたが、まったく人はいない。多くの群賊や悪獣が単独であることを見て、我先にと競って殺そうとした。死を恐れて、すぐに走って西に向かうが、忽ちにしてこの大河をまのあたりにして、進退窮まり行き悩んで思うことには、〈この河は南北に果てしがない。真ん中に白道があるが極めて狭い。西岸まで遠くはないが何を頼りにして渡ればよいのか。ここで今、必ず死ぬであろうことは疑いない。確かに、東へ引き返そうとすれば群賊や悪獣が迫っている。確かに、南や北に逃げようとすれば悪獣や毒虫が競って向かってくる。確かに、西へ向かって白道を辿って行こうとすれば、また、おそらくは水と火の河に堕ちるであろう〉と。時に臨んで、恐怖はいうにいえないほどであった。そこで考えることには、〈私は今、引き返しても死ぬであろう、とどまってもまた死ぬであろう、進んでもまた死ぬであろう。どれ一つとして死を免れないならば、私はむしろこの道を辿って進んで向こうへ行こう。すでにこの道はある。必ず渡ることができるだろう〉と。このように思った時、東の岸に突然、人の勧める声を聞く、〈汝、ただ覚悟してこの道を求めて行け、決して死ぬことはないであろう。もしとどまるならば忽ちに死ぬであろう〉と。また、西の岸の上に人影があって喚《よ》んでいうには、〈汝、一心に正念にして直ちに来れ、我れは汝を護ろう。諸々の水火の難に陥ることを畏れるな〉と。この人は、まさに、こちらからの送り出す声、向こうからの喚ぶ声を聞いて、自ら確かに全身に受容し決心して、道を求めてまっすぐに進み、疑い怯み退く心なく、一歩二歩すると、東岸の群賊らが喚《わめ》いていうには、〈汝よ、帰ってこい、その道は険しいぞ。向こうに行くことなどできないだろう。きっと死んでしまうことは疑いない。我らはみんな悪心があって敵対することはない〉と。この人は喚び返す声を聞いても、また振り返ることなく、一心にまっすぐ進み、道を信じて行けば、しばらくして西岸に着き、遥かに難を逃れ、善友と会い、喜びは尽きることがなかった、というようなことである。以上は喩えである」

【註釈】善導は回向発願心を譬喩によって説明している。疑うことなく一心に白道を行く回向発願する行者の信心を守ろうとするための譬喩である。親鸞は回向を如来回向と考え、この譬喩を、阿弥陀仏の招喚による金剛心の獲得へと重心を移すが、今は自釈を挟まず引用を続ける。

次は、善導自身による懇切な譬喩の解説（合法段）である。

『観経疏』散善義　譬喩合法

「次に、この喩《たとえ》（「喩」の字おしえなり）を法義に合わせて解説する。〈東岸〉とは、この娑婆の火宅を喩えるのである。〈西岸〉とは、極楽の宝国を喩えるのである。〈群賊・悪獣が詐り親しむ〉とは、衆生の認識機能やその対象、存在の要素など煩悩世界のすべてを喩えるのである。〈人のいない遥か広大な河原〉とは、常に悪友ばかりと付き合い、真の善知識に出遇えない世界を喩えるのである。〈水火の二河〉とは、衆生の貪愛は水の如しと、瞋憎は火の如しと喩えるのである。〈中間の白道四、五寸〉とは、衆生の貪愛と瞋憎の煩悩の中に、よく〔如来が〕清浄な往生を願う信心を生じさせる（坂東本の読み）ことを喩えるのである。さらに、貪愛と瞋憎は凄まじいので、水火の如しと喩え、善心（信心）は微かであるから、細い白道の如しと喩える。また、〈波浪が道を休みなく濡らす〉とは、貪愛の煩悩が休みなく起こり信心を汚そうとすることを喩えるのである。また〈火焔が休みなく道を焼く〉とは、瞋憎の煩悩が功徳の法財（信心）を焼くことを喩えるのである。〈この人が、道を行き、まっすぐに西へ向かう〉とは、あらゆる行業の功徳を浄土へ振り向けて（回して）まっすぐに浄土に向かうことを喩えるのである。〈東岸の人の声が勧めておやりになるのを聞いて、道を求めてまっすぐに西へ進む〉とは、釈尊はすでに入滅されてのちの人はお目にかかることはないが、なお残された教法を尋ね聞くことはできることを喩え、これ（教法）を声の如しと喩えるのである。〈行くこと一歩二歩すると群賊らが喚び戻す〉とは、浄土の教えと異なる学識や行法、悪い見解を持つ人らが、根拠なく説く見解で代わり合って惑わし、且つ行者自らも罪を造ってさとりの道を失う（「妄説し見解をもって迭《たが》いに相《あい》惑乱し、及び自ら罪を造りて退失す」坂東本の読み）ことを喩えるのである。〈西岸上に人ありて喚び続ける〉とは、阿弥陀仏の本願の心を喩えるのである。〈しばらくして西岸に着き、善友と会って喜ぶ〉とは、衆生は長い間、迷いに沈み、大昔から輪廻し顚倒し、この自らの煩悩（纏）の身に解脱するすべはないが、仰げば、釈尊が差し向け教えて西方へ向かわせようとされる勧めを蒙り、また阿弥陀仏が大悲心によって招喚なされることを頼りとして、今、二尊のお心に信順して、水火二河を顧みず、時々刻々忘れることなく、かの本願力の道に乗じて、命終わってかの浄土に生まれることができ、仏と相見え、慶喜することはどうして極まりがあろうかということを喩えるのである。

また、一切の行者よ、行住坐臥に、身口意の三業に亘って修する所が、昼夜、時期を問わず、常にこのように二河の譬喩の意義を理解し、常にこのように往生確信の思いをなすがゆえに〈回向発願心〉という。また、〈回向〉とは、浄土に生まれたのち、戻り帰って、大悲心を起こし迷いの世界に入り衆生を教化する、これもまた〈回向〉というのである。

以上の三心が悉く具われば行が成就しないことはない。願と行が悉く成就して、もし往生しないなら（若不生者）、そのような道理は決してないのである。また、この三心は〈散善に限らず〉定善の道もまた包摂（通摂）する、と。よく知るべきである」と。已上

【註釈】 善導による譬喩の解釈と三心のまとめが引用された。善導は、全身全霊で往生を信じ浄土を願う回向発願心に収斂される三心の大切さを説く。文中の「回して（あらゆる行業の功徳を浄土へ振り向けて）」はその回向発願心であるが、親鸞は、『唯信鈔文意』にあるように「回心」を「自力の心をひるがえし、すつる」の意味で読んで「金剛の信心のおこる」と同じ位相でとらえている（『真宗聖典』六七七頁）。親鸞は、釈迦の発遣と阿弥陀仏の招喚が衆生の煩悩の中に交差して生じせしめられる信心が譬喩の核心部であると読み取っている。

また、善導が「譬喩」の「譬」と「喩」を微妙に使い分けていることに、親鸞は注意して、上欄注に「喩の字　さとす」（『真宗聖典』二四七頁）、「喩の字　おしえなり」（『真宗聖典』二四八頁）と記し、この二河

喩がたとえ話ではなく、善導の教えであり、諭しであることを示している。

文中の「妄説し見解をもって迭《たが》いに相《あい》惑乱し、及び自ら罪を造りて退失す」は、坂東本の訓点による読みである。通常は「妄りに見解を説きて迭いに相惑乱し、及び自ら罪を造りて退失す」と読むが、意味に違いはないようである。

終尾にある「通摂（包摂）」は、善導と同時代の玄奘の訳である『大毘婆沙論』などの注釈書に頻出する語である。やはり同時代の華厳教学を大成した法蔵の『華厳経探玄記』では、「信満入位之際　通摂一切後諸位皆在此中　無不具足（信満入位の際に、通じて一切の後の諸位を摂して皆此の中に在りて具足せざること無きなり）」（『大正蔵』三五、一七六頁上）とあり、十信位の最後の信満位はあとの一切の地位《じい》を通摂するという。信にすべてが包摂され、すべてが具足するという点には共通するものがある。

次の引用は、善導の『般舟讃』の冒頭の文である。

『般舟讃』序の文

また云うには、「敬って一切の往生を願う朋友に申し上げることには、大きにかたじけなく思うべきである（大きに須く慚愧すべし）。釈迦如来はまことに慈悲溢れる父母である。さまざまな方便をもって、我らの無上の信心を開き起こしなされた」と。已上

【註釈】行者が白道を進むことができたのは、阿弥陀仏の招喚と共に釈尊の発遣による所である。白道が釈尊の示す真実の仏道であることを善導は宣言している。我らに無上の信心を発起せしめることが釈尊の

本意であるという、二河譬を総括する意味の引文である。

「大きに須く慚愧すべし」は、深励が「中夏の俗語に忝なやと禮を云ふ所に此慚愧の言葉を遣ふ」（『教行信證講義集成』第五巻、五一二頁）と指摘して、「かたじけない」の意味としている。

次の引用は善導の『往生礼讃』の文であるが、親鸞は直接『往生礼讃』から引用せず、唐の智昇が撰述した『集諸経礼懺儀』所収の『往生礼讃』の文を引用している。引用に先立って、唐の徳宗の勅命により円照が編集した『貞元新定釈教目録（貞元録）』から『集諸経礼懺儀』の書誌を抄出し、次に自釈でそれよりの引用であることを断り、続いて『往生礼讃』前序にある簡潔な深心の釈と初夜讃の偈文を引用する。

250
『貞元録』の文

『貞元の新定釈教の目録』巻第十一に云うには、「『集諸経礼懺儀』（上下）は唐の西崇福寺の沙門智昇の撰述である。貞元十五年十月二十三日の勅命に準じて大蔵経の中に勘考され編入された。上巻は智昇が諸経に依って礼懺儀（礼仏と懺悔の儀則）を造る中で、『観無量寿経』に依る礼懺儀に、善導の『往生礼讃』の日中に勤める偈文を引いている。下巻は善導の集記を採録」という。

250
『往生礼讃』（『集諸経礼懺儀』所収）の文

『集諸経礼懺儀』所収の『往生礼讃』より重要な文を抜き出す。云うには、「〔三心の〕〈第二は深心である（二者深心）〉つまり、これは真実信心である。自身は煩悩を具足している凡夫であり、善根は少なく、三界に流転を繰り返して苦しみの世界を出ることはないと信知し、今、弥陀の本願は、名号を十声まで称え聞信（下至十声聞）する者は、必ず往生を得させる（坂東本の読み）と信知して、一念までも疑いの心がない。ゆえに〈深心〉（真実信心）というのであると。（乃至）阿弥陀仏の名号を聞き得て、歓喜し一心を尽くせば（至一心）、皆必ず浄土に生まれることができる」と。抄出

【註釈】 親鸞は『往生礼讃』の文を『集諸経礼懺儀』より孫引きの形で引用している。しかも『集諸経礼懺儀』の解題まで付けている。経録に拠ったことで出処の精確であることを示すため（山邊習學・赤沼智善『教行信証講義』六六八頁）という解釈もあるが、親鸞のこのような作業には必ず作意がある。『往生礼讃』は所収の経録などによって文の異同が見られる（『聖典全書』一・解説、九〇八頁）が、特にここで親鸞が引用する『集諸経礼懺儀』所収では、鎌倉時代の刊本に「及称名号下至十声一声等（名号を称すること下十声一声等に至るに及ぶまで）」とある所を「及称名号下至十声聞等（名号を称すること下至十声聞等に及ぶまで）」としている。「一声」が「聞」になっている。そのことによって一声の称名行が信を表す聞信の意味になり、後続の「一念」と連接して一念の信を示す文になる。

また、中略（乃至）の後の第二文は章段も異なる離れた箇所からの引用であるが、「至一念（一念に至るまで）」とある所を「至一心（一心を至せば）」とした『集諸経礼懺儀』所収の『往生礼讃』の文である。行の意味も持つ一念を完全に信を表す一心とすることで、本願成就文と同意文になった。『観無量寿経』の三心は第二の深心に収斂され、さらに、それは『無量寿経』の本願成就文の「信心歓喜乃至一念」へと合一したのである。それが親鸞の二河譬の帰結である。

親鸞は引用する文献の語句を一字一句変えることなく、しかし異本の語句を参照して用い、また訓点を

変え、送りがなを付け替えたりしながら、厳密に紙背を読み取ることで自身の思想を構築する。親鸞はそこに注釈などを加えないので目立つことはないが、ここにもその手法が鮮やかに表れている。限られた環境の中で典籍を読み抜き、構想していく思索の強靭さと精緻さが感じられる。

次は『往生要集』から二文の引用である。第一文（巻上末）では、この信心が菩提心であることを端的に言い切る。第二文（巻中本）では、源信が「大悲無倦　常照我身」と表白する。

251

『往生要集』の文

『往生要集』に云うには、「『華厳経』（入法界品）にいうことには、〈例えば、人が不可壊の薬（不死身になる薬）を得れば一切の敵には手立てがないように、菩薩もまた同様であり、菩提心という不可壊の法薬を得れば、一切の煩悩や悪魔も敵も傷つけることができないのである。また、人が住水宝珠（水中にとどまることのできる宝珠）を得て身に飾れば、深く水中に入っても溺れないように、菩提心という住水宝珠を得れば生死（迷い）の海に入っても沈むことはない。また、金剛は百千劫の間、水中にあっても壊れたり、また変異しないように、菩提心もまた同様であり、無量劫の間、生死の中、多くの煩悩に塗れても消滅することも損減することもない〉」と。已上

また云うには、「〈阿弥陀仏の光明は十方を照らし念仏の衆生を摂取して捨てることがなく〉我れもまた、阿弥陀仏の摂取（救済）の中にありながら、煩悩が眼を障《さえぎ》り、仏を見たてまつることはできないけれど、しかし仏の大悲は倦むことなく常に我が身を照らしてくださる」と。已上

【註釈】第一文は、『往生要集』に引用されている『華厳経』の文である。孫引きの形になっている。文字の異同は、『華厳経』では「不壊の法薬」とある所が、『往生要集』の引用では「不可壊の法薬」になっているだけであり、『華厳経』から直接引用すればよさそうであるが、そうしないということは、親鸞が『往生要集』を通して『華厳経』の文に出会ったと考える向きもある。

しかし、信巻の文脈を辿って考えてみれば、冒頭で、大信心を「証大涅槃の真因」といい、その本源は本願の三心（至心・信楽・欲生）にあり、世親の表白である「我一心」に成就していることを『浄土論註』文の引用で示している。その一心（信心）の内容を明確にするため『観経疏』を引用して、『観無量寿経』の三心は深心に収まり、深心は深信の心であり、金剛の如きであると、着実に進行する文脈である。ここではその帰結として、金剛の如き真実信心は『華厳経』のいう菩提心であるという。しかし、親鸞は同じ主題の下での引文は経、論、釈の順で引用する。釈文のあとに『華厳経』の経文が引用されるのでは逆になってしまう。だから釈である『往生要集』からの孫引きにしたと考える向きもある。

しかし内容から考えると、引文の第二文は正信偈にも依用されるように親鸞にとって大切な文である。第一文は、信心は金剛の如き菩提心であり、煩悩によって消えることも減ることもない、ということであった。どうして金剛の信心であるのか、それは摂取のゆえである、ということを第二文は答えている。『唯信鈔文意』にも「この信心は、摂取のゆえに金剛心となれり」（『真宗聖典』六八一頁）とあるように、金剛であることの理由は意志の堅固さにあるのではなく如来の摂取不捨にあることは、親鸞が諸処で説いている。『往生要集』の二文は巻上（『聖典全書』一、一〇八七頁）と巻中（『聖典全書』一、一二〇八頁）に離れてある文であるが、親鸞はその関連性に着目し、大信の文証の結びとして、金剛心とその理由を示す文としてここに併せて引用したと考えるほうが妥当であろう。
長い引文がいったん終わり、次に親鸞は、以上を自釈でひとまず結ぶ。「総結」といわれる。

252

総　結

〔以上の引文で明らかである〕されば、あるいは行、あるいは信、一つとして阿弥陀如来の清浄願心が回向成就なされたものでないものはない。〔この如来回向成就の信が涅槃の因であり〕涅槃は無因ではなく、またこれ以外の因があるのではないのである、と。よく知るがよい。

【註釈】この文は、その簡潔さと、また、原型がすでに『浄土論註』にあることによって、却って難解である。如来回向の行信が往生の因であり、ほかにはないという解釈が大方であるが、親鸞は直前で信心が菩提心（涅槃の因）であることを引文によって婉曲に示し、このあと「涅槃の真因は、唯、信心を以てす」と述べているので、前後関係から「因」を涅槃の因とした。
次に親鸞は問答を通じて信を究明していく。巻頭の別序に、難渋を極めたあとと想像するが、自信と感動をもって、「且く疑問を至して、遂に明証を出だす」と述べている。ここは、そのように予告されていたことの内容になる。「三心一心問答（三一問答）」と呼ばれてきた。

252

三心字訓釈

問う。如来の本願には、すでに至心、信楽、欲生と誓いを発しておられる。どのようなわけで論主（天親）は「一心」といわれるのか。

答う。愚鈍の衆生に理解しやすくさせるためである。阿弥陀如来は三心の本願を発されるが、涅槃の真因はただ信心をもってする。ゆえに世親は、阿弥陀如来の発された三心を、合わせて「一心」となされたのであろうか。

私如き者であるが、三心の字訓を伺うと、三心は、きっと一心であろう。その考えはどうしてかというと、「至心」の「至」は真であり、実であり、誠である。「心」は種であり、実である。「信楽」の「信」は真であり、実であり、誠であり、満であり、極であり、成であり、用であり、重であり、審であり、験であり、宣であり、忠である。「楽」は欲であり、願であり、愛であり、悦であり、歓であり、喜であり、賀であり、慶である。「欲生」の「欲」は願であり、楽であり、覚であり、知である。「生」は成であり、作（為、起、行、役、始、生）であり、為であり、興である。

これで明らかに知った。「至心」は真実誠種の心（涅槃の因種である真実誠の心）であるから疑いは雑じることはない。「信楽」は真実誠満の心（真実誠が満ちた心）であり、極成用重の心（極まり成就した功徳を用い重んじる心）であり、審験宣忠の心（明らかで二心なき心）であり、欲願愛悦の心（願い悦ぶ心）であり、歓喜賀慶（歓喜・慶喜）の心であるから疑いは雑じることはない。「欲生」は願楽覚知の心（願いが明確になる心）であり、成作為興の心（仏と成り衆生を救わんとする心）であり、すべて大悲回向の心であるから疑いは雑じることはない。

今、このように三心の一字一字の意味を考えてみると、いずれも真実の心であり虚仮が雑じることはなく、正直な心であり邪偽が雑じることはない。これによって真に知った。疑いが雑じらない心のゆえにこれを「信楽」という。「信楽」はすなわち一心であり、一心はすなわち真実信心である。このゆえに世親は、『浄土論』の始めに「一心」といわれているのである、と知るべきである。

【註釈】三心一心問答の第一問答（三心字訓釈）である。天台宗で用いられていた字訓によって言葉の意味を解釈する方法で、親鸞は、三心は一心（信楽　真実信心）に帰納されることを証明した。続いて第二問答（三心仏意釈　別相釈）である。

254

三心仏意釈

また問う。字訓の通りで、世親の意趣である三心を一心とする意義は道理に合うのであるが、それでは、愚悪の衆生を救うために阿弥陀仏はすでに三心の願を発しておられる。これはどのように考えればよいのであろうか。

答う。仏のお心を測り知ることはできないが、しかし、畏れながらそのお心を推察するに、一切の群生海は、遥か昔より今日の今まで煩悩に塗れて清浄な心はなく、虚仮と偽りで真実の心はない。こういうわけで、如来は苦悩する衆生海を悲しんで、永劫の間、菩薩の行を行じられる時、三業の行為は一念も一瞬として清浄ならざることはなく、真心ならざるはない。如来はこの清浄の真心をもって、円融無礙、不可思議、不可称、不可説の至徳（名号）を成就され、如来は至心をもって迷いの一切の煩悩、悪業、邪智の群生海に回施された。ここに如来はその利他の真心を彰すのである。ゆえに疑いは雑じることはない。この至心は、それをもって成就した至徳の尊号（名号）を体（本体）として〔衆生に回向されて〕いるのである。

【註釈】先に、世親が一心といった意味は明らかになったが、如来が至心、信楽、欲生と誓われた意味を親鸞はここで問う。まず、至心がなぜ発されたかについての考察（至心釈）である。煩悩に塗れた衆生を救うには、煩悩の対極である清浄な真心をもってするほかはない。膨大な真心の蓄積によって法蔵菩薩は至徳の尊号を成就された。尊号は法蔵菩薩の真心（至心）によって成就したので、尊号を体として至心は衆生に回向されるのであるという。

親鸞はこのように、論理を尽くして三心の構造を明確にしていく。これは当巻の始めの部分に引用され、親鸞が「諸有衆生、其の名号を聞きて信心歓喜せんこと乃至一念せん。至心に回向せしめたまえり」と読む本願成就文を基調としている。

次は、至心の内容を明瞭にするための引文である。

255

『無量寿経』の文

そうであるから『無量寿経』に言うには、「〔法蔵菩薩は〕欲と怒りと害心と、その思いすら起こすことはない。すべての対象に執着をせず、堪え忍ぶ力を身につけ、あらゆる苦を顧慮せず、少欲知足にして、貪欲、瞋恚、愚痴の煩悩はない。心は静まり、智慧に限界はなく、虚偽《いつわり》や諂曲《へつらい》の心はない。和顔愛語にして、衆生の意を先《あらかじめ》知り、その意を承けて慰問する。恐れることなく精進し志《こころざし》は倦むことがない。ひたすら清らかな白法を求め、それを群生に恵み与えていた。三宝を敬い〔福徳荘厳を成就し〕、師長に仕え

〔智慧荘厳を成就し〕た。〔三宝は福田であり、敬えば広大な福を得、福徳荘厳を成就し、師長に仕えれば教えをうけて智慧が生じ、智慧荘厳を成就する〕この福智二荘厳によってあらゆる行を具え、あらゆる衆生に功徳（名号）を成就せしめる」と〔釈尊が〕いわれたと。已上

【註釈】 法蔵菩薩の至心と回向の内容が説かれる経文の引用である。このような法蔵菩薩の至心なる行は究極の大乗菩薩行である。大乗の菩薩が仏に成るための修行には福徳門と智慧門があり、六波羅蜜はこの二種に配当される。智慧を磨く行である智慧門と、他者に恵みをもたらす行である福徳門である。大乗菩薩は、この福智二行の功徳でその身を荘厳するといわれる。

親鸞は、この『無量寿経』の文を解釈する憬興の『述文賛』を行巻に引用している（『真宗聖典』二〇〇頁）が、憬興は恭敬三宝を福徳荘厳に、奉事師長を智慧荘厳に配当している（『大正蔵』三七、一五四頁中）。通常、六波羅蜜の布施・持戒・忍辱・精進・禅定・智慧の前の五を福徳荘厳に、後の一を智慧荘厳に配当し、あるいは前の三を福徳荘厳に、後の一を智慧荘厳に、中の二を両方に通じるとする説などがあるが、恭敬三宝と奉事師長という信による帰依や帰順の行を大乗の菩薩行の基本にする所に、憬興の独自性がある。それに依りながら補足して訳した。

次は異訳の『如来会』の引用である。

『如来会』の文

『無量寿如来会』に言うには、「釈尊が阿難に仰せになるには、〈かの法蔵菩薩は、世自在王仏及びもろ

もろの天、人、魔、梵天、沙門、婆羅門などを前にして大誓願を発した。それはすべて、すでに成就なされた。世にも希有であり、すでに誓願を発し終わり、真如に安住する。さまざまな功徳を揃い整え、威徳広大な清浄仏土を荘厳した。このような菩薩の行を修め続けて、果てしない時間を経た。その間、一度も貪、瞋、痴、欲、害、恚の思いを起こさず、すべての対象に執着の思いを起こさず、すべての衆生を敬愛しようとしては、あたかも親族に対するが如くである。（乃至）その性質は穏やかで粗暴な所はなく、どのような者にも、常に慈悲と忍辱の心をもって詐《いつわ》り諂《へつら》わず、また怠ることもない。正しい言葉で策励し、あらゆる白法を求めさせ、あらゆる群生のために、勇ましく退くことなく、世と人々を利益され大願を成就された〉」と。略出

【註釈】『如来会』の文が引用された。直前の『無量寿経』の文と同じように法蔵菩薩の至心に基づく永劫の修行が詳説されるが、特にこの経文では、至心に基づく本願が成就し、「威徳広大清浄仏土」が荘厳されたことが説かれる。清浄仏土が膨大な如来の至心の蓄積によって形成されたということは、この清浄仏土へは、如来の至心に由るほかに生まれることはできないという展開が予想されている。

次の『観経疏』からの引文では、如来の真実心によって成就した浄土へは、真実に由る以外に生まれることはできないことが説かれる。この『如来会』の文は、前の『無量寿経』の文と次の『観経疏』の文を連接する役目も果たしている。

『観経疏』の文

光明寺の和尚（善導）が云うには（散善義）、「この雑毒の善行の功徳を回向して浄土への往生を求めてもそれはきっとよくないのである。なぜなら、阿弥陀仏は菩薩の行を行じていた時、一瞬に至るまで、三業の行為は皆、真実心においてなされたからである。すべて如来が与えてくださる真実に由って浄土を求める道（施為趣求）もまた皆、真実である。また、真実には二種ある。第一は自利（自力）の真実であり、第二は利他（他力）の真実である。（乃至）不善の三業で修める自力の行業は、必ず如来が真実心においてなされたものを捨てになった如くにせよ。また善の三業による行業を起こすならば、必ず如来が真実心においてなされたものを須《もち》い、聖者や凡夫、智者や愚者を問わず（不簡内外明闇）、真実を須いるから〈至誠心〉という」と。

抄要

【註釈】当巻で、先に引用された善導の至誠心釈の後半部が再度引用されている。前の引用の所で解説したが、善導が解釈する衆生の至誠心を、親鸞は読み替えによって、如来の至心を必要とする道として提示している。『無量寿経』の引文からの文脈を辿ると、法蔵菩薩は至心に修行され、その功徳を衆生に回向する。法蔵菩薩の本願は成就し、浄土は荘厳された。浄土はこのような法蔵菩薩の真実心によって成就したので、往生するには、この如来（法蔵菩薩）の真実心（至心）に由るほかはないということになる。

次は至心の結釈である。

257

結釈

されば、このように釈尊の偽りなき真実の言葉と善導の解釈によって信知した。この心は、不可思議、不可称、不可説なる本願一乗大智願海より回向される利他（他力）の真実心である。これを至心という。

今、「真実」といったが、「真実」とは、

『涅槃経』に言うには（聖行品）、「究極の真実は唯一無二の清浄な道である。その〈真実〉とは如来である。如来が真実である。また真実は虚空である。虚空が真実である。また、真実は仏性である。仏性が真実である」と。已上

『観経疏』（散善義）には、「不簡内外明闇（外面は賢者（明）の如く振る舞い内心は愚か（闇）であるような簡《えら》び別けがあってはならない）」と云っているが、〔次に引く『涅槃経』の如く〕「内外」とは、「内」は出世間であり、「外」は世間である。「明闇」とは、「明」は出世間の智者であり、「闇」は世間の愚者である。また、「明」は智明であり、「闇」は無明である。〔そうであるから、智者も愚者も簡ばない本願の真実を善導は示そうとしているのである〕

『涅槃経』に言うには（迦葉菩薩品）、「闇は世間であり、明は出世間である。また、闇は無明であり、明は智明である」と。已上

【註釈】仏が至心を発された意を考察する章段が結釈された。文脈を辿ると、虚仮と偽りで真実の心はなく苦悩する衆生を悲しむ如来は、真実心（至心）によって救おうとなされた。この真実心は他力の信心として衆生に成就するのである。真実とは如来であり、虚空であり、仏性であって、衆生の範疇ではない。

善導が「不簡内外明闇」というのは、内外相応して裏表なく真実であれという表層の意味だけではなく、『涅槃経』にあるが如く、「内」は出世間、「外」は世間、「明」は智明、「闇」は無明であるから、出家者であろうと在家者であろうと、智者であろうと愚者であろうと簡ばない（不簡）本願の真実（至心）性をいわんとするのである。至心は、聖者と凡夫を分け隔てすることなく（不簡）、名号を体として衆生に回向されるのである、ということになる。

親鸞は『観経疏』の文をこのように読み替えた根拠を『涅槃経』に求め、周到に、ここに併せて引用し、論拠を明示している。次は信楽釈である。

信楽釈

次に、「信楽」とは如来の満足大悲、円融無礙の信心海である。ゆえに疑いは雑じることはない。それゆえ「信楽」という。つまり他力回向の至心を信楽は体とするのである。

しかしながら、遠い過去からそれ以来ずっと、一切の群生海は無明海を流転し、諸有輪（迷いの世界）に沈み、衆苦輪（苦の世界）に縛り付けられて清浄な信楽はない。元より真実の信楽はない。これによって無上の功徳に遇い難く、最勝の浄信は得難い。一切の凡夫は一切の時に、貪愛の心が常に善心を汚し、瞋憎の心は常に仏法の功徳を焼く。必死になって、頭髪についた火を払い消すようにし〔行じ〕ても、それはすべて「雑毒雑修の自力の善」という。また「虚仮諂偽（うそ・へつらい・いつわり）の行」という。「真実の業」とはいわないのである。この虚仮雑毒の善行によって浄土に生まれようとしても、これはきっとよくないのである。なぜかというと、まさしく如来が菩薩行を行じなさった時、三業の行為は一念一瞬に至るまで、疑いは雑じることがなかったからである。この心（信楽）は、如来の大悲心であるから、必ず報土（本願に報われた土、浄土）の正因となる。如来は苦悩する群生海を悲しみ、無礙広大な浄信をもって諸有海（迷いの世界）に回施なされた。これを「如来利他（他力）の真実の信心」という。

【註釈】信楽釈始めの自釈である。親鸞の思索の跡が消えないよう元の言葉を残した。衆生には真実の信楽は元よりなく、自力（疑心）の善や行で往生しようとするが、如来が無疑の心で行ぜられて成就した浄土への往生は叶わない。それゆえ苦悩せざるを得ない衆生を悲しみ、大悲の信楽を衆生に回施された。これが他力の信心であり、浄土に生まれる正因であるという。

これから、この「信」が仏教の歴史上、どのような意義を持つのかについて、大乗の仏教者として親鸞の究明が始まる。まず本願成就文が、『無量寿経』と『如来会』から引用される。当巻の始めに成就文の全文が引用されたが、ここでは信に関する前半部分が引用される。

『無量寿経』『如来会』の本願信心願成就文

本願信心の願成就文を『経』（無量寿経）に言うには、「迷い（諸有）の衆生は、その名号を聞いて信心歓喜する一念が生ずるであろう」と。已上

また言うには（如来会）、「他方の仏国のすべての衆生は、無量寿如来の名号を聞いて、よく一念の浄信を発して歓喜するであろう」と。已上

【註釈】両経から成就文の引用である。先（当巻始めの成就文引用部）に触れたように、『無量寿経』の成就文にある「一念」は、『如来会』の成就文によって「一念の浄信」であることが明確になっている。諸仏が称讃する無量寿仏の名号を聞く衆生に浄信が生ずる、ここに如来の信楽が回向され衆生の信として成就することが示される。

これは、誰もがさとりを開く道という大乗仏教の課題下で考えると、煩悩と菩提、如来と衆生のきわどい接点を明らかにしている。如来の大悲心である信楽は如来の性《しょう》、つまり仏性であるが、それが諸仏の称名によって煩悩の衆生のうえに一念の浄信として成立するという壮大な提案である。

この成就文の「諸有の衆生」は通常、「あらゆる衆生」であるが、前段の自釈に「諸有輪」「諸有海」とあるので、文脈から「迷い（煩悩）の衆生」の意とした。

誰もがさとれる道を大乗は標榜するが、煩悩と菩提の接点が明らかにならないと、大乗のさとりも救済も実現不可能である。煩悩を断つことのできない衆生が、自己欺瞞に陥ることなく、煩悩を超えたさとりを開く。それは大乗仏教が掲げた旗印でありながら、解決困難な課題である。三心一心問答はその難問への親鸞の挑戦である。親鸞は主要な大乗経典であり、釈尊入滅時と成道時の説法である『涅槃経』と『華厳経』にその解を求めようとする。

『涅槃経』獅子吼菩薩品の文

『涅槃経』に言うには、「獅子吼菩薩よ、大慈大悲（四無量心の慈と悲）を〈仏性〉とする。なぜなら、大慈大悲は常に菩薩に随うこと、影が形に随うようである。一切の衆生は遂に必ずこの大慈大悲を得るのである。ゆえに〈一切衆生悉有仏性〉と説かれたのである。大慈大悲を〈仏性〉という。仏性を〈如来〉という。また、大喜大捨（四無量心の喜と捨）を〈仏性〉という。なぜなら、菩薩大士が、もし迷いの世界になしうることがなければ（二十五有に能わず）、無上菩提を得ることはできない。一切の衆生は遂に必ずこの大喜大捨を得るゆえに〈一切衆生悉有仏性〉と説かれたのである。大喜大捨は仏性である。仏性は如来である。また、仏性を〈大信心〉という。なぜなら、信心によって菩薩大士は布施波羅蜜から般若波羅蜜までの六波羅蜜の行をすべて具えているからである。一切の衆生は遂に必ずこの大信心を得るゆえに〈一切衆生悉有仏性〉と説かれたのである。大信心は仏性である。仏性は如来である。また、仏性を一子地（衆生を自分の一子のように案ずる境地）という。なぜなら、一子地によって菩薩は一切の衆生に対して平等な心を得たのである。一切の衆生は遂に必ずこの一子地を得るゆえに〈一切衆生悉有仏性〉と説かれたのである。一子地は仏性である。仏性は如来である」と。已上

【註釈】『涅槃経』獅子吼菩薩品からの引用である。唐突に四無量心が出て来たように見えるが、四無量心（慈悲喜捨）は仏教の初期から大切にされてきた利他の心である。仏徳を表す時には「大」をつけて大慈、大悲というが、特に大悲は仏徳の象徴である（『岩波 仏教辞典』「慈悲」項）。直前の自釈で「斯の心（信楽）は即ち如来の大悲心なるが故に」とあるから、如来の大悲心である信楽の意味を展開するための引用である。

元の『涅槃経』の経文では、釈尊が獅子吼菩薩に、大慈大悲は仏性であると説き、その理由を説明する。大慈大悲は、影が形に従うように求道者（菩薩）に自ずから具わる心である。だから衆生も道を求める心

を発せば必ず大慈大悲が具わるのである。大慈大悲は仏性である。だから「一切衆生悉有仏性」と説いたのである、という文脈である。また、大喜大捨は仏性である。求道者は迷いの世界を捨てるからさとりを得るのである。だから衆生も道を求める心を発せば迷いを離れ、自ずからこの大喜（他者の幸せを喜ぶ心）と大捨（とらわれを捨てる心）を得るのである。大喜大捨は仏性である。ゆえに「一切衆生悉有仏性」と説いたのである、と続いている。菩提心を発せば自ずから四無量心が菩薩に具わり、それは仏性であるから必ずさとりを得るのである、ということである。

親鸞は、「迷いの世界を捨てることができなければさとりを得ることはできない（二十五有を捨つること能わずは、すなわち阿耨多羅三藐三菩提を得ること能わず）」とある『涅槃経』の文を、「二十五有に能わずは、則ち」として「捨」を省いている。古来、「捨」を加えないと意味が通らないとして「捨」を加え、『涅槃経』文に戻して解釈されてきた。しかし、「能う」は動詞に付かない時は「できる。なしうる」の意味を持つ（『日本国語大辞典』）。すると、「二十五有に能わず」は、菩薩が、もし「迷いの世界になしうることがなければ」さとりを得ることはできないのである、という意味になる。そうすれば、ここの菩薩は求道者ではなく法蔵菩薩であり、法蔵菩薩が衆生になしうることがなければさとりを得ることはない、という誓願が説かれていることになる。

全体をこの構想で読めば、利他の心であり大悲心に収斂される四無量心は、法蔵菩薩の願心であり、衆生に大悲の信楽として回向されるのである、ということになる。だから次に、「大信心は仏性である」という文へと続くのである。衆生に菩薩の道を勧め、菩薩の道を進むなら自ずから四無量心が具わり、それは仏性となって必ずさとりを開くことができるのであるという『涅槃経』の文を、親鸞は法蔵菩薩の大悲心の展開として読み取ったのである。

四無量心に続く「仏性は大信心である」は、この引文の中核である。『涅槃経』文は、菩薩は信心を前提にして六波羅蜜の行を完成するので、衆生も菩薩の道へ進めば必ず三宝への信が生まれるのである。その信は来《きた》るべきさとりの因となるのである、という意味である。それを親鸞は利他真実の信心はさとりを開くべき報土往生の正因である、という先の自釈の典拠にしている。

「仏性は一子地である」もさまざまに解釈される。『涅槃経』文は、菩薩は一子地の位に入るので、すべての者を平等に一子のように見るのである。衆生も菩薩の道へ進めば平等な心を持つ一子地に入るのである。一子地は仏性であるから、すべての衆生に仏性があると説くのである、という意味である。しかし親鸞にとってこの菩薩は法蔵菩薩であるから、法蔵菩薩が一子のように衆生を平等に案じる心を、大悲の信楽において衆生は得るのである、という意味で読んでいるに違いない。

次の引文は『涅槃経』迦葉菩薩品からである。前の引文とは異なる章（品）から信心についての二文である。『涅槃経』がここで阿弥陀仏への信心を説いているわけではないが、親鸞は、如来の大悲心によって衆生に生じる信心がさとりの因であるということを示すものとして、また、生じた信の内容を示すものとして引用している。

260 『涅槃経』迦葉菩薩品の文

また言うには、「おそらくは、無上菩提について説けば、それは信心を因とする。菩提の因は、また無量であるとはいえ、もし信心を説くならば、そこにすでに摂め尽くされてしまう」と。已上また言うには、「信には二種ある。第一は、聞くことから生まれる信、第二は、思量することから生まれる信である。この人の信心は、聞くことから生じて、思量することから生じない、ゆえに〈不完全な信〉(信不具足)という。また、信には二種ある。第一はさとりがあると信じること、第二はさとりを得た人(得者)がいると信じることである。この人の信心は、ただ、さとりがあることを信じて、決してさとりを得た人がいることを信じない、これを〈不完全な信〉という」といっている。已上抄出

【註釈】『涅槃経』は、仏性が衆生にあることへの信を要請しているが、親鸞はこのように、本願の信楽の釈に用いて、如来の大悲心の回施による信心はさとりの因であり、またその信の重要な特質は、思量することと得道の人がいることが信じられること、としている。親鸞が考えていた信心は、思量なき服従でも、師なき独断でもないことがわかる。

次は釈尊成道時の説法である『華厳経』の三箇所からの引用であり、信心の功徳が説かれる。

『華厳経』入法界品の文(一)

『華厳経』(晋訳入法界品)に言うには、「この教えを聞き、信心歓喜して、疑いのない者は、速やかに無上菩提を成就するであろう。その者は、すべての如来と等しい」とある。

【註釈】晋訳『華厳経』(全六十巻)の第六十巻の巻末の文、つまり「六十華厳」の結びの文である。『無量寿経』の本願成就文と類似している。善財童子が善知識を訪ねる入法界品からの引用である。善知識の最

後、五十三人目である普賢菩薩を訪ねた童子に、普賢は究極の仏である毘盧遮那仏の法界を讃え、この法を信じる者はさとりに至るであろうと予言する。真実の仏の世界は阿弥陀仏の浄土であると考える親鸞は、それを本願成就文と重ね、阿弥陀仏への信心がさとりの因であることの証文にしている。

次も同じ『華厳経』入法界品であるが、唐訳（全八十巻）、つまり「八十華厳」の第六十巻末からの引用である。

261

『華厳経』入法界品の文（二）

また言うには（唐訳入法界品）、「如来は一切の衆生の疑いを永久《とわ》にお断ちになり、衆生の願いに随って普く満足させる」とある。

【註釈】 この文は菩薩が釈尊を讃える偈頌であるが、阿弥陀仏の本願の功徳を讃える文として親鸞は引用している。親鸞は旧訳も新訳も含め『華厳経』を精読し、注意深く経文を選び引用している。

次も『華厳経』（新訳　唐訳）から信心の功徳が説かれる文の引用である。

261

『華厳経』賢首品の文

また言うには（唐訳賢首品）、「信はさとりの因である。功徳を生む母であり、一切の善を育てる。疑いを断ち、煩悩を脱し、さとりを開かせる。信は煩悩がなく、清浄であり、驕慢心を除滅する。恭敬の因であり、また法蔵（功徳法の蔵）で最高の宝とする。信は清浄な手としてすべての行を受ける。信はよく施し、惜しむことはない。信はよく歓喜して仏法に入る。信はよく智慧と功徳を増加させ、信はよく必ず仏果に到る。信は感覚の能力を清らかで明瞭で聡くする。信の力は堅固であるから崩れることはない。信はよく永久に煩悩の元を断つ。信はよく専ら仏の功徳へと向かわせる。信は対象に執着することなく、難を遠ざけ苦難のない安らぎを得させる。信はよく魔の路を出て解脱の道を開かせる。信は功徳を生む朽ちない種である。信はよく菩提の樹を成長させる。信はよく勝れた智慧を増やす。信はよく一切の仏を現出させる。このようなわけで修行の次第からいえば、信楽は最勝で得ることは難しい。（乃至）もし常に諸仏を信奉すれば、すなわちよく大供養を積重する。もしよく大供養を積重すれば、その人は仏の不思議を信じる。もし常に尊い法を信奉すれば、すなわち仏法を聞いて倦《う》むことはない。もし仏法を聞いて倦むことがなければ、その人は法の不思議を信ずる。もし常に清浄僧を信奉すれば、すなわち信心の不退転を得る。もし信心の不退転を得れば、その人の信力は動揺しない。もし信力を得て動揺することがなければ、すなわち諸感覚の能力が清らかで明瞭で聡くなるであろう。もし感覚の能力が清らかで明瞭で聡くなれば、すなわち善知識に親しみ近づくことができる。善知識に親しみ近づくことができれば、すなわち広大な善根を積むことになる。もし広大な善根を積めば、その人はさとりの因となる力を成就する。もし人がさとりの因となる力を成就すれば、すなわち仏に成ることが決定したという勝れた確信を得る。もし仏に成ることが決定したという勝れた確信を得れば、すなわち諸仏によって守護される。もし諸仏によって守護されるならば、すなわちよく菩提心を発す。もしよく菩提心を発せば、すなわちよく仏の功徳を修め申す（坂東本の読み）。もしよく仏の功徳を修めれば、すなわちよく生まれて如来の家に住むであろう。もし生まれて如来の家に住むことができれば、すなわち善巧方便（善き巧みな手立て）の利他行を修めるであろう。もし善巧方便を修めれば、すなわち信楽の心は清浄になる。もし信楽の心が清浄になれば、すなわち力強い最勝の心を得る。もし力強い最勝の心を得れば、すなわち常に菩薩の行を修めるであろう。もし常に菩薩の行を修めれば、すなわちよく大乗の法が具わるであろう。もしよく大乗の法が具われば、すなわちよく教法の通りに仏を供養するであろう。もしよく教法の通りに仏を供養すれば、すなわちよく念仏の心は揺るぎない。もしよく念仏の心が揺るぎなければ、すなわち常に無量仏を観見するであろう。もし常に無量仏を観見すれば、すなわち如来の本性は常住であることがわかるであろう。もし如来の本性が常住であることがわかれば、すなわち法が長きに亘って不滅であることを知るであろう。もしよく法が長きに亘って不滅であることを知れば、すなわち弁才の無礙なること(四無礙弁)を得るであろう。もし弁才の無礙なることを得れば、すなわち広大な法を開き述べるであろう。もしよく広大な法を開き述べるならば、すなわちよく慈しみ愍れんで衆生を救うであろう。もしよく衆生を慈しみ愍れんで救うならば、すなわち堅固な大悲心を得るであろう。もし堅固な大悲心を得れば、すなわちよく甚深の法を信じ求めるであろう。もしよく甚深の法を信じ求めるならば、すなわちよく生滅するものに執着する過ちから離れるであろう。もしよく生滅するものに執着する過ちから離れるならば、驕慢と放逸を離れる。もし驕慢と放逸を離れるならば、すなわちよく一切衆生を区別せずに救うことができるであろう。もしよく衆生を区別せずに救うことができれば、すなわち迷いの世界にあって疲れ厭うことはないであろう」とある。略抄

【註釈】『華厳経』から壮大な信の世界を表現した文の引用である。文殊菩薩に促された賢首菩薩が、三宝を信じる功徳を偈頌で讃嘆する文であるが、親鸞は信楽の釈として引用している。信心がさとりの因であ

り、大乗の菩薩の要諦であることが示され、法蔵菩薩の本願の信楽の意義を表すのにふさわしい経文である。主要な大乗経典である『華厳経』と『涅槃経』に、信心が大乗の枢要として説かれているということは、親鸞のいう「浄土真宗」が、仏教の特異な一形態ではなく、始祖の正統を継ぐものであることを明らかにしている。

次は、経説である信が、大乗の論師である世親のうえに実現したとする曇鸞の文と、続いて同じく曇鸞の、すべての経典の始めの言葉は、枢要である信を表しているという二文の引用である。

263

『浄土論註』の文

『浄土論註』に曰うには、「〔三不心と相違するを〕〈如実修行相応〉という。ゆえに世親は『浄土論』の始めに〈我一心〉といわれている。〔この一心は如実修行相応（本願に相応する信）である〕」已上

また言うには、「経典の始めに〈如是〉と称えることは、そこに信を彰して、〔それがさとりに〕能入する〔ことを示している〕」と。已上

【註釈】『浄土論註』から二文の引用である。第一文は『浄土論』冒頭の「我一心」についての曇鸞の注釈である。親鸞は「如実修行相応（実の如く修行し相応せんと）」を訓読せずに、成語として漢文のままに用いることが大半である。この文は当巻の始めに引用された文の一部である。

曇鸞は、称名憶念しても無明の闇が晴れないという問題を提起し、その理由の一つとして「三種の不相

応（三不信）」を挙げ、この「三種の不相応」と相違すれば「如実修行相応」と名付ける。それゆえ世親は「我一心」といわれていると結論する。親鸞はここではその結論部だけを引用して、端的に「如実修行相応」とは「我一心」であるとしている。つまり、世親の「我一心」という表白は本願に相応（如実修行相応）した一心であるということになる。そうすると親鸞は、「如実修行」を法蔵菩薩の永劫の修行の意味に取っていたと考えられる。その真実（如実）なる願行（修行）に相応するものは、一心のほかにはないという文脈になる。大乗を代表する唯識派の大論師である世親が表明する一心は、如実（真如・真実）なる信楽の成就であり、本願に相応する一心である、ということである。

また第二文は『浄土論註』の総結の文であるが、『大智度論』（龍樹）の「仏法の大海は、信を能入と為し、智を能度と為す（大海のような仏法は、信によって入り智によって渡る）」（『大正蔵』二五、六三頁上）が典拠になっている。経典の冒頭に置かれる「如是（我聞）」とは信であるという龍樹の釈である。多くの注疏で取り上げられる文句である。初期大乗仏教を確立した大論師であり、中観派の祖とされる龍樹が信を讃えている。すべての経典に共通する「如是」は、「このように」という付属語ではなく、清浄な信があるから如是（かくのごとし）というのであり、信がなければ不如是（かくのごとくならず）というのである、と龍樹はいう。龍樹は信を仏道へ入る初門と位置付け（信を能入と為し）、智がなくては渡ることはできない（智を能度と為す）としているのであるが、親鸞は、前半部だけを用いる『浄土論註』の文を、さらに、信がさとりに能入するという意味にして引用している。

このように、大乗の二大論師が信を根幹にしていることを『浄土論註』からの引用によって示し、信楽の釈が終わる。次は欲生の釈である。始めに自釈がある。

欲生釈

次に、「欲生」とは、如来が迷いの群生を招喚してくださる勅命（生まれんと欲《おも》えと願う心）である。つまり真実の信楽を欲生の体（本体）とするのである。まことにこれは大乗や小乗の凡夫や聖者などの定散自力の回向ではない。ゆえに「不回向」というのである。

さて、微塵界の衆生は煩悩海に流転し、生死海に漂い沈み、真実の回向心はなく、清浄な回向心（浄土に生まれようと欲う心）はない。このゆえに、如来は一切の苦悩する群生海を哀れみ、菩薩行を行じられる時、三業の行為は一念一瞬に至るまで回向心（生まれんと欲えと願う心）を第一番に置いて大悲心を成就されたわけである。如来は利他真実の欲生心（生まれんと欲えという勅命）をもって諸有海（迷いの世界の衆生）に〔生まれんと欲う心を〕回施されたのである。すなわち「欲生（回施された衆生が浄土に生まれんと欲う願生心）」は如来の回向心であり、大悲心であるゆえに疑いは雑じることはない。

【註釈】言葉を整理しないと難解な箇所である。第十八願に「我が国に生まれんと欲うて、乃至十念せん」とあるが、この「生まれんと欲う」という述語を、法然は『観無量寿経』の三心の回向発願心と対応させ、「欲生〔我国〕」とする。「此の経（観経）の三心は即ち本願の三心を開く、爾る故は至心とは至誠心なり、信楽とは深心なり、欲生我国とは回向発願心なり」（『観無量寿経釈』、『昭和新修法然上人全集』一二六頁）と。それを承けてか、親鸞も「欲生〔心〕」という名詞にする。今はその欲生についての自釈である。

衆生には真実の回向心はないとあるが、これは衆生の利他の回向ではなく、回向発願心が下地にあるので、迷いの世界を解脱すべく浄土を真摯に希求する回心回向の意味であろう。先の『観経疏』の引用にあった二河譬は回向発願心の喩えであるから、浄土を希求し確信をもって往生する心が回向発願心である。二河譬の行者は白道を往くことができたが、親鸞はここで、煩悩海を流転する者には清浄な回向心はないという。ゆえに如来は「回向心を首（はじめ）として大悲心を成就」したのであると展開する。ここが回向の意義の転換点である。すでに親鸞は周到に先の二河譬の引用の終尾に、一見、回向発願心に関して不必要と思われる「又〈回向〉と言うは、彼の国に生じ已りて、還りて大悲を起こして、生死に回入して衆生を教化する、亦〈回向〉と名づくるなり」（『真宗聖典』二五〇頁）までを引用して伏線を敷いている。

親鸞は、如来の大悲の回向心は、「利他真実の欲生心（生まれんと欲えという勅命）」をもって回施される衆生の生まれんと欲う願生心、つまり成就文の「願生彼国」として成就すると考えている。行巻で親鸞はすでに「南無」は帰命であり、「〈帰命〉は本願招喚の勅命なり」（『真宗聖典』一九四頁）と名号を解釈しているので、具体的には名号において、衆生は利他真実の欲生心を回施され、願生心が成就するということである。それは当然、「真実の信楽を以て欲生の体とする」とあるように、信として成就するのである。だから親鸞は、次に欲生心成就の文を引用する。

実に、一貫して、強靱に、成就文を脊梁とし、正直《せいちょく》に、法然の教えを受け取り、精密に、善導の『観無量寿経』の三心釈をとば口にして本願の三心を究明していく、前人未到の領域である。至難の道であるが、親鸞は、本願念仏の道が衆生をさとりへ導く真実の大乗であることを証明していく。

『無量寿経』『如来会』本願欲生心成就の文

そうであるから、本願の欲生心成就の文を『無量寿経』に言うには、「如来は〔一念の信を〕至心に回向したもうた。〔ゆえに衆生は〕彼の国に生まれようと願えば、即ち、往生を得て、不退転の位に住するであろう。ただ、五逆罪を犯した者と正法を誹謗する者のみは除く」と。已上

また言うには（如来会）、「あらゆる善根（名号の功徳）を〔如来が〕回向したもうたことを愛楽して、無量寿国に生まれようと願えば、願い通りに皆生まれ、不退転に住し、さとりまでをも得るであろう。〔ただ〕無間地獄に堕ちる因の五逆罪を犯した者と正法や聖人（仏・菩薩）を誹謗する者を除く」と。已上

【註釈】 当巻の始めに引用されている本願成就文の後半部である。親鸞は「本願の欲生心成就の文」というが、二経からの引用である。親鸞は、成就文の中心にある「至心回向」の主語を「如来」にしている。成就文は、前半部と後半部を通じて如来の至心回向が基点になる。覚如以来、「成上起下」といわれてきた（『願願鈔』〈『真宗聖教全書』三、四七頁〉）。この後半部は、如来の欲生心（回向心）を起点として衆生に願生心が生じるので、必然として往生と不退転とさとりが成就する、という内容になる。

次に親鸞は、欲生心成就文の「至心回向」を「至心回向したまえり」と読む根拠を明らかにする。『浄土論』の「云何回向　不捨一切苦悩衆生　心常作願　回向為首　得成就大悲心故（いかんが回向する。一切苦悩の衆生を捨てずして、心に常に願を作し、回向を首と為す。大悲心を成就することを得んとするが故なり）」（『聖典全書』一、四三五頁）にその根拠を求めようとし、「『浄土論』に曰わく」として、『浄土論』の文を注釈する『浄土論註』の文を三箇所から引用する。

『浄土論註』の文

〔曇鸞はいう〕「『浄土論』で〈いかんが回向したまえる。一切苦悩の衆生を捨てずして、心に常に作願すらく、回向を首として大悲心を成就することを得たまえるが故に（成就文に〈回向したまえり〉とあるが、〈回向したまえり〉とはどのようなことであろうか。一切の苦悩する衆生を見捨てず、心に常にその救いを願っていることであり、その衆生への回向を第一の目的として大悲心（信楽をはじめとする三心）を成就しておられるからである）〉と世親はいわれている。その回向には二種の相がある。第一は往相、第二は還相である。往相とは、〔如来が〕自身の功徳を一切の衆生に回施されて、誓いを立て、共に浄土へ往生させようとなさることである。還相とは、浄土に生まれて、自利の止観と利他の衆生を導く力を成就して、迷いの世界へ還り来て、一切の衆生を導き、共にさとりへ向かわせようとなさることである。往相も還相も、衆生の苦を抜いて生死海を渡そうとするためである、といわれている。ゆえに〈回向を首として大悲心を成就することを得たまえるがゆえに〉といわれている」と。已上

また云うには、「浄入願心（浄土の荘厳はすべて法蔵菩薩の願心に収まる）という意味は、『浄土論』に〈今まで浄土の国と仏と菩薩の三種の荘厳の成就を解説した。この三種の荘厳成就は願心が荘厳なさったのであると、知るべきである〉といっている。この終わりにある〈知るべきである（応知）〉とは、この三種の成就は根本の四十八願などの清浄な願心が荘厳なさったものである。よって因である願心が清浄であるから、果である浄土の功徳も清浄である。願心が因であるから無因ではなく、願心が因であるから他に因などはないのである（坂東本の読み）、ということを特に〈知るべきである〉というのである」と。已上

また曰うには、「〔世親は〕『浄土論』に〈浄土門の利他行の成就（出第五門、園林遊戯地門）とは、大慈悲

をもって一切の苦悩する衆生を観察して、さまざまな姿をとり、手立てを尽くして応じることである。迷いの園林に入り、思いのままに衆生を導く境位に至ることである。これは〔阿弥陀仏の〕本願力の回向に由るものであるから出（利他）の第五門という〉といわれている」と。已上

【註釈】第一文は世親のいう五念門の第五回向門についての曇鸞の注釈、第二文は浄入願心の文、第三文は『浄土論註』中の、第五回向門成就の第五園林遊戯地門の文（浄土論）である。

親鸞は、第五回向門の注釈である第一文を本願成就文の至心回向の釈に転用し、尊敬語の送りがなを付けることによって元の文を改変し、衆生を救済しようとする如来の本願は、回向心を始原とすることを示した。これによって「回向」とは如来の本願力の回向であることが明らかになり、本願成就文を「至心に回向したまえり」と読む根拠が示され、如来の欲生心（回向心）が成就文の中核になることが証明された。さらに回向の相に二種があり、いずれも如来の大悲回向心であることが示され、第二文で、その大悲本願の成就が浄土荘厳であるとする。第三文は、衆生を救済しようとする大慈悲による利他行の成就は本願成就の浄土からの還相にあり、それは本願力の回向、つまり如来の欲生心によるとする。親鸞は、これらを欲生心成就のすがたとして見ている。

第三文は『浄土論註』中にある『浄土論』の第五園林遊戯地門の文であるが、第一文と第二文からの文脈で、回向が阿弥陀仏の本願力回向であることを明瞭に示す文へと変わっている。つまり、回向とは如来の大悲であり、大悲本願の成就が浄土であり、その浄土を基点として本願力回向の大慈悲が行ぜられるということになる。

次に、その大悲回向の心である如来の欲生心が衆生の願生心（信）として成立することを、善導によって明らかにしていく。

266

『観経疏』散善義の文

光明寺の和尚（善導）が云うには、「また浄土を希求し往生を願い（回向発願して）生まれる者は、必ず阿弥陀仏が真実心で回向しておられる本願を助けとして往生への確信を持つがよい。この心は深く信じていることが金剛のようであるから、一切の異見、異学、別解、別行の人たちによって動揺や破壊させられることはない。ただ疑うことなく一心を持って正直《せいちょく》に進んで、異見の人の言葉に耳を傾けてはならない。それを聞いて進退窮まり、怯み、あとを振り向くようであるならば、道を踏みはずして、直ちに往生という利益を失うことになる」と。已上

【註釈】 この文は当巻の始めにも引用され、読み替えについては触れた。ここでは、如来の回向は衆生の金剛の信として成就することを示す文として引用されている。現行の『観経疏』では、「回向発願願生者（回向発願して生ぜんと願ずる者は）」（『聖典全書』一、七六七頁）であるが、坂東本では、「回向発願生者（回向発願して生まるる者は）」となっている。意味に変わりはない。

次の自釈で、親鸞は自身の言葉で回向による信が金剛心であることを説明し、さらに善導の文を引用する。

266

白道四五寸釈　能生清浄願心釈

まことに明らかになった。二河の譬喩の中に「白道四、五寸」（『聖典全書』一、七七〇頁）という、この「白道」の「白」は黒に対している。「白」は、法蔵菩薩が選び取られた白業（清浄な行）であり、往相回向の清浄な行である。「黒」は、無明煩悩の黒業（不清浄な行）であり、二乗や人天の自力の善（行）である。「道」は、路に対している。「道」は、本願一実の直道、大般涅槃への無上の大道である。「路」は、二乗、三乗の万善諸行の小路である。「四、五寸」というのは、衆生の構成要素である四大と五蘊を喩えている。

「能生清浄願心」（『聖典全書』一、七七〇頁）というのは、金剛の真心を獲得することである。これは本願力の回向に由る大信心海であるから破壊することはできない。このことを「金剛の如し」（『聖典全書』一、七六八頁）と喩えるのである。

【註釈】親鸞は引文を続けたあと、それをここに自身の言葉で「〈能生清浄願心〉と言うは、金剛の真心を獲得するなり」と結んだ。如来の回向は衆生に金剛の信心として成就するという結論である。その証明のために、次に「金剛」の語を軸に善導の文を三文引用する。なお、散善義では「能生清浄願往生心」であるが、親鸞は「往生」を省いている。

267

『観経疏』玄義分の文

『観経疏』に（善導が）「僧俗の四衆（比丘・比丘尼・優婆塞・優婆夷）よ、皆、各おの、菩提心を発しても、迷いは離れ難く、仏法を願うことも難い。皆共に金剛の志を発して、横さまに煩悩の暴流を超えるがよい。正しく金剛の信心を受け、その一念に本願と相応する人はのちに果である涅槃を得る者である」といっている。抄要

【註釈】この引文は親鸞が絶妙の手法で読み替えたものである。これは善導の『観経疏』玄義分巻頭の帰三宝偈の始めの六句と、続く十七句を省いたあとの三句である。省いた部分に「乃至（中略）」と入れず、引文の終わりに「抄要」と入れて一連の文にしている。

善導は、参集するすべての人々（時衆《じしゅ》）に、各おの、菩提心を発せ（各発無上心）と勧めている。だから「勧衆偈」とも称される。親鸞はまず、「発せ」という命令形に、「ども」を送りがなに加え、「発せども（発すけれども）」と已然形にして逆接の確定条件にする。善導は、生死は厭い難く仏法は欣い難いから、無上心を発して煩悩を断ずべし、と勧めているのであるが、親鸞は、各自が菩提心を発すけれども、生死は厭い難く仏法は欣い難い。ゆえに、そのような「竪」の菩提心ではなく、「横（超）」の金剛心を発すことを勧める文に改変している。

さらに帰三宝偈の文脈は無視し、「金剛」という言葉を手がかりに、途中の十七句をとばし、善導が、仏や菩薩、また修行を完成してない者も含めて仏道を行く者に帰依したてまつる、という中の、さとり直前の等覚の菩薩にも帰依したてまつる、という文に連接させている。善導は、「等覚の正受金剛心と、相応一念の後の、果徳涅槃の者とに、帰命したてまつる（金剛の禅定（正受）に入り、一瞬の後きちんと間違いなく、仏果（果徳）である涅槃を究める妙覚直前の等覚の菩薩に帰命したてまつる）」といっているのであるが、親鸞

は、「相応一念」を「一念に相応して」と読み、「正受」という禅定を表す名詞を「まさしく受けて」と述部にして読んでいる。また「果徳涅槃者（修行の果としての徳である涅槃を究める者）に帰命したてまつる」という弥勒への帰依を勧める文も、「果徳」という修行の果としての徳を表す名詞を、「〔仏〕果（涅槃）を得ん〔者《ひと》〕」（果、涅槃を得ん者）と読んで、「帰命」から切り離して文を終止させている。それによって、善導の文は「金剛の信心を受けて、本願に相応する一念の人は涅槃を得る人である」という文になった。等覚の弥勒の金剛心を、見事に横超の金剛心へと変換させたのである。

　次も『観経疏』から金剛心についての引文である。

267

『観経疏』序分義の文

　また云うには、「如来の真心が到り届き（真心徹到して）、苦の沙婆を厭い、楽の無為涅槃を願って、とこしえに常楽の浄土に帰依せよ。ただし、無為涅槃界には軽々と上《のぼ》ることなどはできない。また、苦悩の沙婆をたやすく離れられるわけもない。金剛の志を発す以外にとこしえに生死輪廻の元を絶てようか。もし、まのあたりの慈尊にお従いしなければこの長き嘆きを免れようか」と。

【註釈】これは、『観無量寿経』で韋提希が釈尊に、「願わくは、我、未来に悪声を聞かじ、悪人を見じ」といって沙婆を厭うが、善導はこの段落を、韋提希がまごころをもって（真心徹到して）、苦を厭いさとりを求め、さとりに帰することを明かす、と解説した文である。それを親鸞は、如来の真心が到り届き、沙婆を厭い、浄土に帰すべし、として浄土への勧めにしている。また善導は、生死輪廻の元は堅い決意（金剛の志）がないと絶つことはできないと解説しているが、親鸞は、金剛の信心を発す以外に絶つことはできない、と善導の紙背を読み取っている。善導の文では「慈尊」は釈尊を指すが、親鸞の引文では自ずから阿弥陀仏をも意味するものになっている。

次に、堅い決意という意味の「金剛の志」を如来回向の金剛の信心と読む根拠を、善導自身の言葉で親鸞は示す。

267

『観経疏』定善義の文

また云うには、「〈金剛〉とは、煩悩のない無漏清浄を本質とするものである」已上

【註釈】『観無量寿経』で釈尊は定善を説くが、その第五宝池観に、極楽世界の宝池の水路は黄金でできており、水路の底には「雑色の金剛を以て、以て底の沙《いさご》とす」（『真宗聖典』一〇八頁）とある。色とりどりの金剛石が敷かれている、と説くのであるが、善導はこれについて「金剛と言うは即ち是れ無漏の体なり（敷かれている金剛石は無漏清浄である）」と解釈している。親鸞はこれを「金剛の志」の説明に用いて、「金剛の志」とは、煩悩を離れた法（無漏）を本質（体）とする如来回向の信心であるとしている。

以上で欲生釈が終わり、三心それぞれについての釈が完結した。

次は親鸞の結釈である。

三心結釈

真に明らかになった。「至心」「信楽」「欲生」と言葉は違ってもその主旨はただ一つである。なぜなら、これら三心はまったく疑いが雑じることがない。ゆえに真実の一心であり、これを「金剛の真心」という。金剛の真心を「真実の信心」という。真実の信心は必ず名号を具えるが、名号は必ずしも願力の信心を具えるとは限らない。ゆえに世親は始めに「我一心」と〔帰命尽十方無礙光如来という名号の前に信を〕表白されているのである。また「如彼名義欲如実修行相応故（かの名義の如く、実の如く修行し相応せんと欲うがゆえなり）」といわれている。

【註釈】 この自釈は難解である。従来から、信心と名号（称名）の関係を示す文として、行信の関係で解釈されてきた。しかし、この段落は三心が一心（信心）に帰一することを親鸞が述べている箇所であるから、唐突に称名と対立的に信心を論じる所ではないようである。

「真実の信心は必ず名号を具す」は、『浄土論』冒頭で「世尊我一心　帰命尽十方無礙光如来」と世親は表白するが、その「我一心」（主格としての信）には、対象（目的格）としての「帰命尽十方無礙光如来」（名号）が必ずなくてはならないのである、という意味であろう。また「名号は必ずしも願力の信心を具せざるなり」は、名号は如来の光明智相を表しているので必ずしも信心が伴われているとは限らない、という意味であろう。だから、世親は「我一心　帰命尽十方無礙光如来」と、名号に先立って「我一心」という信心を表明したのである、ということになる。

「如彼名義欲如実修行相応故」の句を親鸞が引用するのは、その「我一心」という信心の内容を示すためである。一心とは、如実に称名して、名号の意義（光明）に相応しようと欲《おも》うことであるという意味である。「一心は淳心なれば、如実と名づく」と『入出二門偈』（『真宗聖典』五五一頁）に親鸞はいう。また、先に引用された『浄土論註』にあったように、相応は三種の不相応（三不信）に対して、相応の一心を表している。また親鸞は、「欲う」の「欲」に疑蓋雑わることのない欲生心を重ねて、信を表す語と見ている。また『高僧和讃』には「如実修行相応は　信心ひとつにさだめたり」（『真宗聖典』五九六頁）とある。いずれも一心の内容を表している。

　短文であるが、葉脈のようなつながりを持つ言葉を尽くして、世親が表明する我一心は三心が成就した真実信心であるという結論に達した。

　次に親鸞は、大信海の功徳を讃える。

268

大信嘆徳

　総じて、大信海について考えをめぐらすと、それは身分や僧俗を簡ばず、男女や老少を謂わず、罪の多少を問わず、修行の長短を論ぜず、行にあらず善にあらず、頓にあらず漸にあらず、定にあらず散にあらず、正観にあらず邪観にあらず、有念にあらず無念にあらず、尋常にあらず臨終にあらず、多念にあらず一念にあらず、ただこれは不可思議、不可説、不可称の信楽である。例えば阿伽陀薬（不死薬）が一切の毒を消すように、如来の誓願の薬は賢《さかし》らと愚かさの毒（智愚の毒）を滅するのである。

【註釈】衆生の世界に回向を始めとしてはたらく本願の境界を、親鸞は大信海という。願心の中核をなす信楽が比較を絶していることを否定の接辞、「不」と「非」を十八回も使って表現している。また如来の誓願を、一切の毒を消す阿伽陀薬に喩えている。当巻ではすでに、『往生要集』中にある『華厳経』の不可壊の薬や住水宝珠や金剛を菩提心の喩えとする文を親鸞は引用して一心の喩えにしているが、ここでは本願の信が、一切の毒を消滅させる阿伽陀薬のようであると喩えている。親鸞は長い射程で信を明らめようとしている。

次に親鸞は、金剛に喩えられる菩提心を分類して、仏教学における金剛の真心（真実の信心）の位置付けをする。

菩提心釈

ところで、菩提心には二種ある。第一は竪（自力）、第二は横（他力）である。さらに「竪」にまた二種ある。第一は竪超、第二は竪出である。「竪超」と「竪出」は、権教と実教や、顕教と密教や、大乗と小乗の教えに詳らかである。長い劫を経る迂回路の果てにさとりを開く菩提心であり、自力の金剛心であり、菩薩の偉大な心である。「横」にもまた二種ある。第一は横超、第二は横出である。「横出」とは、正行と雑行、定善と散善を行じて浄土に生まれ、さとりを開く他力の中の自力の菩提心である。「横超」とは、これこそが願力回向の信楽であり、これを「願作仏心（成仏を願う心）」という。願作仏心は横の大菩提心である。これを「横超の金剛心」というのである。

横・竪（他力と自力）の菩提心は、言葉は同じくして意味は異なるが、入真（真如に入ること）を肝要とし、真心を根本とし、邪雑を〔菩提心に〕叛くもの（錯）とし、疑情を過失とする〔つまり、疑情のない信が菩提心である〕。浄土を願う道俗は、深く信不具足〔信が具足していなければ菩提心ではない〕という金言を了知し、永く聞不具足〔経説を自分勝手に取捨して説く〕というような邪心を離れるべきである。

【註釈】 親鸞は一心が菩提心であることを論証してきたが、ここで標準的な自力の菩提心と対比させながら、その基本的な性格を明らかにする。この中、「邪雑を錯とす〔邪雑は菩提心に叛く〕」とあるが、先に引用があった回向発願心釈にある「解行不同の邪雑の人等」（『真宗聖典』二四六頁）の「邪雑」であろう。願生者を惑乱する別解別行の人は、菩提心に叛く邪雑の人ということになる。また「菩提心は疑情を失とする」というのは、それが信であることを示唆している。信が不具足であれば菩提心ではないというために「信不具足の金言」といっている。聞不具足についても、釈尊や祖師がたの教えの核心を聞くことのない聞不具足の邪心（邪雑）は、離れるべきであるとしている。親鸞はそのためにも、釈尊をはじめとし、七高僧や諸師の「文類」を制作しているのである。さらに重要なことは、このあと本願成就文が引用されるということから、成就文の「その名号を聞きて信心歓喜せん」という、この「聞」の不具足を邪心として指摘していると思われることである。

結句、横超の金剛心は信と聞が具足する菩提心であるということをいわんとしている。それをいわなければならない理由の一つは、専修念仏に対する批判にあると思われる。例えば、明恵の法然に対する批判は菩提心を蔑ろにしたという点にあり、それは専修念仏に対する当時の仏教界全体の意見を代表している。親鸞には批判に応答しようとする強い使命感があったに違いない。

特に親鸞が「邪心」と断じる聞不具足は、このあとの信一念釈で、出処である『涅槃経』の文が引用されるが、一部の経典だけを読み、それを信じ込んでいる者、また一部の教えを受けて記憶しているが理解できないままに人に説くので利益することができない者（坂東本の読み）、また生半可な知識で自分の利益のために説く者である。そうすれば、聞不具足は、釈尊の経説の全体や核心を受け取らない者の意味で、釈尊の説かれた浄土の教えを信じない者を指すことにもなろう。この聞不具足は、菩提心の考究に沿いながら伏流して信一念釈で再び現れる。

次は横超の菩提心の内容を示すために『浄土論註』の文を引用し、続いてその重要さを示すために、また聞不具足を克服するためにも、諸師の文を引用する。

『浄土論註』の文

『浄土論註』に曰うには、「王舎城で説かれた『無量寿経』を調べると、三輩（往生を願う上中下の三種の人）の行に優劣はあるが、皆、無上菩提心を発さない者はない。この無上菩提心はつまり願作仏心（さとりを願う心）である。願作仏心はつまり度衆生心である。度衆生心とは、衆生を摂め迎え取って仏の国へ生まれる（坂東本の読み）心である。ゆえに浄土に生まれようと願う者は必ず無上菩提心を発すのである。もし人が、無上菩提心を発さないで、ただ、浄土での楽の享受が間断のないことを聞いて、そのために生まれたいと願うのであれば、決して往生できないのであろう。ゆえに『浄土論』にいう、〈自身の住持（保ち守る）の楽を求めず、一切衆生の苦を抜こうとするゆえに〉と。この中に〈住持の楽〉とあるが、いうまでもなく安楽浄土こそ、阿弥陀如来の本願力によって住持されていて、楽の享受は間断がないのである。総じて、回向の意味とは、阿弥陀如来（法蔵菩薩）自らが積まれた一切の功徳を一切の衆生に施し促

してくださり（施与したまいて）、共にさとりへ向かわせてくださる（向かえしめたまう）ことである（坂東本の読み）」と。抄出

【註釈】曇鸞は『浄土論』の「巧方便回向（巧みな手だてで衆生を救う菩薩の行）」に論究している。世親は、五念門行の功徳によって、自身の楽ではなく、衆生の苦を抜くことが巧方便回向であるというが、曇鸞は、この利他行が菩薩にとって必須であることを示すために、菩提心を願作仏心と度衆生心に分けて、度衆生心が菩提心の枢要であるという。回向の「向」は、功徳を衆生に「向ける」という意味であるが、曇鸞は、功徳を施与（回施）して「共に仏道に向かう（趣向）なり」とする。功徳を衆生へ回《めぐ》らし「向ける」から、功徳を衆生に施与して共に仏道に「向かう」としたのである。

親鸞は、「施与したまいて」「向かえしめたまう」と送りがなを付けて、阿弥陀如来因位の法蔵菩薩を回向の主語にしている。「施与」は「回向」の旧訳であるともいわれる（梶山雄一監修『大乗仏典〈一二〉親鸞』中央公論社、三三五頁）。回向に基づく法蔵菩薩の衆生を救わんとする心（度衆生心）は、共に浄土へ生まれ無上涅槃に至らしめんとする心としてはたらき、共なる衆生のうえに願作仏心（真実信心）として成就するということになる。これで親鸞によって、信心が願作仏心、つまり菩提心であることが証明された。

次に親鸞は、聞不具足に陥ることのないように諸師の釈文を引用する。この法門が人を差別することなく、誰でもがさとりを得ることのできる超越的な道（横超）であるので、甚だ信じ難い真実であり、それゆえ諸仏の勧めが必要であることが諸師によって説かれ、また諸師の讃嘆と勧めが説かれている。

元照・用欽・戒度・曇鸞・善月の文

元照律師が云うには（阿弥陀経義疏）、「〔釈尊が五濁悪世の中でさとりを開き難信の法を説かれたことを、『阿弥陀経』で諸仏が〈甚難希有〉と讃えるが〕他の仏がたのできないことであるので〈甚難〉といい、世の人が誰もいまだ拝見したことがないので〈希有〉といっている」と。

また云うには（阿弥陀経義疏）、「念仏の法門は、愚智（学識の有無）を簡《えら》ばず、豪賤（身分の上下）を択《えら》ばず、久近（修行の浅深）を論ぜず、善悪（行の善し悪し）を論ぜず、ただ確かな誓願による恐れなき信（決誓猛信）を受け取れば、臨終が悪相であっても、十遍の念仏で往生する。具縛の（煩悩で苦しむ）凡夫や、屠沽（殺生や商い）によって蔑まれている者こそが、刹那に生死を超越してさとりを開く教えである。〔まことに『阿弥陀経』に〈世間難信（世界において信じ難き）の法〉とあるが如く〕〈世間甚難信〉というべきである」

また云うには（阿弥陀経義疏）、「この五濁悪世の中で修行し、さとりを開くことは第一の難事であり、多くの衆生のために阿弥陀仏の功徳を説かれることは第二の難事である。〔二つの難事を成し遂げたことを、釈尊自身が〈我、五濁悪世にして、此の難事を行じて、阿耨多羅三藐三菩提を得て、一切世間の為に、此の難信の法を説く。是れを甚だ難しとす〉（阿弥陀経）とお説きになるのは〕直前の、二つの難事を成し遂げた釈尊への諸仏の讃嘆が虚言ではないという意を彰している。諸仏の讃嘆は、難信の法を衆生が聞いて信受するようにさせようとするのである」と。已上

律宗の用欽が云うには（阿弥陀経超玄記）、「『阿弥陀経』に釈尊が難信の法を説くとあるが、まことにこの教えによって凡夫を仏に転成することは、ちょうど掌を返すが如くになるのだなあ。それならば大変たやすいに違いないので、大体、浅はかな衆生は多く疑いを起こすのであろう。それを『無量寿経』に〈易

往而無人（往き易くして人無し）〉といっている。ゆえにわかった、難信の法である」と。

『聞持記』（戒度）に云うには、「元照が、〈愚智（学識の有無）を簡ばず〉というのは人には賢愚があり、〈豪賤（身分の上下）を択ばず〉というのは果報に強弱があり、〈久近（修行の浅深）を論ぜず〉というのは行の功労に浅深があり、〈善悪（行の善し悪し）を選ばず〉とは行に好醜があることをいう。〈確かな誓願による恐れなき信（決誓猛信）を得れば、臨終が悪相であっても〉というのは、『観無量寿経』で下品中生の者に〈地獄の衆火、一時に倶に至る〉等のことである。〈具縛の（煩悩で苦しむ）凡夫〉というのは、三界内の煩悩である見惑と思惑がすべて具わっている者のことである。〈屠沽の下類、刹那に超越する成仏の法なり。一切世間甚難信というべきなり〉というのは、〈屠〉は殺し、屠る、〈沽〉は酒を醸造して売る、このような蔑まれて悪人と呼ばれる者こそ、僅かに十遍の念仏によって浄土に超え往くことができる教えである。どうして難信でないことがあろうか、ということである」

（『讃阿弥陀仏偈』取意）「ゆえに阿弥陀如来を、〈真実明〉〈平等覚〉〈難思議〉〈畢竟依〉〈大応供〉〈大安慰〉〈無等等〉〈不可思議光〉と号したてまつるのである」と。已上

『楽邦文類』の後序に〈善月が〉曰うには、「浄土往生の行を修する者は常に多いが、その法門を得て直ちに往生する者はどれほどもいない。浄土を論じる者は常に多いが、その要を得て直ちに教える者はことによると少ない。いまだかつて聞いたことはない、法門の要を自障自蔽（自身の煩悩）の視点から説く者のことを。私は知り得たので述べてみよう。自障（煩悩）は貪愛に及ぶものはなく、自蔽（蔽悪）は疑惑に及ぶものはない。ただ、疑惑と貪愛をまったく礙げとしないようにさせるのは浄土の一門だけである。いまだかつて疑惑と貪愛の衆生を隔てたことはない。弥陀の洪願（広大な本願）は常に自ずから摂め取ってくだ

さる。必然の道理である」と。已上

【註釈】行巻の注釈で触れたが、天台を学び律宗に帰し、晩年は浄土教に帰依した元照を中心にした引用である。本願が超越的（横超）であり、それゆえに難信であることが讃嘆されている。『法華経』法師品には、『法華経』は難信難解であると説かれる（『大正蔵』九、三一頁中）。釈尊が自身のさとりの真実を直ちに説かれた教えであるから難信難解であり、それゆえ方便教ではなく真実教であると理解されてきた。『阿弥陀経』の難信が取り上げられる時は、明らかに『法華経』の難信難解が前提にある。ここでは、本願の信が超越的で信じ難く、尊い真実の教えであるという、讃嘆の言葉である。

元照の『阿弥陀経義疏』と、元照の門弟である戒度が『阿弥陀経義疏』を釈した『聞持記』にある「屠沽の下類」は、『唯信鈔文意』で「屠は、よろずのいきたるものを、ころし、ほふるものなり。これはりょうしというものなり。沽は、よろずのものをうりかうものなり。これはあき人なり。これらを下類というなり」（『真宗聖典』六七八頁）と解説するように、親鸞が注視する語句である。そして「りょうし・あき人、さまざまのものは、みな、いし・かわら・つぶてのごとくなるわれらなり」（『真宗聖典』六七八頁）と、それが自身であるとする。そうして、そのような中世の差別構造の中で「下類」と蔑まれている、そういう「われら」をこそ、本願の信は黄金《こがね》へ変え成すといって、親鸞は差別構造を覆している。

なお、『阿弥陀経超玄記』は現在に伝わっていない。

また『聞持記』に続く仏名の列挙は『聞持記』にはなく、自釈とする解釈もあるが、このように超越的な阿弥陀仏の難信の法を讃嘆して、親鸞が曇鸞の『讃阿弥陀仏偈』から仏名を選んで加えたものと思われる。『讃阿弥陀仏偈』の始め（仏荘厳）に出る七つの仏名と結讃に出る仏名「不可思議光」である。

また、終わりに『楽邦文類』からの引文があるが、行巻の注釈で触れたように『楽邦文類』は、一二〇〇年に南宋の宗暁によって編纂された文類集である。親鸞が二十八歳の頃、中国で成立した最新の書である。この引用部はその後序であるが、宗暁と同門の先輩である善月（光遠）が『楽邦文類』刊行を祝福して寄せた文である。衆生の煩悩と不信を問題にしない浄土の法門の超越性が率直に説かれ、同時代の親鸞に強い影響を与えたと思われる。

次に親鸞は、信が本願成就文の「一念」として成就するという信の一念を解釈して、そののち三心一心問答を結ぼうとする。信一念の釈と、『無量寿経』と『如来会』からの引文である。

271

信一念釈

真実の信楽について考えると、信楽に一念がある。この「一念」は、信楽が開発される時刻の極まりを顕し、広大難思の慶心（信心）を彰すのである。

272

『無量寿経』『如来会』の文

こういうわけで『大経』に言うには（第十八願成就文）、「あらゆる衆生は、阿弥陀仏の名号を聞いて信心歓喜する一念が生ずるであろう。その一念の信は阿弥陀仏が至心に回向したもうたのである（至心回向したまえり）。ゆえに衆生は、彼の国に生まれようと願えば、即ち、往生を得て、不退転の位に住するであろう」と。

また（『如来会』第十八願成就文）、「他方の仏の国のあらゆる衆生は、無量寿如来の名号を聞いて、よく一念の浄信を発して歓喜するであろう」といわれている。

また（『無量寿経』巻下）、「阿弥陀仏の本願の力によって、名《みな》を聞いて往生しようと欲え（坂東本の読み）」といわれている。

また（『如来会』には「名を聞く」について）、「仏の聖徳（勝れた功徳）の名を聞く」といわれている。

已上

【註釈】 信巻を本末に分ける説が、『六要鈔』をはじめ現代にまであるが、それによると、これより信巻の末になる。文章の流れを辿りにくいのでそのような解釈が生まれる。確かに坂東本には珍しく行は改まっているが、文脈は途切れることなく続いている。

先に、横超とは願力回向の信楽であるといわれたが、この信楽が一念として開発するとされる。これは、計測不能な瞬間であるから時間を超越した一念であり、信心であることを初めに述べ、それが至心回向による本願成就の一念であることを、『無量寿経』の願成就文の引用によって証明している。次に『如来会』の願成就文によって、一念が浄信であると明確にし、次の『無量寿経』の引文では、「欲《おも》え」と読んで、如来の欲生心によることを彰している。第一文で「至心」が、第二文で「信楽」が、第三文で「欲生」が示されている。第四文（如来会）では、名号が仏の勝れた功徳（聖徳）であると明確にしている。これによって、信楽は仏の聖徳である名号を聞く衆生に一念の信として生じることが整理されて示された。

次は『涅槃経』からの引用である。先の聞不具足の出処の文である。

『涅槃経』迦葉菩薩品の文

『涅槃経』に言うには、「どのようなことを名付けて〈聞不具足〉とするのか。如来の説かれた経のすべてが十二部経であるが、そのうち、ただ六部を信じて、まだ六部を信じない。ゆえに名付けて〈聞不具足〉（不完全な聞）とする。また六部の経を受けて記憶（受持）しているが、読誦できずして人に解説するのは利益することはないのであろう（坂東本の読み）。ゆえに名付けて〈聞不具足〉とする。また六部の経を理解しても、論議のために、他人より勝れたいがために、名誉のために、世俗的な目的のために受持し読誦し解説しようとする。ゆえに名付けて〈聞不具足〉とする」といわれている。已上

【註釈】先に親鸞が聞不具足の邪心と述べた聞不具足の文が引用された。聞不具足とは一部の経典だけを信じることであり、読みも記憶もできず、論議や名利のために他人に解説しようとすることである。それは釈尊の迦葉菩薩への誡めの説法である。

自釈以降の一連の文脈を辿れば、「名号を聞きて信心歓喜せん」（無量寿経）、「無量寿如来の名号を聞きて、能く一念の浄信を発して」（如来会）、「名を聞きて往生せんと欲え」（無量寿経）、「仏の聖徳の名を聞く」（如来会）と、信の一念を明確にする引文には「聞」が字眼になっている。疑う心なきが聞であるから信と同義である。親鸞は『涅槃経』の聞不具足の文に拠りながら、信の一念が聞具足（聞其名号信心歓喜）であり、釈尊の教えの全分とその核心を正しく受け止めた一心であることを示そうとしている。

親鸞は、この迦葉菩薩品の文（『大正蔵』一二、五七五頁下）に「復た是の六部の経を受持すと雖も、読誦に能わずして他の為に解説するは利益する所無けん」と読む訓点を付けていて意味を取りにくい。通常は

「またこの六部の経を受持すといえども、読誦し、他のために解説する能わず、利益する所なし」と読む所であろうが、意味に大きな相違はない。

次に親鸞は善導の要語を挙げて、成就文の「一念」が一心（信）であることを確認し、続く自釈で、これまでの引用と探究を元にして本願成就文を解釈する。

272

善導の要語

光明寺の和尚（善導）は〔『観経疏』散善義で〕、「一心専念」といい、また「専心専念」といっている〔つまり、「心」と「念」は同義であり、成就文の一念は一心である〕、と。已上

272

経釈文自釈

そうであるから、『無量寿経』の本願成就文の「聞」というのは、衆生が仏願の生起本末を聞いて疑心なきことである。これを「聞」というのである。「信心」というのは、本願力回向の信心である。「歓喜」というのは、身心の満足のすがたを表しているである。「乃至」というのは、多きも少なきも収める言葉である。「一念」というのは、信心は二心がないから「一念」という。これを「一心」と名付ける。一心こそは真実の浄土に生まれる真因である。この金剛の真心を得れば、横さまに五悪趣や八難処を超越し、必ず現生に十種の益を得る。その十種とは、第一は冥衆護持の益、第二は至徳具足の益、第三は転悪成善の益、第四は諸仏護念の益、第五は諸仏称讃の益、第六は心光常護の益、第七は心多歓喜の益、第八は知恩報徳の益、第九は常行大悲の益、第十は正定聚に入る益である。

〔ただし〕宗師〈善導〉が「専念〈弥陀名号〉」といっている場合は一行〈称名念仏の一行〉であり、「専心」といっている場合がつまりこの一心である。

【註釈】始めに「光明寺の和尚は」として、善導の「一心専念」と「専心」「専念」の語を挙げ、続く自釈の終わりで「宗師の」として、善導の「専念」と「専心」の語を簡潔に解釈している。引文というより要語を照合させているように見える。始めの「光明寺の和尚は」の文は、善導が散善義で「一心専念弥陀名号」という中の「一心専念」と、「専心念仏」「専念専修」という中の「専心専念」であるが、いずれも「心」と「念」による成語になっている。親鸞はそれを導入部として、成就文の「一念」は世親の表白する「一心」であることをいう。

しかしそれだけであれば、法然が専修念仏に開眼した「一心専念弥陀名号」という善導の要文の意味が不明瞭になってしまう。親鸞が行巻に「専念と云えるは即ち一行なり」（『真宗聖典』二一二頁）というように、善導の専念は専修念仏である。そうであるから、終わりに「宗師〈善導〉の専念と云えるは」と断って、善導のいう専念は一行であるという但し書きを必要としたのではないかと思われる。従来、これらは行信不離を表すと解釈されてきたが、この箇所で行信不離を示さなければならない必要性はない。

ともあれ、親鸞は長い過程を経てようやく、本願成就文の「一念」は世親の表白した「一心」であり、本願力回向の信心であることを証明した。その一心が浄土の真因である。総結の文は後に置かれるが、これで、本願の三心は衆生の一心に成就することを論証し終えた。そして晴れやかに現生に得る十種の利益を挙げる。護念される利益、功徳を得る利益など、仏教における最高の現世の利益が列挙されている。それらは正定聚に入る利益に収斂されるものである。

自釈は続いて信心に関する要語を整理し統合させる。転釈と呼ばれるが、語の意味の定義のために、同義や関連する語句をつないで帰納的に結論を導き出す方法で、本願成就文の「一念」が真実の菩提心であることを確認する。

273

一念転釈

されば願成就文の「〔信心歓喜乃至〕一念」は専心である。専心は深心である。深心は深信である。深信は堅固深信である。堅固深信は決定心である。決定心は無上上心である。無上上心は真心である。真心は相続心である。相続心は淳心である。淳心は憶念である。憶念は真実の一心である。真実の一心は大慶喜心である。大慶喜心は真実信心である。真実信心は金剛心である。金剛心は願作仏心である。願作仏心は度衆生心である。度衆生心は衆生を摂取して安楽浄土に生まれさせる心である。この心は大菩提心である。この心は大慈悲心である。

この心（願成就の一念）が大慈悲心であるのは、無量光明慧（阿弥陀仏の智慧）によって生ずるがゆえである。願海が平等であるがゆえに一念の信心（発心）は願海に等しい。信心が願海に等しいゆえにさとりの智慧に等しい。さとりの智慧に等しいゆえに大慈悲心に等しい。この大慈悲である信心が仏道の正因であるがゆえに〔信心は大菩提心であり、大慈悲心であるというのである〕。

【註釈】親鸞は前半で、願成就の一念を七祖の用語で転釈し、それは大菩提心であり、大慈悲心であることを確認している。後半の文は解釈が難しく諸説がある。原型が『浄土論註』巻上の性功徳の釈（『聖典全書』一、四五九頁）にあり、親鸞は真仏土巻にも引用するので、原意に基づいて解釈する向きもあるが、親鸞の文は文脈に応じて読み分けないと意味が通らないので、右のように読んだ。

後半は、信心が菩提心であり慈悲心であるという前半の結論の理由を述べる一段になる。如来の智願海から生じる信心であるから如来の智慧と慈悲に等しいのであり、如来の大慈悲心に等しい信心であるから仏道の正因（菩提心）であると、曇鸞の文を用いながら証明している。信心が菩提心であるという命題を解く作業は終章に入っている。

次は、『浄土論註』から二文と、『観経疏』から同意趣の文の引用である。

『浄土論註』『観経疏』の文

『論の註』に曰うことには（浄土論註）、「安楽浄土へ生まれようと願う者は発無上菩提心を必要とする」といわれている。

また云うには（浄土論註）、「〈観経で〉〈是心作仏〉という意味は、心（信心）がよくぞ仏に成るということである。また、〈是心是仏〉とは、心（信心）のほかに仏（に成る心）はましまさずということである。たとえば、火（信）は、木（煩悩の凡夫）から出て、燃える木から離れることはできないのである。木を離れないから木を焼くことができる。木は火に焼かれて火となるようなものである」

光明（善導）が云うことには（定善義）、「是心作仏（信心が仏に成る）是心是仏（信心は仏心である）、この心（信心）のほかか、別に仏に成る心はましまさず」といわれている。已上

【註釈】二師から同意趣の文を引用して、信心が仏心であり、仏に成る心、つまり菩提心であることの援用としている。引文中の「心」は「信」として、原意を超えて、親鸞の引用の意図に沿って取意した。

次はいよいよ三心一心問答の総結である。

275

三心一心総結

これによってわかった。一心、これを「如実修行相応（本願に相応する心）」という。これが「正教」であり、これが「正義」であり、これが「正行」であり、これが「正解」であり、これが「正業」であり、これが「正智」である。本願の三心は、すなわち衆生の一心に成就するのであり、一心がすなわち金剛の真心である道理を答え終わった。よく知るがよい、と。

【註釈】三心一心問答は結ばれた。一心は本願に適い（如実修行相応）、それゆえ真正なることを散善義深心釈の善導の用語（六正）によって示した。

次に『摩訶止観』発心釈からの引文であるが、追釈と考えられてきた。しかし明らかに結釈の文勢は終止している。追釈ではなく、こののち横超の金剛心の「横超」について論じるが、それに相対する天台宗における菩提心の定義として、中国天台宗の開祖である智顗の文を前置したものと考えたい。

275

『摩訶止観』の文

『〈摩訶〉止観』の巻一上に云うには、「〈菩提〉は印度の語であり、翻訳すれば中国では〈道〉である。

〈質多〉は印度の音であり、〈心〉のことである。〈心〉とは〈慮知（思慮分別）〉である」已上

【註釈】『摩訶止観』では菩提心の「心」を思慮分別の意味で解釈する。対象を縁として生じて働く分別心である。そのように考えないと菩提心を発す契機がなくなるからである。道元も、『正法眼蔵』発菩提心の巻冒頭で、菩提心を発すには必ず慮知心をもちいるといい、「慮知心にあらざれば、菩提心をおこすことあたわず」（『大正蔵』八二、二三九頁下）と肯定的であるが、この慮知心がすなわち菩提心であるということではない、ともいう。親鸞は先に菩提心の分析において横超について言及したが、ここでは、慮知心の延長上に成立する聖道の菩提心の教えと対峙する横超の教えの意味を、次の自釈と引文で明確にしようとする。

275

横超釈

「横超断四流（横に四流を超断せよ）」と『観経疏』にいうが、「横超」の「横」は、竪超（たてに超える）竪出（たてに出る）に対し、「超」は迂に対し回に対する言葉である。「竪超」とは大乗真実の教である。「竪出」とは大乗権方便の教、二乗や三乗の迂回の教である。「横超」とは、すなわち、願成就一実円満の真教、真宗がこれである。浄土門にもまた横出があるが、すなわち、三輩九品、定散の教え、化土や懈慢、迂回の善である。大願清浄の報土は、品位階次をいわず、一念須臾の間に、速やかに無上正真道を超証する。ゆえに「横超」というのである。

【註釈】横超の教えの超越性を、「竪」と「出」とに対比させながら示している。

次に経文によって証明する。

276

『無量寿経』『大阿弥陀経』の文

『大本』（無量寿経）に言うには、「〔法蔵菩薩は〕無上殊勝の願を超発する」と。

また言うには（無量寿経）、「我れ（法蔵菩薩）は超世の願を建てる、〔この願を成就して〕必ずや無上正覚に至るであろう。その時、我が名が十方に超えて究極まで聞こえることがなければ、誓って正覚を成就しないようにしよう」と。

また言うには（無量寿経）、「必ず超絶して、迷いを離れることができて（必得超絶去）、安養国に往生して、横さまに五悪趣を断ち切り、悪趣は自然に閉じるであろう。さとりへと昇るに極まりはない。まことに浄土は、往き易くして〔自力の心の〕人はいない（易往而無人）〔涅槃界である〕。浄土は道理に違逆することなく、自ずから信心の因を引き導く所である」已上

『大阿弥陀経』（支謙訳）に言うには、「迷いを超絶して離れることができる。阿弥陀仏国に往生すれば、横さまに五悪道を断ち切り、自然に悪道は閉じるのである。さとりへと昇るに極まりはない。往き易くして〔自力の心の〕人はいない（易往無有人）〔涅槃界である〕。浄土は違逆することなく、自ずから信心の因を引き導く所である」と。已上

【註釈】横超を表す超発、超世、超絶の語を含む四文の引用である。本願と浄土の超越性が示されている。

第三文の「必得超絶去」の文を、親鸞は『尊号真像銘文』で解釈している。特に意味の取りにくい「易往而無人」を、「〈易往〉は、ゆきやすしとなり。本願力に乗ずれば、本願の実報土にうまるること、うたがいなければ、ゆきやすきなり。〈無人〉というは、ひとなしという。人なしというは、真実信心の人は、ありがたきゆえに、実報土にうまるる人まれなりとなり」（『真宗聖典』六三〇頁）と、信疑によって明快に解釈している。また「易往而無人」や「易往無有人」という語句から考えれば、人界を超えた境界を表しているともいえる。

次は横超断四流の「断四流」について、親鸞の解釈とその証明としての引文である。

277

断四流釈

「断」とはどういう意味であろうか。往相の回向による一心を発起するので、〈四〉生において受けるべき生はない。〈六〉趣においてまったく到るべき趣はない。すでに六趣（六道）四生（胎卵湿化）の因はなく、果も消滅する。ゆえに、忽ちに三有（迷いの生存）の輪廻を断絶する。ゆえに「断」というのである。

「四流」とは、つまり四暴流（欲暴流・有暴流・見暴流・無明暴流）である。これは苦の因（煩悩）である。

また生老病死、つまり煩悩の果としての四苦である。

277

『無量寿経』『平等覚経』の文

『大本』（無量寿経）に言うには、「必ず、さとりを成就して、広く生死の流れ（四流）を救うであろう」

と。

また言うには（平等覚経）、「必ず、今まさに世尊となって、すぐに一切の生老病死（四流）の者を救おうと思う」と。已上

【註釈】親鸞は、信が発起するということは四流（生老病死、四暴流）を断つことであることを述べ、次いで『無量寿経』と『平等覚経』の文を引用している。二文共、東方偈（往覲偈）の末尾の文であり、諸仏、もしくは釈尊が、無量寿仏の法を聞けば必ずさとりを成就し、生死の流れ、つまり一切の生老死で苦しむ衆生を救うであろうと、自分の国の菩薩たちに無量寿仏の教えを聞くことを勧める内容であるが、これまでに至る引文の内容から見ると、親鸞は法蔵菩薩の誓願として読んでいる。さとりを開き必ず衆生を救う（断四流）との誓いである。この横超の誓願が、往相の一心（横超の金剛心）として衆生に成就するということである。

四流を超えることが、仏教の目的とする涅槃であり、それが現に浄土として実現していることを、次に『涅槃経』と『般舟讃』の文によって示す。

『涅槃経』『般舟讃』の文

『涅槃経』（獅子吼菩薩品）に言うには、「また、涅槃を名付けて〈洲渚〉（島）という。なぜなら、四大の暴河においても流すことができないからである。四種とは、欲暴流（識想）、有暴流（三有）、見暴流（因果を否定する）、無明暴流（四諦に対する無知）である。ゆえに涅槃を〈洲渚〉という」と。已上

光明寺の和尚（善導）が云うには（般舟讃）、「皆の行者に申し上げる。凡夫の生死に貪著して厭わずにい

てはならない。弥陀の浄土を軽んじて欣《ねが》わずにいてはならない。厭えば則ち沙婆は永く隔て、欣えば則ち浄土に常に居している。沙婆を隔てれば則ち六道を輪廻する因はなくなり、輪廻の果も自ずから滅する。因果がすでに消滅すれば、則ち六道の形態も名称も忽ち絶するのはいうまでもない」

【註釈】『涅槃経』の「洲渚」は「よりどころ」を意味している。涅槃を拠り所にすれば四暴流に流されないという『涅槃経』の経説を、横超の誓願に重ねているのである。

『般舟讃』は対句を使い、字数を揃えた善導の名文である。六道輪廻の因果を断つ道として、浄土を欣求することが、善導によって督励されている。

続いて、善導の『往生礼讃』からの引用である。

277

『往生礼讃』の文

また云うには、「お願い申し上げますことには、一切の往生を願う人々よ、よく己れの能力を思量せよ（善く自ら己が能を思量せよ）。このたび浄土に生まれようと願う者は、行住坐臥（四威儀）に必ず、ぜひとも心を励まし、克己して、昼夜を問わず念仏を怠ってはならない。命の終わる時まで、一生涯（上在一形）修めるのは、少し苦しいようであるが、前念に命終して後念に浄土に生まれ、永劫に無為の法楽を受け、また仏に成るまで迷いの世界を経ることはない（成仏までに生死を逕《へ》ず）。なんと喜ばしいことであろうか。知るべし」と。已上

【註釈】善導は「成仏までに生死を逕ず」という浄土の功徳を述べている。「善く自ら己が能を思量せよ」は、「善く自ら思量せよ。已に能く（後略）」とあとへ続く文である（『聖典全書』一、九一六頁）。親鸞は「己が能」として強く自覚を促す文として読んでいる。

横超による浄土往生は迷いを断つ真の仏道であることが示され、「横超断四流」の釈が終わった。先の自釈にあった「横超は即ち願成就一実円満の真教、真宗是れなり」（『真宗聖典』二七六頁）ということが諸文によって証明されたのである。

「上在一形（かみ一形に在るは）」については、親鸞が『一念多念文意』で類語の「上尽一形」（法事讃）を解釈する時、「〈上〉は、かみという、すすむという、のぼるという。いのちおわらんまでという」（『真宗聖典』六六四頁）といっている。

次に、その道を往く真の仏弟子とはいかなるものかを、親鸞は確かめようとする。

真仏弟子釈

〔先に引用した善導の文に〕「真仏弟子」とあったが、この「真」とは、偽に対し、仮に対する語である。「弟子」とは釈迦諸仏の弟子であり、金剛心（他力の信心）の行人である。この信行によって必ず大涅槃を超証するに違いないので、「真仏弟子」という。

【註釈】興福寺奏状でいう九箇条の失の第三は、釈尊を軽んずる失である。専修念仏の者には、釈尊を軽んじる過失があるとする。阿弥陀仏以外の仏を礼拝せず、阿弥陀仏以外の仏号を称えないことに対する非難である。貞慶は、阿弥陀仏以外の仏とは「釈迦等の諸仏」ではないか、釈迦の重き恩徳を忘れたのか、誰が弥陀の名号を教えたのか、本師を忘れたのかと畳みかけ、「汝は誰が弟子ぞ」と、仏弟子にあらざる者と決め付けている（『日本思想大系（一五）鎌倉旧仏教』三四頁）。

親鸞がここで真の仏弟子を問題にするのは、背景にこの奏状があったからに違いない。思い返せば巻頭から親鸞は釈尊の真意を問題にしてきたのである。弟子とは釈迦諸仏の弟子であるという親鸞の自釈は、明らかに奏状の「専修専修、汝は誰が弟子ぞ」を意識している。専修念仏者は釈迦諸仏の弟子であり、真の仏弟子であり、大涅槃を超証する者であると、親鸞は応答している。これは仏教の根幹に関わる激しい論争である。当然、親鸞は次に引文によって証明しようとする。

『無量寿経』『如来会』『観無量寿経』の文

『大本』（無量寿経）に言うには、「もし私が仏に成ったならば、十方無量の不可思議の諸仏の世界の衆生たちで、我が光明を蒙り身に受ける者は、身心が柔軟になり、人天を超えるであろう。もし、そうでないと私は正覚を得ないようにしよう」と。

また（無量寿経）、「もし私が仏に成るとしても、十方無量の不可思議の諸仏の世界の衆生たちが、我が名字を聞いて、不退の菩薩が得る無生法忍と、多くの仏法を記憶して忘れない深い智慧を得ないならば、私は正覚を得ないようにしよう」と。已上

『無量寿如来会』に言うには、「もし私が仏に成るならば、遍く十方の無量、無辺、不可思議、無等界の有情たちで、仏の威光を蒙り照らされる者は、身心が安楽になり、人天を超えるであろう。もし、そうで

ないと私は正覚を得ないようにしよう」と。已上

また（無量寿経）、「法を聞いて記憶し忘れず、聞見して敬い、〔信を〕得て大いに慶べば（坂東本の読み）、すなわち我が善き親友である」と〔釈尊は〕仰せになった、と。

また言うには（無量寿経）、「至心があって安楽国に生まれようと願えば（坂東本の読み）、必ず、智慧が明晰になり功徳は殊勝になることを得るであろう」と。

また（如来会）、「広大勝解者（広大で勝れた智慧を持つ者）」と〔釈尊は〕仰せになった、と。

また（如来会）、「このような大威徳の者は、広大で他と異なり特に優れた門（「異門」、浄土）に生まれる」と〔釈尊は〕仰せになった、と。

また言うには（観無量寿経）、「もし念仏する者があれば、皆、知るべきである。この人は人中の分陀利華（白蓮華）である」と〔釈尊は仰せになった〕。已上

【註釈】以上八文、『無量寿経』『如来会』『観無量寿経』からの引文である。第一文は、『無量寿経』の第三十三触光柔軟の願であり、阿弥陀仏の光明に触れる者は、必ず身心が柔軟になり人天を超えるという誓願である。

第二文は、第三十四聞名得忍の願であり、阿弥陀仏の名字を聞く者は、必ず無生法忍と深い智慧（深総持）を得るという誓願である。

第三文は、『如来会』の第三十三願であり、『無量寿経』と同じように阿弥陀仏の光明に触れる者は、必ず身心が安楽になり人天を超えるという誓願である。柔軟になるとは安楽になることであるということが

わかる。

第四文は、『無量寿経』巻下の東方偈の終わりの部分にある文である。法を聞き、阿弥陀仏を敬い（見敬）、信を得て慶ぶ（得大慶）者を、諸仏は親友とする、と説く。原文の「見敬得大慶」（『真宗聖典』五四頁）は正信念仏偈（坂東本）の「獲信見敬大慶人」の典拠である。原文は「法を聞きて、よく忘れず、（法を）見て敬い、大慶を得ば、すなわち、わが善き親友なり」（中村元ほか訳『浄土三部経（上）』岩波書店、一九四頁）と、「見」を「聞見」の意で読むのであろうし、あるいは「見」を受動を表す助動詞として、「法を聞きて、よく忘れず、（人々から）敬われ、大慶を得ば、すなわち、わが善き親友なり」と読むのであろうが、親鸞は「見て敬い得て大きに慶ばば」と読んで、暗に「（信を）得（獲）て」として、信が大慶喜心であることを示そうとしている。

第五文は、『無量寿経』では、通常「其れ心を至して安楽国に生まれんと願ずること有る者は」であるが、親鸞は「其れ至心有りて安楽国に生まれんと願ずれば」と読んで「至心」を名詞にして、信心を強調させた釈尊の勧めにしている。

第六文は、『如来会』の文である。経の終わりにさしかかり、釈尊は「若し彼の仏の名を聞くこと有りて、能く一念喜愛の心を生ぜば、まさに上の如き所説の功徳を獲、心に下劣なくまた貢高ならず、善根を成就して悉くみな増上すべし」（『聖典全書』一、三三四頁）と説いて、弥勒にこの『如来会』の法門を付嘱する。そして、この法を「広大に之を勝解すれば（広大勝解之者）」歓喜を獲て、他人に説き、楽しんで修行すべし、と説く。親鸞はそれを「広大勝解者」と念仏者を表す名詞にしている。

第七文は、第六文に続く『如来会』の文であり、仏智を疑惑しない者は「大威徳者」であり、広大なる仏法の秀異の門（浄土）に生まれると釈尊が説く文である。

第八文は、『観無量寿経』流通分で、念仏者は「分陀利華（白蓮華）」であり、観音と勢至が勝友となり、諸仏の家に生まれると釈尊が説く文である。

引文の趣旨は明解である。阿弥陀仏の誓願によって、その光明を蒙り名号を聞く者は人天を超える、つまり輪廻を解脱して安楽になる。また無生法忍と智慧を得る。信ある者は釈尊をはじめ諸仏が親友としてくださる。このような者は、広大勝解者、大威徳者、白蓮華であるという。特に白蓮華は天台宗の根本経典である『妙法蓮華経（白蓮華のように最も勝れた正しい教え）』の経題に比肩すべきものでもあろう。

第三十三・三十四願による光明と名号に遇う真実信心の念仏者を、釈尊や諸仏が真の仏弟子であると証明しているのである。貞慶へのこれ以上の応答はない。浄土門の者にとっては、念仏者の仏教における位置の見定めがつく。

以上の釈尊による念仏者への称讃を受けて、次に釈尊の真の弟子である念仏者の有りようが示される。『安楽集』中の道綽が選り抜いた経論が引用されるが、親鸞は、道綽が引用した順序や意図に関係なく抄出し連結させて、仏弟子の姿を示していく。

『安楽集』の文

『安楽集』（巻上）に云うには、「いろいろな大乗経典によって、教えの説者と聴者の手本（説聴の方軌）を示せば、『大集経』にいうには、〈説者の場合には、自身を名医のように思え、相手の苦を抜こうと思え。また、説く所の法を甘露であると思え、醍醐であると思え。聴者にあっては、勝れた理解が深まると思え、病が治ると思え。このような説者と聴者は、皆、仏法を盛んにする任に当たることができるのであり、変わることなく仏の御前に生まれるであろう〉と。（乃至）

（『安楽集』巻下）『涅槃経』によると、〈釈尊が仰せられることに、《ただ至心に常に念仏三昧を修めれば、十方の諸仏は常にこの人を見守ってくださること、眼前におられるかのようである》と〉。それで『涅槃経』にいうには、〈仏が迦葉菩薩にお告げになることには《もし善男子善女人で、常によく至心に専ら念仏する者は、山林や聚落、どこにあっても、昼や夜、いつであっても、座ろうと臥せようとどんな状況でも、諸仏世尊は常に見守ってくださること、目前におられるようである。常にこの人の供養に応じてくださるであろう》と〉（乃至）

（『安楽集』巻下）『大智度論』によると、念仏三昧の重要性について三つの指摘がある。〈第一は、仏は無上法王であり菩薩は法臣である。尊重すべきはただ仏世尊である。ゆえに常に念仏す（仏を念ず）べきである。第二は、多くの菩薩がいう、《私たちは長い間、世尊によって、法身、智身、大慈悲身を育てていただいた。禅定、智慧、無量の行願を仏によって成就することができた。この報恩のために常に仏に近づき親しみたいと願う。これもまた大臣が、王の恩を受けて常にその王を思うようなものである》と。第三は、多くの菩薩がこういう、《私は昔、因位の時、悪知識（坂東本では「善知識」）と投合して仏の智慧を誹謗して悪道に落ちた。永劫に亘ってほかのさまざまな行を修めたが、いまだに悪道を出ることはできない。のちに、ある時、善知識を近づき頼ると、私に教えて、念仏三昧を行ずるようにと。その時、それは即座にすべてのあらゆる障りからまさに解脱させようとする（「能《よ》く併《しか》しながら諸の障り、方《まさ》に解脱を得遣《えし》む」坂東本の読み）。この大きな利益があるから、願って、仏のお側を離れない》と〉（乃至）

また、（『安楽集』巻上）『無量寿経』に云うには、〈総じて、浄土に往生しようと願うならば、発菩提心を必要とすることを根源とする〉（巻下取意）と。なぜかといえば、菩提はこれこそ究極のさとりを表す名である。もし菩提心を発してさとりを開こうとするなら、この心は広大であって、あらゆる世界に広く行き渡る。この心は長遠であって、未来の果てまで尽くす。この心は完全に二乗に退堕することを回避する。もし、一たび発心すれば、果てしない輪廻を断つと」（乃至）

【註釈】『安楽集』文（第一大門『大集経』の文、第四大門『涅槃経』の文、第四大門『智度論』の文、第二大門『無量寿経』の文）が引用された。親鸞は「乃至」を挟むだけで一連の文としているが、巻も章も越えて順序も無視して連接させ、独自の文脈を成している。

要旨は、仏法は説者（仏）と聴者（弟子）によって盛んになる、至心に念仏すれば諸仏は見守ってくださる、諸菩薩ではなく仏を念ずるべきである、育てていただいた恩を報ずるために仏を念ずるべきである、念仏三昧には迷いを解脱する利益がある、浄土を願う者は菩提心である念仏の信を発さなければならない、信心は菩提心であるから輪廻を断つのである、というように、真の仏弟子の姿が説かれている。

『智度論』中の「悪知識」は、坂東本では「善知識」となっているが意味が取れないので、ここは「悪知識」として読んだ。「能《よ》く併《しか》しながら諸の障り、方《まさ》に解脱を得《え》遣《し》む」は、通常の読みでは、「能く諸障を併《あわ》せ遣《や》り、方に解脱を得たり」（『聖典全書』一、六二〇頁）であろうが、親鸞は「遣」を使役の助動詞にして、念仏三昧が悪道から解脱させる意で読んでいる。意味に大きな違いは生じない。

『安楽集』を介しての経と論の引用であった。次は、残る『安楽集』の一文と、続いて『般舟讃』『往生礼讃』からの引用である。

281

『安楽集』『般舟讃』『往生礼讃』の文

(『安楽集』巻下、第五大門)「『大悲経』に云うには、〈どうして《大悲》というのか。もし専ら念仏を続け途絶しないなら、命終して必ず安楽浄土に生まれるであろう。もし次々と共々に勧めて念仏を行じさせる者は、すべて《大悲を行ずる人》という〉と」已上抄出

光明師(善導)が云うには(般舟讃)、「ただ残念なことは、衆生が疑いのあるはずのないことを疑うことである。浄土は衆生に対して相違《たが》うことはない。阿弥陀仏が救済なさるか否かを論《あげつら》ってはならない。専心に回心するか否かにかかっている。(乃至)ある人は〔仏を讃えて〕いう、今からさとりに至るまで、とこしえに仏を讃嘆し、慈恩を報じよう、と。弥陀の本願の力をいただかなければ、いつ、どれだけの劫を経て、この迷いの世界を出ることができようか、と。(乃至)どうして今日《こんにち》、浄土に至ることを待ち設けようか、実にこれは娑婆本師(釈尊)の力である。もし本師知識の勧めがなければ、弥陀の浄土にどうして入ることができようか」と。

また云うには(往生礼讃)、「仏の在世に生まれ合わせることは難しい。人に信心の智慧が生まれることも難しい。たまたま希有の法を聞くことを最も難しいとする。自らが信じ人に教えて信じさせること(自信教人信)は難中の難であるが、仏の大悲が弘く普く衆生を教化し、衆生はようやく、真に仏恩を報ずる身と成る」と。

【註釈】この章段は、阿弥陀仏の光明と名号に遇う者は真の仏弟子であることを証明する段であるが、特にこの節では、釈尊の大悲による教化と、その仏恩に報いる仏弟子の道が明確にされている。通常、この一段は仏弟子の模範を示すものとされてきた。先の『安楽集』文の「説聴の方軌」も、「真の仏弟子の聞法、伝道の態度を示されたもの（山邊習學・赤沼智善『教行信證講義』八三九頁）として読まれてきた。今、この『往生礼讃』の「自信教人信」の引文も当然、自ら信じ、他を伝道教化する真の仏弟子の姿として大事にされてきた。しかし、読み進めてきたように、親鸞がここで解明しようとしていることは、念仏者は釈尊の真実の弟子であるということである。説者である釈尊の教えを正しく聴く者は真の仏弟子である。仏教の正統を自認する者からは傍流と見做されているが、真の仏弟子であるということである。それを証明する方法は釈尊の教えを確認するよりほかはない。そのため親鸞は、念仏者を釈尊が親友とし、大威徳者と呼び、白蓮華と誉めてくださることを、釈尊自身の言葉で確かめた。今、この一段の引文では、念仏を勧める釈尊の大悲の教化に遇い難きことが説かれている。

引用されている第三文の『往生礼讃』の自信教人信の文は、「自信教人信　難中転更難　大悲伝普化　真成報仏恩」（『聖典全書』一、九二八頁）という偈文である。善導が、『無量寿経』巻下の東方偈の「仏世亦値《もうあ》い難し。人、信慧有ること難し」（『真宗聖典』五四頁）などと、流通分の「善知識に遇い、法を聞きて能く行ずること、此れ亦難しとす。若し斯の経を聞きて信楽受持すること、難きが中に難し、此れに過ぎて難きこと無し」（『真宗聖典』九四頁）などの経文を元に作成した偈文といわれる。難信を説く経文に、人を信ぜしめることの困難さを善導は付加し、その困難さの中で大悲を伝えること（大悲伝普化）が釈尊の恩を報ずることになる、と偈をもって礼讃している。それゆえ念仏者のあるべき姿としてこの文は読まれてきた。

しかし親鸞は、化身土巻の上欄注（『真宗聖典』四一七頁）では、『集諸経礼懺儀』所収の『往生礼讃』を用い、「伝」字を「弘」とする「大悲弘普化」の文を引用すると示している。古来、意味に違いはないとされてきたが、「大悲を伝えて普く化す」と、「大悲が弘く普く化す」とでは、「大悲」が主格になるか目的格になるかの違いが生じる。「大悲を伝えて普く化す」では、真の仏弟子が大悲を伝えて教化するという意味になるが、「大悲が弘く普く化す」では、仏の大悲が弘く普く教化するという意味になる。

善導が自信教人信の偈文作成の元にした『無量寿経』流通分の文を、親鸞も元にして『浄土和讃』を作成している。親鸞は、「善知識にあうことも　おしうることもまたかたし　よくきくこともかたければ信ずることもなおかたし」と、続いて「一代諸教の信よりも　弘願の信楽なおかたし　難中之難とときたまい　無過此難とのべたまう」（『真宗聖典』五八一頁）と、和文で讃えている。ここは遇善知識の難であるから、善知識が教えて聞かす縁に遇うことの難さを表している。だからこの「おしうる」の主語は善知識である。また、この「弘願」の「弘」の左訓には「ひろくひろまる」とあり（『定本親鸞聖人全集』二・和讃篇、四三頁）、親鸞は「弘」字に注意している。また『尊号真像銘文』で、親鸞は聖覚の銘文（法然報恩の法要の表白文）「為釈尊之使者弘念仏之一門（釈尊の使者と為《し》て念仏の一門を弘め）」を「源空聖人は釈迦如来の御つかいとして念仏の一門をひろめたまうとしるべしとなり」（『真宗聖典』六四八頁）と解釈して、釈尊の使者としての源空の教化に、「弘」字に注意を払いながら報恩の心を表している。

また「大悲（弘普化）」についても、ここに引用された第一文の『安楽集』中の『大悲経』によれば、「相勧めて念仏を行ぜしむる（人）」が「大悲を行ずる人」であるから、これらのことを勘案すれば、念仏を勧めて大悲を行ずる人、遇い難き大悲を行ずるその人、釈尊をはじめとする善知識の勧めがなければ、浄土を願う身にはならなかったが、釈尊をはじめとする善知識の大悲による教化（教人信）によって仏恩を報ずる身になりました、という意味での引用になろう。

「真成報仏恩（真に仏恩を報ずるになる）」も、通常は信心の者が人を教化すれば、「真に（真成）」、仏恩を報ずることになる、の意であろう。「真成」は「まこと」「本当」「まめやかに」という意味である。香月院深励も、「真成」は中国の俗語で「ほんまに」という意味である（『教行信證講義集成』第六巻、六〇八頁）という。しかし親鸞は、「真成」を「真《まこと》に成る」と読んで、真に仏恩を報ずる身と成る、という意味にして読んでいる。仏恩を報ずるとは、第二文の『般舟讃』に、「長劫に仏を讃めて慈恩を報ぜん」とあるので、仏を讃嘆する、つまり念仏することである。そうすれば、「大悲弘普化　真成報仏恩」は「釈尊をはじめとする善知識が念仏を相勧めて大悲を行じてくださり、その大悲は我々を弘く教化し、私は真に念仏申される身に成りました」となる。まことに丁寧で確然とした仏弟子の表明である。

次も善導の文が引用されるが、念仏者は真の仏弟子であるゆえ、現生で仏の護念を受け、無生法忍をさとることが示される。

281

『往生礼讃』『観念法門』『観経疏』の文

また云うには（往生礼讃）、「弥陀の御身は黄金の山のようである。全身の瑞相からの光明は十方を照らす。ただ念仏する者だけが光明の救いにあずかる。これによって知るべきである、本願力が最も強大であることを。十方の如来は言葉を述べて次のように証言される。専ら名号を称えて浄土へ至り、蓮台において妙法を聞けば、十地の菩薩の願行は自然に顕著になる」と。
　また云うには（観念法門）、「ただ阿弥陀仏を専念する衆生だけを、仏心の光明は常に照らし護りお捨てにならない。決して、その他の雑業の行者を照らし摂め取るとはいわない。これもまた現世において念仏者を護る仏の強力な縁（現生護念増上縁）による利益である」と。已上
　また云うには（観経疏）、「〔『観無量寿経』序分で、釈尊が阿難に、浄土のありさまをまのあたりにすれば〕〈必ず、心は歓喜し、無生法忍を得るであろう（心歓喜得忍）〉と説かれる。これは浄土の光明がにわかに眼前に現れるならば、どうして喜びをこらえようか。この喜びによって直ちに無生法忍を得る。この無生法忍は、〈喜忍〉とも、〈悟忍〉とも、〈信忍〉ともいう。これを深く考えてみると、ここでは無生法忍を得る処（得処）を示していない。それは韋提希にも同じように、今、心（信）にこの利益を願わせようとするからである。心（信）を強く専一に精進して仏に目見えようと思う時に、必ず無生法忍をさとるに違いない。おそらくは、この忍は十信（凡夫位）において得るのであって、高位の菩薩でなければ得られない忍ではないことを証明している」と。

【註釈】『往生礼讃』と『観念法門』の文は、仏の光明は念仏者だけを照らし護る利益が説かれ、念仏が仏の正意であり、念仏者が現生の利益にあずかることを善導によって証明している。
　『観経疏』の文は、『観無量寿経』の「心歓喜〔故応時即〕得〔無生法〕忍」（『真宗聖典』一〇三頁）についての善導の釈であるが、親鸞は善導の意を深めて引用している。大方は、この経文で韋提希がどの段階で無生法忍を得たのかという韋提希得忍の処を問題にする。善導も第七華座観において得たとするが、親鸞

は、信心歓喜する処に凡夫位である韋提希が喜忍をはじめとして悟忍と信忍を得たという趣旨で引用している。親鸞のいう「得処」は凡夫位である。

このように「心歓喜得忍」の「心」を信心の意味で読めば、親鸞の引用の意図が明瞭になる。信心歓喜する人は無生法忍を得ることが示されている。無生法忍は、『大智度論』でも不退の菩薩が得ると説かれている（『大正蔵』二五、七九頁上）ので、親鸞は、凡夫韋提希が信忍ともいわれる無生法忍を得る処に、正定聚不退転を実現した真の仏弟子の誕生を見ている。正信偈の「慶喜一念相応後　与韋提等獲三忍」（『真宗聖典』二二二頁）と同意である。

以下も、念仏者が真の仏弟子である証拠の文が引用される。

『観経疏』散善義の文

また云うには、「〔『観無量寿経』流通分で釈尊が〕〈若し念仏する者（若念仏者）は、当に知るべし、此の人は是れ人中の分陀利華なり。観世音菩薩・大勢至菩薩、其の勝友と為りたまう。当に道場に坐して、諸仏の家に生ずべし（生諸仏家）〉と説かれる。この文は念仏三昧の効能が他を絶していて、雑善と比べることはできないことを顕しているが、ここに五つのことが明らかになっている。第一は、〔若し念仏する者はということで〕阿弥陀仏の名を専念することを明示する。第二は、〔当に知るべし、此の人はということで〕念仏する人を〈此の人は〉と指名し釈尊が讃嘆することを明示する。第三は、〔是れ人中の分陀利華なりということで〕此の念仏相続する人は希有であり、人としてまったく比類のないことを証明する。ゆえに分陀利華に喩えている。〈分陀利〉とは、〈人中の好華〉といい、また〈希有華〉といい、また〈人中の上上華〉といい、また〈人中の妙好華〉という。この華は〔中国では〕古来から、〈蔡華〉というのがこれである。念仏する人はつまり人中の好人であり、人中の妙好人であり、人中の上上人であり、人中の希有人であり、人中の最勝人である。第四は、〔観世音菩薩・大勢至菩薩、其の勝友と為りたまうということで〕弥陀の名を専念すれば、観音と勢至は常に影のように付き添い護ってくださることは、親友や師のようであることを明示するのである。第五は、〔当に道場に坐して、諸仏の家に生ずべしということで〕念仏者は今生ですでにこのような利益を得ている。命終すれば諸仏の家に入るであろう。すなわち浄土である。そこで長く法を聞き、諸仏に次々と仕え供養するであろう。さとりを開く因が欠けることなく備わり、さとりは成就する。さとりの座がどうして遠かろうかという〔念仏三昧が超絶している〕ことを証明する」と。已上

【註釈】念仏者への仏菩薩の讃嘆と加護という現生の利益と、浄土においてさとりを得る利益が説かれた。念仏者が必ずさとりを得る不退の菩薩であることが示された。

続いて、弥勒菩薩と同様に不退であることを引文によって証明する。

『龍舒浄土文』『無量寿経』『如来会』『阿弥陀経超玄記』の文

王日休が云うには（龍舒浄土文）、「私が『無量寿経』に尋ねると、〈衆生、阿弥陀仏の名を聞いて信心歓喜すること、あるいは一念する者は、浄土に生まれようと願えば、即ち、往生を得て、不退転の位に住する〉とある。この〈不退転〉とは梵語では〈阿惟越致（二度と退歩しない位）〉という。『法華経』では、弥

勒菩薩が得た位であるという。そうすれば一念往生とは、便ち《すなわ》弥勒と同じ（便同弥勒）である。仏の言葉に虚偽はない。この『無量寿経』はまさしく往生のまっすぐな道であり、苦を解脱する不思議な方法である。皆この経を信受すべきである」と。已上

『大経』（無量寿経）に言うには、「釈尊が弥勒に仰せられるには、〈この世界に六十七億の不退の菩薩がいて、浄土へ往生するであろう。それぞれの菩薩はすでに多くの諸仏を供養している。弥勒よ、〔念仏信心の人は〕あなたの如く大涅槃に近づく者である（次いで弥勒の如し）〉」と。

また言うには（如来会）、「釈尊が弥勒に仰せられるには、〈この仏土に七十二億の菩薩がいる。彼らは数限りない仏のもとで多くの功徳を積んで不退転を成就したのである。必ず浄土に生まれるであろう〉」と。抄出

律宗の用欽師が云うには（阿弥陀経超玄記）、「仏が説かれた究極は、『華厳経』の至極なる説法、『法華経』の絶妙なる法談であり、これに及ぶものはなかろう。それでも、すべての者のさとりが保証（授記）されるとは聞かない。衆生がこの一生の先に、皆、無上正等覚を得ることが約束（授記）されるのは、まことにいう所の不可思議功徳の利益である」と。已上

【註釈】王日休は、『無量寿経』の本願成就文に感動し解釈して、そこに説かれる不退転を得る信心の者は、次の生でさとりを確約されている点で補処の弥勒と同じ境位であるとする。親鸞はこの「便ち弥勒と同じ（便同弥勒）」という言葉に着目し、『一念多念文意』で取り上げて「金剛の信心をえたる人」は弥勒と同じであると解釈している。「便ち」についても「すなわち」の意に、「たより（便り）」（方便）の意を加え「信

心の方便（信方便）」（信心を道筋とする）の意味にしている（『真宗聖典』六五七頁）。信心の人は正定聚に住するので、涅槃に至ることは弥勒と同じであるという意味になる。

親鸞はここでも、この王日休の解釈を根拠にして『無量寿経』の「次如弥勒（次いで弥勒の如し）」の文を読もうとして引用している。『一念多念文意』には、竪の金剛心の菩薩である弥勒の如く、他力横超の金剛心の念仏の人（念仏信心の人）も大涅槃に近づくのであるとしている（『真宗聖典』六五六頁取意）。この「次いで」は、不退の菩薩のそれぞれが無数の諸仏を供養してきたことは、不退の菩薩の代表である弥勒が前世でなし得たことに次ぐものである、という文であるが、親鸞は、釈尊の「次に」五十六億七千万年後に等覚の弥勒が妙覚に至るという意味と、「次」は「ちかし」で大涅槃に「ちかづく」という意味を加え、信心の人も弥勒と同じく大涅槃に近づくという意味に読んでいる。

第三文の『如来会』文も、第二文の『無量寿経』文と同様に正宗分の終わりにある文である。弥勒が釈尊に、この世界における極楽国に生まれるべき不退の菩薩の数を尋ねたことに対して、釈尊は七十二億と答えている（『聖典全書』一、三三三頁）。『無量寿経』文では六十七億である。弥勒のような竪の金剛心の菩薩は希少であろうが、他力横超の金剛心の念仏の人の数を想定させるゆえの引用であろう。

続く『阿弥陀経超玄記』は用欽による『阿弥陀経』の注釈書であるが現存しない。華厳や法華の素晴らしい教えでも、あらゆる衆生がこの一生を過ぎればさとりを得るという確証はないと、記別（成仏への約束）を得た念仏者を讃えている。念仏者は、さとりを約束された弥勒に匹敵する真の仏弟子であることを証明する引文である。次に親鸞は自身の言葉でまとめる。

結　釈

まことに明らかになった。弥勒菩薩は等覚の金剛心を窮めるので、龍華三会の暁に必ず無上覚の位を極めるであろう。念仏の衆生は横超の金剛心を窮めるので、臨終一念の夕べに大般涅槃を超証する。ゆえに弥勒菩薩と「便ち同じ」（便同）と〔王日休が〕いうのである。

そのうえ、横超の金剛心を得る者は韋提希と同じく、喜忍と悟忍と信忍を必ず獲得するに違いない。これは往相回向の真実信心が到り届いたからであり、不可思議な誓願の力によるからである。

【註釈】 整然とした自釈である。前半部は完全な四字と六字の対句による四六駢儷体で、弥勒菩薩と念仏の衆生を対比させている。双方ともさとるべき者として同一であることを述べ、同時に差異を挙げて、弥勒は五十六億七千万年後に人間界に下生して龍華樹の下でさとりを得て、三回に亘り説法して（龍華三会の暁）仏に成るが、念仏の衆生はその膨大な時間を経ずして、臨終一念の夕べに大般涅槃を超証するとしている。加えて、韋提希と同じく必ずこの身に三忍を得ると、親鸞は念仏者が真の仏弟子であることを結論付ける。

次に『楽邦文類』に収められる智覚と元照の文を引用し、諸師の念仏者への称讃をもって証明とする。

『楽邦文類』の文

禅宗の智覚が、念仏者を讃めて云うには、「尊いことであることよ。仏力は不思議であり、いまだかつてないことである」と。

律宗の元照師が云うには、「本当に、教相と観心に精通したことで、誰が天台の智者（智顗）に及ぼうか。その大師も臨終には『観無量寿経』を讃え、浄土を讃えて、逝去した。法界に通達したことで、誰が華厳の杜順に及ぼうか。その尊者も四衆の皆を勧め、仏を念じて、瑞相を感得して西方浄土へ往った。参禅して見性したことで、誰が高玉や智覚に及ぼうか。それらの禅師も皆、結社を成して仏を念じて、共に上品の往生を遂げた。儒学の才において、誰が劉程之や雷次宗、柳子厚や白楽天に及ぼうか。そうであるのに、皆、筆を取り、誠の本心を揮毫し、浄土に生まれようと願った」と。已上

【註釈】 系譜は異なっても、中国仏教形成の第一人者である智顗をはじめ、それぞれの権威が皆、浄土を願ったことを示す文を『楽邦文類』から引いて、念仏者が仏弟子であることの文証としている。第一文（巻五）で、禅宗の智覚（永明延寿）が浄土を讃え、第二文（巻三）中では、禅のさとりを開いた智覚自身も念仏して浄土往生したと、引文は連絡している。智覚を中軸としての引用である。智覚は禅師であるが「其れ下生の慈氏か、其れ再生の善導か」（『往生集』〈『大正蔵』五一、一三三頁中〉）と称され、浄土教の祖師としても仰がれている。

しかし、系譜が異なる中で、このように儒学者や文学者にまで及ぶ念仏往生の道は、真仮の区別が曖昧になろう。それゆえ、次に親鸞は、仮偽の仏弟子に言及することで真の仏弟子の輪郭を際立たせようとする。すでに真仏弟子釈の初めに、真は偽と仮と相対するといっているので、予定された展開である。

仮釈、『般舟讃』『法事讃』『般舟讃』の文

「仮」の仏弟子とは、つまり聖道門の行者と浄土門の自力の行者である。

ゆえに光明師（善導）が云うには（般舟讃）、「仏教は多門であり、八万四〔千〕である。それはまさしく衆生の資質が異なっているためである」と。

また云うには（法事讃）、「方便の〔八万四千の〕仮門は、皆等しく〔方便であり〕、殊勝ではない」と。

また云うには（般舟讃）、「衆生の資質に応じて説かれた八万四千の教えを〈漸教〉という。万劫の間、苦行して無生法忍を得るのである」と。已上

【註釈】『般舟讃』の二文は、「安身常住の処を覓めんと欲わば、先ず要行を求めて真門に入れ」という句を挟んで連接している文である（『聖典全書』一、九六九頁）。親鸞はこの句を削除して、そこに『法事讃』の文を嵌入させて引用している。三文の引用になっているが、連続した文章として読むべきである。『法事讃』の引文は、「諸仏の大悲心無二なり。方便の化門等しくして殊なること無し」（『聖典全書』一、八三〇頁）の後半部である。善導は、それぞれに応じる教化（化）の法門（門）はさまざまであるが、諸仏の大悲心は一つであり異なり（殊異）はないと、諸仏のさまざまな教化は相手に応じた慈悲心によることであり、たまたま浄土の教えに遇い得たので迷いの世界を出ようと、仏を讃えている。

親鸞はその一部を切り取り、仮の仏弟子を明かす段落に引用している。第一文（般舟讃）は、さまざまな衆生それぞれに応じた方便の教えが八万四千の法門である、という趣意であり、第二文（般舟讃）は、この法門は長大な時間を要する漸教であるという趣意である。しかも第二文（法事讃）は、「化門」を「仮

門」にして引用されている。そうすればこの『法事讃』の文意は、「八万四千の仮門は、すべてその本質は皆、等しく方便であり優れたもの（殊勝）ではない」として、『般舟讃』の二文の中に嵌入されていることになる。

一連の文として読むと、「諸仏の教えはそれぞれの衆生の資質に応じているから八万四千もある。八万四千もあるが、それぞれに応じた方便の教えであることに変わりはなく、とりわけ優れた教えではない。それぞれに応じた八万四千の教えは漸教である。一万劫の苦行を要するからである」という意味になる。現生で正定聚に住し、臨終一念の夕べに大般涅槃を超証する、頓教による頓機である真の仏弟子と、対比させるための引文である。次は、「偽」に言及する。

偽釈、『涅槃経』『法事讃』の文

「偽」の仏弟子とは、仏教以外の六十二種の宗教や思想、仏教以外の九十五種の宗教家や思想家、これら邪道の者である。

『涅槃経』（大衆所問品）に言うには、「釈尊が常に説かれるのは、〈すべての外道は九十五種の教えを学んで、皆、悪道に向かう〉」と。已上

光明師（善導）が云うには（法事讃）、「九十五種は皆、煩悩によって世を醜悪にする。ただ仏の一道のみが清らかで閑かである」と。已上

【註釈】偽の仏弟子についての言及である。偽の仏弟子も仏弟子であるという所には、境界線を引くこと

の難しさと仏教の広さがある。その中、はっきりと仮の仏弟子が漸機であり、このようにきっぱりと偽の仏弟子は邪道であることを述べた親鸞は、突然のように「愚禿悲歎述懐」といわれる文を添える。

285

悲歎述懐

〔このように仏弟子について考察してきたことから〕誠に知った。悲しきかな、この愚禿鸞は。貪愛（貪欲）の広海に沈没し、現世での名声や利益の大山に迷い込み、正定聚の数に入ることを喜ばず、真実のさとりに近づくことを快《こころよ》しとしない。このことは、恥ずべきであり、傷むべきである、と。

【註釈】親鸞は、真仮偽の仏弟子について論じたが、真の仏弟子たり得ない自身をここで述懐している。この文脈は重層的である。仮偽を批判して真を主張しているのであるが、同時に、真の仏弟子たり得ない問題を惹起させている。このような展開は、結論を論理によって直線的に主張しようとする他の宗教者には見られない親鸞に特有な仕方である。

真の仏弟子について親鸞は、三忍を得た韋提希を師表としてきた。しかし、ここで真の仏弟子たり得ない親鸞は、自身の課題を、韋提希にとって加害者である『涅槃経』の阿闍世のうえでこれから考察しようとしている。それと同時に、この段落は五逆と謗法の救済を問題にする本願抑止文の釈であり、極めて深長で重層している。

抑止文釈の始まりは、『涅槃経』からの長い引文である。まず、釈尊が病について説かれる現病品からである。

『涅槃経』現病品の文

そもそも釈尊が治し難い病の者について説いて、『涅槃経』に言うことには、「迦葉よ、世の中で三人だけはその病を治し難い。一人目は大乗の教えを謗る者、二人目は五逆罪を犯す者、三人目は一闡提である。〔しかし〕この三種の病は世の中で極めて重く、これらはどれも、声聞や縁覚や菩薩が治すことはできない。迦葉よ、例えば、このままでは死んでしまうような病にかかって、治る見込みのない時でも、もし看病人と医者と医薬があれば助かるようなことがある。もし、看病人と医者と医薬がなければこの病は決して治すことができない。知るがよい、この人は必ず死ぬであろうことは疑いない。迦葉よ、この三種の人もまた同じである。仏や菩薩に従って法を聞くことができれば、病が治り、直ちに無上菩提心を発すであろう。声聞や縁覚や菩薩では、もし、法を説いても、説かなくても、これらの人に無上菩提心を発させることはできない」と。已上

【註釈】この現病品からの引文は、親鸞が、読み替えと、珍しく文章の移動を行い、文を改変している。元の経文の意味は明解である。釈尊は涅槃の地において、文殊菩薩に「私は背中が痛いので代わりに説法してくれ」といったが、「本当に病んで右脇に臥しているのではない」といって、迦葉菩薩に病について説く章である。

ここは病状について、第一に医薬があっても治る見込みのない者と、第二に医薬などがあれば治る者と、第三に医薬がなくても治る者について説く節である。この引文は第一の医薬があっても治る見込みのない者についての項である。謗法と五逆と闡提は重病であり、声聞や縁覚が治すことはできない、不治の病に

なれば医者や医薬があっても治らないようなものである、この三種の人には、声聞や縁覚や菩薩が説法してもしなくても無上菩提心を発させることはできない、という釈尊の説法である。原文は「悉く声聞、縁覚の能く治する所に非ず。善男子、譬えば病有り、必死にして治すること無し、若しは瞻病随意の医薬有り、若しは瞻病随意の医薬無し。是くの如きの病定んで治すべからず。当に知るべし、是の人必死疑無きが如し。是の三種の人も亦復是の如し。若し声聞、縁覚、菩薩有りて、或いは説法する有り、或いは説法せず。それをして阿耨多羅三藐三菩提心を発せしむることあたわず」（『大正蔵』一二、四三一頁中）という。この文中の「譬えば病有り、必死にして治すること無し、若しは瞻病随意の医薬有り、若しは瞻病随意の医薬無し。是くの如きの病定んで治すべからず」を「譬えば、病有れば必ず死するに治無からんに、若し瞻病随意の医薬有らんが如し。若し瞻病随意の医薬無からん、是くの如きの病、定んで治すべからず」と訓点を替えて、親鸞は、治る見込みのない病でも医薬などがあれば治る見込みがある、という文章に改変している。

そして次の第二の、医薬などがあれば治る者についての項にある、「仏、菩薩に従いて聞治を得已りて、即便よく阿耨多羅三藐三菩提心を発す」を抜き出し、この医薬があっても治る見込みのない者の項の中に嵌入し、謗法や五逆や闡提は仏の法を聞き得れば無上菩提心を発す道がある、という文に変えたのである。『涅槃経』の引文群の始めにこのような文を置くことで、親鸞の意図は明確である。五逆や謗法や闡提が無上菩提を得る道を、これから巻末までの主題にするということである。それは「唯除五逆誹謗正法」という抑止文の解釈でもある。親鸞はそれを阿闍世の救済の歴程に見ようとしている。次の引文は阿闍世が登場する梵行品からである。長大な引文である。

『涅槃経』梵行品の文

また言うには、「時に、王舎城に阿闍世という王がいた。性質は凶悪でたびたび殺戮を繰り返した。口業では妄語や綺語、悪口や両舌をなし、貪欲や瞋恚や愚痴の心は盛んであった。（乃至）そうして、従者に唆《そそのか》され権力欲に駆られて、父の王に罪はないにも拘わらず非道にも殺害した。しかし、父を殺したことを悔い、発熱した。（乃至）それによって全身にできものができた。できものは臭く汚く、側に寄ることができないほどであった。阿闍世は次いで、心の中で思うには、〈私は今この身にすでに報いを受けている。地獄に堕ちる報いも間違いなく近づき遠くはない〉と。

その時に、その母、皇后韋提希はさまざまな薬を塗るが、できものはいつまでも増えるばかりで減ることはない。王は母に申し上げることに、〈このようなできものは心から生じている。身体から起こったものではない。もし人がよく治すことがあるといっても、それは道理に合わないのであろう〉と。

時に、大臣がいる、〈日月称〉という。王のもとへ行き、一方の側に立って申し上げることには、〈大王よ、なぜ、そのように愁えて顔色が優《すぐ》れないのですか。身が痛むのでしょうか、心が痛むのでしょうか〉と。

王は大臣に答えて口に出していうには、〈私は今、どうして身も心も痛まないでいられるだろうか。私は、父に罪はないにも拘わらず非道にも殺害した。かつて知者からこのような道義を聞いている。《世に五人の者は地獄を免れない》と。いわく、殺父を含む五逆罪である。私は今すでに多くの罪を重ねてきた。どうして身も心も痛まないでいられるだろうか。それにしても、名医でも我が身心を治すような者などいないのであろう〉と。

大臣が大王に申し上げることには、〈それほどに苦しむことはありません〉と。そして詩偈を説いていうことには、〈もし常に思い悩めば悩みはさらに増長するであろう。眠りを好めば眠りがさらに多くなるように。色や酒を好むこともまた同様である〉と。〈王がいわれる所の、《世に五人の者は地獄を免れない》とは、誰が行って見て来て王に語るのですか。地獄というのはとりあえず世間の多くの知者がいうだけのことであります。王がいわれる所の、《世間の名医でも身心を治すことができるような者などいないのであろう》と。しかし今、優れた医者がいます。《富蘭那》といいます。すべてを知見して思いのままであり、確かに究極の清浄な行を習得し、常に多くの衆生のためにさとりを説いています。多くの弟子たちには次のような教えを説いています。《悪業がなければ悪業の報いはない。善業がなければ善業の報いはない。業に善悪がなければ報いにも善悪はない。業に上下の区別はない》と。この師は今、王舎城内にいます。どうか、大王よ、わざわざですがご訪問ください。この師が必ず身心を根治させるはずです〉と。

時に王は答えて口にするには、〈つぶさにこのような私の罪を除滅するならば、私は帰依しよう〉と。

また一人の大臣がいる、〈蔵徳〉という。また王のもとへ行き、言葉を述べることには、〈大王よ、なぜそのように、顔がやつれ、唇が乾き、声が小さいのですか。(乃至)何の苦しみがあって、身が痛むのでしょうか、心が痛むのでしょうか〉と。王が答えていうことには、〈私は今、どうして身心が痛まないでいられるだろうか。私は愚かで智慧の眼がない。いろいろな悪友と親しみ、すなわち悪人の提婆達多の言葉に随って正しい治政者であった父王を非道にも殺害した。私は昔、知者の詩偈を聞いた、《もし、父母や仏やその弟子に、良からぬ心を起こし、悪行を働けば、その報いは阿鼻地獄である》と。そのことが私の心を怖れ苦しませている〉と。また〈名医でも治すことができるような者などいないのであろう〉と。

大臣がまた申し上げることには、〈ひたすら願うことは大王よ、少し落ち着いて、怖がらないように。法には二種あります。出家の法と王の法です。王法では、いう所の、その父を殺して国土の王になることは逆罪であっても、実際に罪はないのでしょう。迦羅羅虫が必ず母の腹を破ってから生まれてくるようなものです。それが生の法則です。母の身を破っても実際に罪はありません。騾馬の懐妊などもまた同じです。国を治める法も、法則としては同じでしょう。父や兄を殺しても実際に罪はないのでしょう。一方、出家の法では蚊や蟻でも殺せば罪があります。(乃至)王がいわれる所の、《世間の名医でも治すことができるような者などいないのであろう》と。しかし今、大師がいます。《末伽梨拘賒梨子》といいます。すべてを知見し、衆生を赤子のように憐憫します。自身はすでに煩悩を離れ、衆生に刺さっている三毒の煩悩の鋭い矢を抜きます〉と。(乃至)〈この師は今、王舎大城にいます。ひたすら願うことは大王よ、往訪してください。王がもし会えばそのすべての罪は消滅するでしょう〉と。

時に王が答えていうことには、〈つぶさにこのような私の罪を除滅するならば、私は帰依しよう〉と。

また一人の大臣がいる、〈実徳〉という。王のもとへ行って、直ちに偈を説いて申し上げることには、〈大王よ、なぜそのように、装身具を取り、髪を乱しておられるのですか。また、どうしてこのようなありさまになったのですか〉と。(乃至)〈心が痛むのでしょうか、身が痛むのでしょうか〉と。

王が答えていうことには、〈私は今、どうして身心が痛まないでいられるだろうか。我が父である先王は慈愛あって親しみ憐れみ、それぞれを大切にした。実に罪のないかたであり、占い師に尋ねた時も、占い師から《懐妊されたお子は生まれてから、きっと父を殺すでしょう》といわれても、守り育ててくれた。昔、知者のこのような言葉を聞いた。《もし母と通じ、また比丘尼を汚し、僧団の物を盗み、菩提心を発した人を殺し、またその父を殺すならば、このような者は必ず阿鼻地獄に堕ちるであろう》と。私は今、どうして身心が痛まないでいられるだろうか〉と。

大臣がまた申し上げることには、〈ひたすら願うことは大王よ、それほどに苦しむことはありません〉と。（乃至）〈すべての衆生には過去の業の残余があり、その業の縁によって繰り返し迷いの身を受けます。もし先王に、先の世の潜在する業がおありで、死がその報いなら、王が今、殺したとしてもなんの罪があるでしょうか。ひたすら願うことは大王よ、心穏やかにして思い悩まないようにしてください。なぜなら、〔詩偈にも次のようにあります〕《もし常に思い悩めば、悩みはさらに増長する。眠りを好めば、眠りがさらに多くなるように。色や酒を好むこともまた同様である》と。（乃至）〈〔どうか〕《刪闍耶毘羅胝子》〔にお会いになってください〕〉

また一人の大臣がいる、〈悉知義〉という。王のもとへ行き、このような言葉を申し上げるには、（乃至）王がそれに対して答えていうことには、〈私は今、身心がどうして痛まないでいられるだろうか。（乃至）先王に罪はないのに非道に殺害した。私もまたかつて知者のいったことを聞いた、《もし父を殺害することがあれば、きっと永遠に塗炭の苦しみを受けるであろう》と。だから、私は今から、遠からずして必ず地獄に堕ちるであろう。また、名医でも我が罪を治療することができる者などいないのであろう〉と。

大臣が申し上げることには、〈ひたすら願うことは大王よ、思い悩むことをやめなさい。王は聞いたことがありませんか。昔、王がいた、名は《羅摩》といった。その父を殺して王位継紹を得ていた。跋提大王、毘楼真王、那睺沙王、迦帝迦王、毘舎佉王、月光明王、日光明王、愛王、持多人王、これらの王も皆、その父を殺して王位継紹を得ていた。しかし一人として地獄に入る者はない。現今の毘瑠璃王、優陀邪王、悪性王、鼠王、蓮華王、これらの王も皆、その父を殺したが一人として愁悩を生じる王はない。地獄や餓鬼や天界というが、誰か見た者がいるのでしょうか。大王よ、生存の状態は二種のみです。人間界と畜生道です。しかもこの二種の生存は、因縁によって生まれ、因縁によって死するのではありません。もし因縁によるのでなければなぜ善悪があるでしょうか。ひたすら願うことは大王よ、怖れを懐くことのないように。なぜなら、詩偈にも次のようにあります。《もし常に思い悩めば悩みはさらに増長する。眠りを好めば眠りがさらに多くなるように。色や酒を好むこともまた同様である》と。（乃至）〈〔どうか〕阿耆多翅金欽婆羅〔にお会いになってください〕〉

また大臣がいる、〈吉徳〉という。（乃至）〈《地獄》とはどのような意味があるのでしょうか。今、私が説明します。《地》は地面の地で、《獄》は破壊の意味です。地面（地）を破壊（獄）しても罪の報いはないのでしょう。これが《地獄》という意味です。また、《地》は人界、《獄》は天界です。父を殺害することで人天の世界に行くのでしょう。だから婆蘇仙人は唱えていうには、《羊を殺して人天の世界に生まれる楽を得る》と。このことを《地獄》というのです。また、《地》は命、《獄》は長です。殺生することで長命を得るから《地獄》というのです。ゆえに知るべきです。実に地獄はないのであろう、と。大王よ、麦を植えれば麦を得、稲を植えれば稲を得るように、地獄を殺せば、また地獄を得、人を殺せば、また人の身を得るはずです。大王よ、今、私の話を聴いてきっと殺害というものはないであろうということがおわかりでしょう。もし常住で単一な主宰の我《が》がある（有我）ならば実にまた殺害はない。もし我がない（無我）ならば殺害されることはないのでしょう。なぜなら、もし有我であれば、常住不変であるから殺害できません。破られることも壊されることもなく、つながれることも縛られることもなく、怒ることも喜ぶこともなく、それは虚空のようです。どうして殺害という罪があろうか。また、もし無我であれば、諸法は無常です。無常であるから時々刻々、刹那に滅します。時々刻々に滅するので、殺者も死者も刻一刻に滅します。もし刻一刻に滅するのであれば、誰に罪があろうか。大王よ、火が木を焼いても火には罪がないようなものです。斧が樹を切っても斧にもまた罪がないようなものです。鎌が草を刈っても鎌に罪がないようなものです。刀が人を殺しても、刀は人ではないから刀にはまったく罪はないようなものです。人にもどうして罪があろうか。毒が人を殺しても、毒は人ではないから、毒薬は罪人ではないようなものです。人にもどうして罪があろうか。すべて皆、またこの通りです。まことに殺害というものはないのでしょう。ならば、どうして罪というものがあろうか。ひたすら願うことは大王よ、思い悩まないようにしてください、なぜなら〔詩偈にも次のようにあります〕。《もし常に思い悩めば悩みはさらに増長するであろう。眠りを好めば眠りがさらに多くなるように。色や酒を好むこともまた同様である》と。今、大師がいます。《迦羅鳩駄迦旃延》といいます〉と。

また一人の大臣がいる、〈無所畏〉という。〈今、大師がいます。《尼乾陀若犍子》といいます〉〔と勧めた〕（乃至）

その時に、偉大な医者、〈耆婆〉という。王のもとへ行き、申し上げることには、〈大王よ、あなたがどうして〔安らかに〕眠ることなどできるでしょうか、どうでしょうか〉と。

王が詩偈によって答えていうことには、（乃至）〈耆婆よ、私は今、病いが重い。正しい治政者であった王を非道にも殺害した。あらゆる名医、妙薬、呪術（技術）、最良の看護によっても治すことはできない。なぜなら、我が父、法の王は法に従って国を治め、まことに罪はない。それを非道にも殺害した。魚を陸にあげるように。〈乃至〉私はかつて知者がいうことを聞いた。《身口意の三業が清浄でないならば知るがよい、この人は必ず地獄に堕ちるであろう》と。私もまたその通りである。どうして安穏に眠ることができようか。今、私には勝れた名医がいない。妙薬のような法を説いてこの病苦を除いてくれないか〉と。
耆婆が答えていうには、〈よいことです。王は罪を作ったが後悔し慚愧しています。大王よ、諸仏世尊は日頃からこのような教えをお説きです。《ふたつの白法があって、よく衆生を救う。第一は慚、第二は愧である。〝慚〟は自分が罪を作らないこと、〝愧〟は人に作らせないことである。〝慚〟は内に自らを羞恥すること、〝愧〟は隠さず人に告白懺悔することである。〝慚〟は人に恥ず、〝愧〟は天に恥ず、これを〝慚愧〟という。無慚愧は〝人〟とはいわず、〝畜生〟という。慚愧があるから、よく父母や師や目上の人を敬い、慚愧があるから、家族がある》と説きます。よいことです、大王は十分に慚愧しています〉と。〈乃至〉〈王は《治すことのできるような者などいないのであろう》といわれるが、大王よ、知るがよろしい、迦毘羅城の浄飯王の子で、姓は瞿曇、名は《悉達多》という方がおられます。師はなく、自ずからさとり、無上菩提を得られました〉と。〈乃至〉〈真の仏世尊です。金剛の智慧がおありで、衆生のすべての罪悪を破壊させることができないというならば、それは道理がないのでしょう〉と。〈乃至〉〈大王よ、この如来は従兄弟に提婆達多がいます。僧団を混乱させ、仏の身を傷つけ、蓮華比丘尼を殺して三逆罪を作りました。しかし、如来は彼のためにさまざまに法の本質をお説きになり、その重罪をすぐに軽くしておやりになりました。ゆえに如来は名医です。先の六人の師とは違います〉と。〈乃至〉
〔この時天空から声がした〕〈〔仏はいままさに涅槃に入ろうとされている〕大王よ、一つの逆罪を作れば、然る時には十分な罰を受ける。もし二つの逆罪を造ればその時には二倍になるであろう。五逆すべて具わるならば罪もまた五倍になるであろう〉と。〈大王よ、今、はっきりとわかったであろう、王の悪業はきっと免れることはできないのであろうと。ひたすら願うことは大王よ、速やかに仏のもとを訪ねよ。仏世尊を除いて他の者は救うことはできないのであろう。我れは今、汝を憐むから勧めるのである〉と。

その時、大王はこの声を聞いて心に恐怖し、身は戦慄した。五体は震えて芭蕉樹のようであった。天を仰いで尋ねていうには、〈天のあなたは誰というわけだろうか、姿を現さずしてただ声だけするが〉と。〈大王よ、我れは汝の父、頻婆沙羅である。汝は今、耆婆の言葉に従うがよい。邪見である六人の大臣の言葉に従ってはならない〉と〈天空からの声は答えた〉。

その時、それを聞いた阿闍世は悶絶して地に倒れた。身体のできものは膿み悪臭は倍増した。消炎薬を塗って治療しても、できものは熱く、熱は増しても冷めることはない」と。已上略出

【註釈】梵行品からの長い引文である。父王を殺害したことを後悔する阿闍世に、六人の大臣が六師を勧めている。親鸞は省略〔乃至〕を最小限にとどめ引用している。耆婆は言葉を尽くして阿闍世に釈尊と会うことを勧める。多くの実例を挙げて勧めるが、親鸞はこの部分を省略し、冗長な経文を簡潔にしている。

次に、親鸞は、引文ではなく、六臣と六師を整理するように列挙する。

邪見六臣・外道六師標列

一　大臣、「日月称」と名付く。　一　「富蘭那」と名付く。
二　「蔵徳」　二　「末伽梨拘賒梨子」と名付く。

三　一臣有り、名付けて「実徳」という。三　「那闍邪毘羅肱子」と名付く。
四　一臣有り、「悉知義」と名付く。四　「阿耆多翅金欽婆羅」と名付く。
五　大臣、名付けて「吉徳」という。五　「婆蘇仙」
六　「加羅鳩駄迦旃延」六　「尼乾陀若犍子」と名付く。

【註釈】六臣六師の配当や名に乱れもあるが、六師の説を親鸞が注視していたことがわかる。のちの書写本では乱れが修正されている。

さて『涅槃経』では、苦悶する阿闍世を、釈尊は、涅槃の地クシナガラにあって、神通力によって見ている。釈尊は入涅槃という時間の限界まで多くの人を救おうとする。阿闍世もその一人であった。苦悶する阿闍世を見て釈尊は、阿闍世のため（為）に涅槃に入る時を延ばそうと皆に告げる。それを聞いた迦葉菩薩は、皆のためにとどまっていただくべきで、どうして阿闍世王だけのためにとどまられるでしょうか、と質す。釈尊は、阿闍世が悶絶して倒れたのは、自分が涅槃に入ってしまうと思っているからである。だから阿闍世のために涅槃に入らないといったのであると釈明する。次の引用を、その場面から親鸞はしている。同じ梵行品からである。

『涅槃経』梵行品の文　釈尊矜哀の善巧

また言うには、「〔釈尊は仰せになった〕〈迦葉菩薩よ、私がいう所の《阿闍世王の為に（為阿闍世王）涅槃入らず》、この真意を汝は理解できない。私がいうこの《為》とは一切の凡夫の為にという意味である。

《阿闍世》といったが一切の五逆罪を造る者という意味である。また《為》というのは一切の有為（生滅変化する迷い）の衆生を指すのである。私はついぞ、無為（不生不滅）の衆生の為にこの世にとどまっているのではない。無為ならばすでに衆生ではないからである。《阿闍世》とは煩悩を具足した者のことである。また《為》とは仏性をさとれない衆生のことである。もし仏性をさとれるような者の為に、私はついぞ、長くこの世にとどまることはない。仏性をさとる者はもはや衆生ではないからである。《阿闍世》とは、一切のいまだ無上菩提心を発さない者のことである。（乃至）また《為》とは衆生の為を思う仏心（仏性）である。《阿闍（アジャータ）》とは《不生》という意味である。《世（サットゥ）》とは怨みという意味である。仏性を生じない（不生）から煩悩である怨みが生じ、煩悩である怨みが生じるから仏性をさとらないのである。反対に、煩悩を生じない（不生）ならば仏性をさとる。仏性をさとるので無上涅槃に安住することを得る、これが《不生》である。ゆえに《阿闍世》と名付けるのである。迦葉菩薩よ、《阿闍》は不生という、不生は《涅槃》である。《世》は世法（俗世間の事柄）という意味である。《為》は不汚《ふわ》（清浄）である。世間の八法（利・衰・毀・誉・称・譏・苦・楽）によって汚されることがないから、無数劫の間、涅槃に入らないのである。だから私は《阿闍世の為に無量億劫に涅槃に入らず》といったのである。迦葉菩薩よ、如来の奥深い言葉は不可思議である。仏も法も僧もまた不可思議である。菩薩もまた不可思議である。『涅槃経』もまた不可思議である〉」

【註釈】釈尊は、自身のいう「阿闍世の為に涅槃に入らず」という言葉の意味を迦葉菩薩に説明する。「阿闍」「世」「為」と分けて、四重の意味を加えている。第一の意味では、五逆罪（＝阿闍世）などの有為

（為）の衆生のために涅槃に入らないとして、仏心の立場を明らかにしている。第二の意味では、仏性を生じない（不生＝阿闍）から怨み（世）が生じた者として阿闍世という名を解釈して、父殺しの因縁を明らかにしている。第三の意味では、煩悩を生じない（不生＝阿闍）から仏性をさとる者として阿闍世という名を解釈して、さとりへの道筋があることを明らかにしている。第四の意味では、「阿闍」は不生、涅槃、「世」は俗世間の事柄、「為」は不汚であるから、「為阿闍世」というのは、俗世間の事柄に汚されない涅槃と解釈している。これは仏心が超越的であることを明らかにして、煩悩の只中で機能する涅槃のはたらきがあることを明らかにしている。

難解であるが、このように「為阿闍世」を解析して解釈している。天台大師智顗は『妙法蓮華経文句』（『大正蔵』三四、二六頁上）でこの文を取り上げて阿闍世の二重性を指摘し、その本性は大聖であるとしている。香月院深励はそれに同調して、親鸞が引用する意図も同様であるとしている（『教行信證講義集成』第七巻、三頁）が、親鸞がここでそのようなことをいう必要はないようである。

親鸞は、阿闍世を救わんとする釈尊は阿闍世の罪と救いを明らかにして、自身は入滅するが、生死を超えてさとりへと導く仏心があることを示そうとしたことを、四重の解釈から読み取ったのである。この一連の『涅槃経』の引文のあとに、親鸞は「今、大聖の真説に拠るに、難化の三機、難治の三病は、大悲の弘誓を憑み、利他の信海に帰すれば、斯れを矜哀して治す、斯れを憐憫して療したまう」（『真宗聖典』三〇九頁）と結成勧信といわれる自釈を置いていることから考えれば、ここは阿闍世が阿弥陀仏の本願によって救われるという文脈になる。阿闍世の為に涅槃に入らずという釈尊の仏心を、親鸞は弥陀の本願として読んだに違いない。釈尊は入涅槃するが、阿弥陀仏の衆生の為を思う不取正覚（不入涅槃）という願心は、迷いのある限りこの世にとどまる仏心である。親鸞はそれを「為阿闍世不入涅槃」の第四の意味が示していると読んだと考えられる。智顗とは懸け離れた読み方である。

引文は続き、次に釈尊は月愛三昧に入る。

296

『涅槃経』梵行品の文　月愛三昧

「その時、大悲の導師である世尊は、阿闍世王の為に月愛三昧にすでに入っていた。三昧に入って大光明を放つ。その光明は清涼で、王へと至り、その身を照らしてくださり、身のできものは即時に癒えてしまった。（乃至）

王が耆婆にいうことには、〈耆婆よ、彼は天の中の天である。どのようなわけでこの光明を放たれたのであろうか〉と。耆婆は答えた。〈大王よ、今、このめでたい前兆である光明は王の為のように見えます。先ほど王がいうことに、世間の名医でこの身心の病を治せる者はいないとのことであったので、この光明を放って、まず、王の身の病を治すのです。それから心の治療に及ぶのです〉と。

王が耆婆にいうことに、〈如来に拝謁させていただけると思うか〉と。耆婆は答えていうことに、〈たとえば、ある人に七人の子があるとして、その一人が病気になれば、父母の心は平等でないわけはないが、しかし特に病気の子に心を寄せるようなものです。大王よ、如来もまた同様です。あらゆる衆生に平等でないわけはないが、特に罪深い者に心をひたすらに寄せるのです。放逸の者を仏は慈しんでくださり、不放逸の者をさて置くのです。どのような者を《不放逸の者》というのか、それは六住（初地から六地）の菩薩のことです。大王よ、諸仏世尊はすべての衆生を、種姓（ヴァルナ）や年齢、貧富、時代、生まれ年、手工業（職業）、身分の低さ、召使いの少年、召使いの女子であることなどによってご覧にならない。ただ、善心がある衆生をご覧になる。もし善心があれば慈しんでくださいます。大王よ、知るがよろしい、このような不思議な光明は、きっと如来が月愛三昧に入って放たれた光明です〉と。

王が尋ねていうことに、〈どのようなことを《月愛三昧》というのか〉と。耆婆が答えていうことに、〈例えば月光がすべての青蓮華を一面に咲かせて鮮やかに映すようなものです。月愛三昧もまた同様で、衆生に善心を開かせるのです。ゆえに《月愛三昧》というのです。大王よ、例えば月光は、すべての夜道を行く人の心に歓喜を起こさせるようなものです。月愛三昧もまた同様で、さとりの道を修めようとする者の心に歓喜を起こさせるのです。このゆえにまた《月愛三昧》というのです〉と。（乃至）〈あらゆる善の中の王で、甘露の味わいです。すべての衆生が慈しみ求める所です。このゆえにまた月愛三昧というのです〉と」（乃至）

【註釈】釈尊は月愛三昧に入って光明を放ち、それによって阿闍世のできものは治癒した。親鸞は先に真の仏弟子を解釈した時、冒頭に第三十三触光柔軟の願を挙げた。そこには「我が光明を蒙りて其の身に触るる者、身心柔軟にして人天を超過せん」とある。段落（科文）では別の節として読まれてきたが、文脈は連なっており、親鸞は『涅槃経』の阿闍世のうえに触光柔軟の願成就を見ている。この三昧の内容は明らかではないが、その効能は、衆生の善心を開かせ、衆生に歓喜を生じさせるとされる。この「善心」や「歓喜」の内容は明らかではないが、光明に摂取されて生じる信がそこに示唆されていると考えられる。それは読み進むことによって明確になろう。梵行品からの引用はまだ続く。

『涅槃経』梵行品の文　釈尊の教導（一）

「その時に、釈尊がすべての弟子たちに告げていわれることには、〈一切の衆生が無上菩提に至る縁は善友が一番でほかに及ぶものはない。なぜなら、阿闍世王が、もし耆婆の言葉に従わないならば、来月の七日に必ず死んで無間地獄に堕ちるであろう。だから日が近づいてしまった時、善友に及ぶものはない〉と。

また、その頃阿闍世王は道の途中で聞く、〈舎衛国の毘瑠璃王は船で海に出たが船火事にあって死んだ。また瞿伽離比丘は生きたまま地中に埋没し無間地獄に堕ちた。須那刹多はさまざまな悪行をなしたが、仏のもとを訪れすべての罪は消滅してしまった〉という話を。この話を聞いて、阿闍世が耆婆にいうには、〈私は今、このような二通りの話を聞くが、まだはっきりしない。心を決めて汝も来たのであるから、耆婆よ、我れは汝といっしょに同じ象に乗りたい。もし私が無間地獄に堕ちるならば、どうか汝は捉まえて、私を堕とさせないようにしてほしい。それは、以前聞いたからである。《道を得た人は地獄に堕ちない》〉」と。乃至

【註釈】釈尊に会いに行こうとしているが、阿闍世は心細さを隠せない。その次の部分を親鸞は省略しているが、このあと、阿闍世は涅槃の地、双樹林の釈尊を訪れ、帰依し、釈尊は正法の要を説法する。その説法の途中からの部分を、親鸞は前の引文に続き、「乃至」を挟むだけで連続する文として以下のように引用している。以下の文は、耆婆の言葉の続きとして読みそうになるが、『涅槃経』では、自身を観察する教えを聞いて自分のような者は地獄に堕ちるほかはないという阿闍世に対する、釈尊の説法である。しかし、いかにも釈尊らしくない言葉もあるので、親鸞は耆婆の言葉としたかったのかもしれないが、真意

は不明である。

298

『涅槃経』梵行品の文　釈尊の教導（二）

「〈どうして、《必ず地獄に堕ちる》というのであろう。大王よ、一切の衆生が作る罪業に総じて二種ある。軽い罪と重い罪である。もし心と口で作れば《軽罪》といい、身と心と口で作れば《重罪》という。大王よ、心に思い、口でいっても、身で行わなければその報いは軽いのである。大王は以前、口で《殺せ》と命令せずに、ただ〔立ち上がらせないために〕《足を削げ》とだけいっていたのだな。大王が、もし家臣に〔殺せと〕命じたのであったら、立ちどころに（坂東本の読み）父王の首を斬ったであろう。もし坐っている時に斬ったとしても、やはり罪はないであろう。まして王は殺せとは命じていないのであるから、どうして罪になろうか。もし王に罪があるならば諸仏世尊もまた罪を得ることになるであろう〉」

【註釈】引文の途中であるが、解説を加える。親鸞は「立ちどころに王の首を斬らまし」と読んでいるが、経文は「立つとき王の首を斬れ」となっている。それなら「坐の時（坐っているとき）」は立ち坐りの意味で取れるが、「立ちどころに」と読むと意味が取りにくくなる。『十誦律』では、幽閉された頻婆沙羅は、獄窓から釈尊や弟子たちを見て生きる支えにしていた。阿闍世はそのことを聞いて窓を閉ざしたが、なお頻婆沙羅は隙間から釈尊を拝見していたので、阿闍世は立てないように脚の底を削らせた（『大正蔵』二三、二六一頁下取意）とあるので、『涅槃経』はそれを考慮して、「立つとき」と記しているようである。

引文は続いている。「もし王に罪があるならば諸仏世尊もまた罪を得ることになるであろう」という理由を述べる段である。

『涅槃経』梵行品の文　釈尊の教導（三）

「〈なぜなら、汝の父である先王の頻婆沙羅は常に諸仏を供養して善根を積んでいたのだな。そのおかげで、このごろ王位に即くことができた。諸仏がもしその供養をお受けにならなかったなら、王になることはなかったであろうものを。もし先王が、王になることがなかったならば、汝は国を治めようとして殺害することはなかったであろうものを。もし汝が父を殺して罪があるならば、我ら諸仏もまたきっと罪があるであろう。もし諸仏世尊が罪を得ることがないならば、汝一人にどうして罪があろうか。大王よ、頻婆沙羅は昔、悪心を起こした。毘富羅山に遊び、鹿を狩りに広野を巡った時に、まったく鹿を狩ることができなかった。ただ、一人の五種の神通力を具えている仙人だけに会う。会ったとたん、怒りと悪心が起きた。《私が今、狩りをして獲物がないのは、きっとこの者が追い払って逃したためである》と。即座に側近に命じて殺害させたが、仙人は事切れる前に怒りを生じ、その悪心によって神通力を失い、呪を唱えることには、《我れに罪はない。汝は心と口で非道に殺害する。我れもまた来世において、帰って来て、必ずされた通りに心と口をもって汝を殺害するであろう》と。時に、王はそれを聞いて後悔し、死骸を手厚く葬った。先王はこのようにして、やはり報いは軽く、地獄には堕ちなかった。ましてあなたは、殺せとまでは命令していないのだから、地獄の報いを受けるはずがあろうか。先王は仙人を殺害させた罪の報いを自らが受けたのである。どうしてあなたに殺害の罪を負わせようか。あなたは、先王に罪はないというが、大王よ、どうして過ちがないというのか。罪があれば報いがあるのである（この箇所は坂東本の訓点では意味が取れないので原文の意を取った)。悪業がなければ報いはないのであろう。汝の父である先王に、もし罪がないのであれば、どうして報いがあろうか。頻婆沙羅は現世で、善い報いと悪い報いを受けた。ゆえに先王の罪の報いもまた不定である。〔果である報いが〕不定であるから〔因である〕殺害ということも不定である。殺害が不定であれば、どうして《必ず地獄に堕ちる》といおうとするのか。

大王よ、衆生の常軌を逸した言動には大体、四種ある。第一は貪欲によるもの、第二は薬物によるものがある。第三は呪いによるもの、第四は過去の業縁によるものである。大王よ、私の弟子の中にもこの四種の言動がある。多くの悪を為すが、私は最後まで、これらの者が戒を犯したという善悪の区別をつけない。これらの言動で三悪道に至ることはない。もし、我《われ》に返れば犯戒ではない。王はかつて国を欲しがって父王を殺害した。貪欲による心の惑乱のためにしたのであるから、どうして罪になろうか。大王よ、人が酩酊して母を殺害したならば、醒めたあとで後悔するようなものである。知るべきである、これもまた報いを受けることはないだろう。王は今、貪欲に酔っていた。本心からしたのではない。もし本心でしたのではないのなら、どうして罪になろうか〉」

【註釈】この一連の、耆婆もしくは釈尊の阿闍世に対する説得は詭弁のようであるが、事件の因果関係を精密に解明しようとする点で、六師とは異なっている。バラモン教や六師外道のように、単純な因果関係で罪と罰を強調、また否定するのではなく、縁起の理法によって、無明煩悩によって惹起された事件として、その背景と必然性を示そうとしている。さらに、事件の本質は縁起生であるがゆえに空であることを次に説く。

『涅槃経』梵行品の文　釈尊の教導（四）

「〈大王よ、例えば幻術師が街の四つ辻でさまざまな男や女、象や馬、装身具や衣服の幻を見せるようなものである。愚者はそれを真実と思っているが、智者は真実ではないとわかっている。殺害についてもまた同様である。凡夫は真実と思っているが、諸仏世尊は真実ではないとわかっておられる（凡夫は実と謂えり。諸仏世尊は、其れ真に非ずと知ろしめせり）。大王よ、例えば山谷のこだまのようなものである。愚者は真実の声と思っているが、智者は真実ではないとわかっている。殺害についてもまた同様である。凡夫は真実と思っているが、諸仏世尊は真実ではないとわかっておられる。大王よ、怨恨のある者が、本心を隠してなれ親しみ言い寄ってくるようなものである。愚者はまことに親しもうとするが、智者はさとって、そこでそれが虚偽で詐《いつわ》っているとわかる。殺害についてもまた同様である。凡夫は真実と思っているが、諸仏世尊は真実ではないとわかっておられる。大王よ、人が鏡を持って自分の顔貌を見るようなものである。愚者は真実の顔貌であると思っているが、智者はさとって真実ではないとわかっている。殺害についてもまた同様である。凡夫は真実と思っているが、諸仏世尊は真実ではないとわかっておられる。大王よ、陽炎のようなものである。愚者はこれを水と思うだろうが、智者はさとってそれは水ではないとわかるだろう。殺害についてもまた同様である。凡夫は真実と思うだろうが、諸仏世尊は真実ではないとわかっておられる。大王よ、乾闥婆城（幻の城、蜃気楼）のようなものである。愚者は真実と思っているが、智者はさとって真実ではないとわかっている。殺害についてもまた同様である。凡夫は真実と思っているが、諸仏世尊は真実ではないとわかっておられる。大王よ、夢の中で五欲の愉楽を受けるようなものである。愚者は真実と思っているが、智者はさとって真実ではないとわかっている。殺害についてもまた同様である。

凡夫は真実と思っているが、諸仏世尊は真実ではないとわかっておられる。
大王よ、殺害の方法、殺害の行為、殺害する者、殺害の報い、および報いからの解脱について、私はそのすべてを知っているが、それで罪があることはないのであろう。王が〔父王〕殺害のことを知っていても、どうして罪があろうか。大王よ、例えば君主が酒宴のしきたりを知っていても、酒を飲まなければ酔わないようなものである。また、火を知っていても燃えないようなものである。あなたもまた同様である。殺害のことを知っていても、どうして罪があろうか。大王よ、多くの衆生がいて、日の出ている時にいろいろ罪を作り、月の出ている時にまた強盗を働き、日も月が出ていない時は罪を作らないとしよう。日や月が原因で罪を作らせたとしても、日や月に罪はない。殺害についてもまた同様である。〈乃至〉
大王よ、例えば涅槃は、有ではなく無ではなく、また有であるようなものである。殺害もまた同様である。有ではなく無ではなくして、また有であるが、慚愧の人には有ではなく、無慚愧の者には無ではない。報いを受ける者には有である。空を知る空見の人には有ではなく、事物を実体視する有見の人には無ではない。有見に執着する有有見の者にはまた有である。なぜなら、有有見の者は報いを受けるからである。有見のない無有見の者は報いを受けない。涅槃常住を知る常見の人は有ではない。涅槃常住がわからない無常見の者は無ではない。常住に執着する常常見の者は無とすることはできない。なぜなら常常見の者は悪業の報いがあるから無とすることはできない。このようなわけで、始めに、非有非無でありまた有であると説いたのである。大王よ、生存する者とは出入する気息である。出入する息を絶つことを殺害という。諸仏も世俗に従ってかりに殺害というのである〉」

【註釈】実に七回も「凡夫は実と謂《おも》えり。諸仏世尊は、其れ真に非ずと知ろしめせり」と説いている。『涅槃経』では釈尊の言葉であるが、「知ろしめせり（わかっておられる）」と、親鸞は「知る」に尊敬語の送りがなを付している。敬語を用いる読みかたになると、この「諸仏世尊」は釈尊自身のことではないか、もしくは、自身も含めた諸仏に対する釈尊の敬意の表現になろうかと思われる。しかし、また行巻で触れたように、和讃における「諸仏」の左訓に「みたをしよふちとまうす　くわとにんたうのこゝろなり（弥陀を諸仏と申す。〔諸仏阿弥陀三耶三仏薩楼仏檀〕過度人道〔経〕のこころなり）」（『定本親鸞聖人全集』二・和讃篇、三八頁）とあることに留意すれば、この「諸仏世尊」には弥陀世尊を示そうとする親鸞の意図を感じる。その場合の弥陀世尊は、親鸞にとって、西方阿弥陀仏という固有名詞の限定を超えて、究極的には十二光で表されるような真仏（不可思議光如来）なのであろう。

また、涅槃も殺害も、本来、非有非無であり空であることが説かれている。責任を逃れさせる言葉にも聞こえるが、無明から必然的に縁起した事象は、無明を滅すれば真ではない、という縁起の思想が表れている。恫喝でも慰撫でもない縁起と空による説得によって、阿闍世は心を開く。

『涅槃経』梵行品の文　無根の信（一）

「〈世尊よ、世間では伊蘭の種から臭い伊蘭の樹が生えます。伊蘭の種から芳しい梅檀の樹が生えるのを見たことはない。しかし私は今、初めて伊蘭の種から梅檀の樹が生えるのを見ました。《伊蘭の種（伊蘭子）》とは我が身です。《梅檀の樹》とはこの我が心、無根の信です。《無根》とは、私は初め、如来を敬うようなことを知らず、法も僧も信じなかった、これが《無根》です。世尊よ、もし如来世尊に遇わなければ、きっと計り知れない間、地獄で無量の苦を受けたでしょう。私は今、仏に拝謁申し上げました。仏に遇い得た功徳をもって、衆生の煩悩や悪心を破壊させます〉と。

釈尊が仰せになることには、〈大王よ、それはよかった。私は今、汝が必ず衆生の悪心を破壊するであろうことを知った〉と。阿闍世は答えた、〈世尊よ、私はもし衆生のあらゆる悪心を破壊するならば、無間地獄で無限の時間、あらゆる衆生のために苦悩を受けたとしても、それを苦とはしません〉と。

その時、マガダ国の無量の人民は悉く無上菩提心を発した。これら無量の人民は大菩提心を発したので、それは阿闍世王の重罪を軽くさせた。阿闍世王ならびに韋提希夫人や妃、女官たちも皆、同じく無上菩提心を発した。

その時、阿闍世王が耆婆にいうことには、〈耆婆よ、私は今、いまだ死なずしてすでに天身を得た。短命を捨て長命を得、無常の身を捨て常住な身を得た。あらゆる衆生に無上菩提心を発させる〉」と。（乃至）

【註釈】 阿闍世は遂に無根の信を得る。それによって人々は無上菩提心を発す。この無上菩提心は先の菩提心釈で明らかなように、信心として親鸞は読んでいる。また阿闍世は天身を得たというが、これも、明らかに第三十三願の「身心柔軟にして人天に超過せん」の成就と読んでいる。科文（段落）で区切ってしまうと、親鸞の思索の長大さを読み取れなくなってしまう。

また、引用では続く経文は略されているが、阿闍世は言葉を続けて「即ち是天身、長命常身、即ち是一切諸仏の弟子なり（天身、長命、常身を得た私は一切諸仏の弟子である）」という。親鸞はこの阿闍世の「諸仏の弟子」という言葉だけを抜き出して、次の文節の地の文の主語にしている。親鸞は経文の改変によって、阿闍世を諸仏の弟子として処遇していることになる。これも先の真仏弟子釈の「真仏弟子と言うは、真の言は、偽に対し、仮に対するなり。弟子は、釈迦・諸仏の弟子なり、金剛心の行人なり」と照応している。そうすれば親鸞は、無根の信を生じた阿闍世を真の仏弟子と見ていることになる。引用は続く。

『涅槃経』梵行品の文　無根の信（二）

「諸仏の弟子（阿闍世）は、こういったあと、さまざまな宝幢を以て（乃至）、また偈頌を以て、釈尊を讃えて申し上げることには、〈その真実の言葉は奥深く勝れている。巧みな教化の言葉は深く秘密の蔵である。衆生のために、あらゆる広い学識の言葉で教える。あるいは衆生のために、なんと簡潔にお説きになることよ。このような言葉を携え衆生を施療する。もし、さまざまな衆生で、この言葉を聞き得る者は、信不信に拘わらず必ずこの仏説を了知するであろう。諸仏は常に穏やかな言葉で、また相手のために厳しい言葉でお説きになる。厳しい言葉も穏やかな言葉も、皆、第一義諦（真実）に帰着するであろう。ゆえに、我は今、世尊に帰依したてまつる。如来の言葉は同一で平等であり、あたかも大海の水のようである。これを第一義諦という。ゆえに意味のない言葉はなく、如来が今お説きになるさまざまな無量の教えは、それを聞く老若男女に同じく第一義諦を得させるであろう。無因にして、また無果である。無生にして、また無滅である。これを大涅槃という。聞く者のすべての煩悩を打ち破る。如来は一切の人々の慈父母になってくださった。まさに知るべきである、皆、如来の子である。世尊の大慈悲が、皆のために苦行を修められるさまは、人が妖怪変化にとり憑かれて錯乱してさまざまな所行をするが如きである。

我は今、仏にお遇いすることができた。それによって得る身口意の三業の善根功徳を、願わくは無上菩提へと回向しよう。我、今、供養する三宝が、願わくはこの功徳によって常に世におわしますように。我、今まさに得るに違いないさまざまな功徳によって、願わくは衆生の四種の魔（煩悩魔・陰魔・死魔・天子魔）を打ち破ろう。我は悪い師に遇い、三世に亘る罪を作った。今、仏の前で懺悔する。願わくは二度とこのような罪を作ることのないように。願わくは、すべての衆生に平等に菩提心を発させ、心をかけて常にあらゆる仏を念じよう。また願わくは、あらゆる衆生が永くすべての煩悩を打ち破り、明瞭に仏性を見ることが、あたかも文殊菩薩と同じようになりたい〉」と。

【註釈】 以上は阿闍世が釈尊を讃える偈頌である。阿闍世は特に釈尊の「言葉」の功徳を称讃する。言葉を尽くしての釈尊の懸命な教化への感謝であろう。阿闍世に、自身がさとり、他をさとらしめようとする自利利他円満な菩提心が生じたことが知られる。もちろん親鸞はそれを真実信心として読もうとしている。

次に、釈尊もその阿闍世を讃える。

『涅槃経』梵行品の文　無根の信（三）

「その時、世尊が阿闍世王をお褒めになるには、〈それはよかった、もし人が菩提心を発すならば、知るべきである、この人は諸仏や会座に集う人々を荘厳する者になる。大王よ、汝は昔、毘婆尸仏の御許で初めて無上菩提心を発している。それ以来、私が世に出るまでの間、地獄に堕ちて苦を受けることはなかった。大王よ、知るべきである、菩提心にはさらにこのような無量の果報があると。大王よ、今日より以後、常に必ず菩提心を勤め修めるがよい。なぜなら、この因縁によってきっと無量の罪悪を消滅することができるからである〉と。

時に、阿闍世王とマガダ国の人民は皆、座より立ち、仏の周りを三度遶《めぐ》って、辞して宮へ帰って行った」と。已上抄出

【註釈】梵行品からの引文が終わった。釈尊は、菩提心を発した阿闍世を讃え、菩提心の功徳を説いている。親鸞がこの菩提心を真実信心と読んでいることは明らかである。

次の引用は迦葉菩薩品からである。梵行品と同様に阿闍世の父王殺害を主題にしているが、別の角度から記述している。阿闍世が無根の信を得るくだりについて、親鸞は重要な内容を読み取っているゆえの引用である。梵行品の、釈尊の月愛三昧による阿闍世の救済は、釈尊を介した阿弥陀仏の第三十三触光柔軟の願の成就と読める。真仏弟子釈冒頭に、第三十三願に続いて第三十四聞名得忍の願を親鸞は挙げたが、それが伏線になっており、迦葉菩薩品では第三十四願成就を阿闍世のうえに見ようとしている。

『涅槃経』迦葉菩薩品の文

また言うことには、「迦葉菩薩よ。王舎城の王頻婆沙羅、その太子は〈善見〉という。業縁のゆえ、悪逆の心を起こして、父を殺害しようとするが機会がなかった。時に、悪人の提婆達多もまた業縁によって私に対して不善の心を起こして、私を殺害しようとした。さて提婆達多は五つの神通力を修得し、ほどなくして善見太子と親交を結ぶことができた。太子のために、いろいろな不思議を現した。城門のない所か

ら出て城門から入ったり、城門から出て城門のない所から入ったりして見せた。ある時は、象や馬、牛や羊、男や女に変身して見せた。善見太子はそれを見て、好ましさと喜びと信頼の心を持ち、師と仰ぐまでになり、それゆえ厳かにさまざまな品を設え施物を捧げた。また、善見が申し上げることには〈大師聖人、私は今、天界の曼陀羅華が見たい〉と。すると提婆達多は即座に従い（「法として」坂東本の読み）忉利天へ行き、天人に近付いて求めたが、すでに福が尽きていたので誰も与える者はいない。まったく華を得られないので、次のように考えをめぐらすことには〈曼陀羅樹には自我への執着や所有への執着はない。もし私がその華を取っても、きっと罪はないだろう〉と。直ちに進んで取ろうとすると神通を失った。再び自身を見ると王舎城にあった。恥ずかしさで再び会うことができなかった、善見太子に。

また、このように企むことには〈私はすぐに、釈尊のもとへ行き弟子たちを私の所属にしよう。釈尊が許すならば、自分の方針によって教え、舎利弗などに命令しよう〉と。時に提婆達多が私のもとへ来て、いうことには〈どうか如来よ、この弟子たちを私に譲り渡してください。私は必ずさまざまな法を説いて教え、信伏させます〉と。私が愚か者にいうことには〈舎利弗などは仏の智慧の教えを聴聞して世間の人々から信服されているが、それでも私はまだ弟子たちを託さないつもりである。まして汝のような愚かな者で、人の唾《つばき》を食らう者に託すことができようか〉と。すると提婆達多は私に対してますます悪心を起こして、いうことに〈ゴータマよ、汝は、今は弟子たちを信服させているが、その力は長くは続かないだろう。必ず、現に尽きるであろう〉と。こういったとたんに大地は六度震動した。提婆達多はまもなく地に倒れ、その身辺から暴風が起こり、土埃が舞い上がり埃まみれになった。提婆達多は自身の〔地獄に堕ちたような〕醜悪な姿を見て、いうことには〈もし、私はこの身で、このように現世で必ずや無間地獄に入るのならば、私の悪は、必ずこのような大悪をもって報復するだろう〉と。

そして提婆達多はまもなく立ち上がり、その足で善見太子のもとに行った。善見が提婆を見て問うていうことには〈どうして容貌が憔悴し悲しそうなのですか〉と。提婆は答えて〈私はいつもこの通りです。あなたは知らないのですか〉と。善見はいう、〈どうかそのわけを話してください。なんの理由があってそのようであるのですか〉と。提婆はいう、〈私は今、あなたに親愛を寄せている。しかし外部の者はあなたを貶《けな》して非道とする。私はこのことを聞いてどうして悲しまずにはいられようか〉と。善見はまたいう、〈国民はどうして私を貶すのか〉と。提婆は答えて、〈国民はあなたを貶して《未生怨》といっています〉と。善見は問う、〈どうして、私を《未生怨》と呼ぶのですか。誰がこの名を付けたのですか〉と。提婆はいう、〈あなたがまだ生まれなかった時、すべての占い師が皆いうことには、《この子は生まれて来て必ずその父を殺すであろう》と。だから外の者は皆、あなたを《未生怨》（生まれる前からの仇）と呼ぶのです。宮中の者はあなたの心を守るために善見というのです。韋提希夫人は占い師の言葉を聞いて、まさにあなたを産もうして、身は高楼の上よりあなたを地へ産み落としたのです。しかし、あなたは指を一本、損傷しただけでした。この因縁によって人はあなたを折指（婆羅留枝）とも呼びます。私はこれを聞いて悲憤したが、あなたに話すことはできなかった〉と。提婆はこのようなさまざまな悪計をめぐらし父王を殺させようとし、〈もしあなたの父が死ねば、私もまた、抜かりなくゴータマ沙門を殺すつもりです〉と。

善見太子は一人の大臣、行雨（雨行）に問うた。〈父王はどうして、私の名を決めようとして《未生怨》（アジャータシャトル）としたのか〉と。大臣は事の顚末を話したが、提婆の話の通りで違いはなかったのであろう。善見は聞き終わると、この大臣といっしょに父王を捕え、城外に監禁し、四種の兵によって監視させた」

【註釈】このように迦葉菩薩品では、阿闍世の父王殺害の動機が提婆との関係にあったと、釈尊によって詳説されている。提婆は阿闍世（アジャータシャトル）という名の由来を讒言する。「アジャータシャトル」の「アジャータ」は不生、「シャトル」は敵（怨、仇）であるから、敵が生じない、無敵という誇り高い名である。それを提婆は、未生怨（生まれる前からの敵）という隠された意味を告げ口し、大臣の行雨も口裏を合わせた。これによって王舎城の悲劇は引き起こされた。

坂東本ではこの行雨（朱で「雨行」と修正）に留意して上欄には「或本雨行」と注がある。『高僧和讃』でもわざわざその名前を挙げている（『真宗聖典』五七八頁）。親鸞の当時、念仏弾圧事件にも類似する人物がいたのであろうと推測する。例えば『歎異抄』の終わりにある流罪の記録（『真宗聖典』七八六頁）において、わざわざ、遠流や死罪は「二位法印尊長の沙汰」であることが明記されていて興味深い。

坂東本では「法として三十三天に至りて」で意味が取りにくいが、原文には「三十三天に往至し」（『大正蔵』一二、八一一頁下）とあって、「法」と「往」は字形が似ているための形誤と思われる。

ともかく『観無量寿経』の王舎城の悲劇が必然する理由が、先の梵行品によって、さらにこの迦葉菩薩品によって説明され、物語の全貌は明らかになった。引用は続く。

『涅槃経』迦葉菩薩品の文　悪逆と獲信の因縁

「韋提希夫人はこのことを聞いてすぐに王のもとへと行ったが、時に看守は遮り、入ることを許さなかった。その時に韋提希は怒って、これを罵った。そこで看守たちが善見太子に報告することには、〈韋提希夫人が父王に会いたがっておられますが、わかりません、許していいのかどうか〉と。善見は聞いて、また怒り、すぐさま母のもとへ行き、進みよって母の髪をつかみ引き、刀を抜いて切ろうとした。その時、耆婆が大王（善見）へ申し上げることには、〈大王よ、この国が生まれて以来、罪が極めて重くても女性を重罰に処することはない。まして生みの母ではありませんか〉と。善見太子はこれを聞いて、この耆婆の言葉によって母を手にかけることは、直ちに打ち捨てたが、父王に会わせず、父王への衣服や寝具、飲食や投薬を遮断した。七日経って王の命は尽きてしまった。

善見太子は父の亡骸を見て初めて後悔が生まれた。雨行（行雨）大臣は、またさまざまに邪悪な教えを説く、〈大王よ、一切の行為にすべて罪はない。どうして今になって後悔するのですか〉と。一方、耆婆もまたいう、〈大王よ、知るべきです。このような行為は二重の罪業です。一つは父の王を殺したこと、二つは無漏の聖者（須陀洹）であった王を殺したことです。このような罪は、仏以外に取り去ってくださる人はおられない〉と。善見王がいうには、〈如来は清浄で煩悩の汚れはおありではない。私のような罪人がどうしてお会い申し上げることができようか〉と。

〔釈尊はいう〕〈迦葉菩薩よ、それで私は《この事（罪人が会うことのできる仏）を知っているであろう》と阿難に告げた〉さらに《《三ヶ月後に私は必ず涅槃に入るであろうが故に〔しかし、入滅しない仏がおられる〕》と。善見はそれを聞いてすぐに私（釈尊）のもとへ来〔て、いっ〕た。《私（阿闍世）のために〔罪人が会える、入滅しない仏の〕法（名）を説いて、重罪を軽くさせました、無根の信を得させてください〔「獲しめたまえ」坂東本の読み〕》と〉」

【註釈】『観無量寿経』にもあるように、阿闍世は頻婆沙羅を庇う母韋提希をも殺そうとするが、耆婆の諫言によって思いとどまる。しかし梵行品にもあるように、遺骸と対面した阿闍世は後悔を覚える。雨行（坂東本ではわざわざ「ある本には行雨となっている」と注釈している）は梵行品の六臣と同様に罪はないと賺《すか》すが、耆婆は、その罪業は二重であり仏以外に罪責を免れしめるかたはおられないと、仏に会うことを勧める。阿闍世は自分のような罪人に会ってくださるだろうかと逡巡する。それを知る釈尊は、罪人《つみびと》こそが会え、入滅しない仏の名を阿闍世に説いて罪責を軽くさせ、阿闍世は無根の信を求める身となった、ということになる。以下に言及するが、原文の意とは異なるが坂東本における文字の移動や送りがなによれば、以上のような文意になろう。

親鸞は迦葉菩薩品の経文中の一字を移動させて引用している。「善男子我知是事故　告阿難　過三月已吾当涅槃（善男子、我れ是の事を知るが故に阿難に告ぐ、〈三月を過ぎ已りて吾れ当に涅槃すべし〉と）」（『大正蔵』一二、五六六頁上）中の「故」字を終わりの「涅槃」の後へと移動させている。原文は大変読みやすく、釈尊は、会うことをためらう阿闍世の心中を察するが「故に」、私は三ヶ月後には涅槃に入ると告げて、今、会わねばもう会うことはできないという気持ちにさせ、やって来た阿闍世に法を説き、阿闍世は罪が軽くなることを得て無根の信を獲たという文意である。

親鸞の引文になると、「〈私はこのことを知っているであろう（我、是の事を知らむ）〉と、阿難に告げられるには、〈三ヶ月後に吾は涅槃に入るが故に（過三月已吾当涅槃故）〉」という寸断された文になって意味が取りにくくなっている。しかしその意を汲んで言葉を補ってみると先の訳のようになる。

また親鸞は、「我為《われため》に法を説き、重罪薄きことを得て、無根信を獲」という、釈尊（我）が阿闍世のために法を説いて、それによって阿闍世は重罪が軽くなり信を獲たという原文を、「我為《わがため》に法を説きて、重罪をして薄きことを得しめき。無根の信を獲しめたまへと」と訓読して、「我れ（阿闍世）のために法を説いて重罪を軽くしてくださいました。無根の信を得させてください」という、阿闍世が阿弥陀仏の法を求めて釈尊に懇請する文にしている（『真宗聖典』では坂東本の「我為ニ」を「我《われ》、為に」と読み、「獲《エシメタマヘト》」を「獲《え》しむ」に変えている）。

補足して意味を読み取れば、「悪人こそ会うことのできる如来がおられる、私（釈尊）はその如来の名を知っているであろう、その如来は私（釈尊）のように入滅しない、だから誰もがいつでも会える如来である。釈尊はこのように私（阿闍世）のためにその如来の名を説いて罪責を軽くさせた、どうか私（阿闍世）にその如来への信を得させてください」ということになる。阿弥陀如来の名は一度も出ないが、阿闍世は無根の信を得る。親鸞は「故」字の移動で、悪人を救い、入涅槃しない寿命無量の如来を示そうとしている。『涅槃経』では、無根の信は釈尊をはじめとする三宝への帰依であるが、親鸞はそれを阿弥陀如来回向の信として読もうとしている。やって来た阿闍世にその阿弥陀如来の法と名を告げたのであれば、親鸞が先に挙げた阿弥陀仏の第三十四願、聞名得忍の願は、阿闍世のうえに成就するのである。引用は続く。

308

『涅槃経』迦葉菩薩品の文　阿闍世獲信の因縁

「迦葉菩薩よ、我が弟子たちはこのように聞くと、私の意図を理解しないから、いうことには、〈如来は確かに、最終的に涅槃に入るとお説きになられた〉と。迦葉菩薩よ、菩薩には二種類ある。真実の菩薩と仮名（名だけ）の菩薩である。仮名の菩薩は、私が三月経ってきっと涅槃に入るであろうということを聞くと、皆、消極的な心になりこのようにいう、〈もし如来も無常であり常住であられないのならば、私たちはどうしよう。無常のゆえに長い間、苦悩を受けてきた。如来世尊は無量の功徳を成就して具えられたのに、なお破ることはできない、このような死魔を。まして我らのような者が破ることなどできようか〉と。迦葉菩薩よ、このゆえに私は、このような菩薩のためにいうことには、〈如来は常住であり、変わることはない〉と。しかし我が多くの弟子たちはこのように聞くと、私の意図を理解しないので、必ずいうには、〈如来は最終的に涅槃にお入りにならない〉」と。已上抄出

【註釈】『涅槃経』では、畢竟涅槃（釈尊は入涅槃する）に執着する見解として、この引用の第一文の「如来定んで畢竟涅槃を説きたまえり（如来は確かに、最終的に涅槃に入るとお説きになられた）」（『大正蔵』一二、八一二頁中）で、畢竟涅槃に執する見解は十分な理解ではないことを示して前段が終わっている。『涅槃経』では、釈尊が阿闍世に涅槃に入るといって会いに来させたこともその一例であった。それは方便としての説であるから、執着してはならないというのである。そして後段は、この第二文「善男子。菩薩に二種あり」から、不畢竟涅槃（釈尊は不入涅槃）に執着する見解を問題にしている。涅槃に入らないので、如来常住であるが、それも、釈尊が無常であれば二種の菩薩の第二である仮の菩薩は修道に意義を見出せなくなるので、それに対して説かれたのであるから執着してはならないという。それに執着して、「如来は終に畢竟じて涅槃に入りたまわず（如来は最終的に涅槃にお入りにならない）」（『大正蔵』一二、八一二頁下）とする見解も十分な理解ではないという理由を、簡潔に説いた段落である。『涅槃経』はこのように、釈尊の涅槃への入不入についての答えを留保しながら、どちらかに執着する考えを否認しているのであるが、親鸞は

その経説にとらわれずに段落を無視して引用している。

このように前段の総結だけと後段のすべてを連続させてしまうと、釈尊は阿闍世に三ヶ月後に涅槃に入るといったが、釈尊が涅槃に入ると聞けば、仮名の菩薩は釈尊も無常を免れないと思い修道に消極的になる。だから釈尊は、如来は涅槃に入らず常住であると説かれたのである、ということになる。つまり『涅槃経』の主題である如来常住は、仮名の菩薩のための方便の教えであり、本当は涅槃に入るのである、ということになる。

しかし釈尊から遠く隔たったことを悲しむ親鸞にとっては、それは当然のことであろう。親鸞は引用の方法によって、涅槃に入る釈尊は、懇請する阿闍世に常住なる如来、つまり無量寿如来の法を説いたという文にした。鮮やかな手法で。

次は親鸞の結論である。

309

自釈（難治の機は本願の信を求めよ）

こういうわけで、釈尊の真実の教えに基づけば、度し難く、治し難い五逆や謗法や闡提は、阿弥陀如来の大悲の本願を憑み、他力の信心海に帰依すれば、この者を哀れんで治し、この者を憐れんで療してくださる。例えば醍醐という妙薬がすべての病を治すようなものである。濁世の人々、煩悩の群生は金剛不壊の真心を求める応《べ》きであり、醍醐のような本願という妙薬をしっかりと保持す可《べ》きであると、知る応きである。

【註釈】これで一つの大きな段落が終わった。この自釈によって先の引文を読み返せば、救われ難き者の典型としての阿闍世が、月愛三昧による光明に触れ、さらに入涅槃しない阿弥陀如来の名を聞き、無根の信を得ることによって救済されるという文脈になる。これは第三十三触光柔軟の願と第三十四聞名得忍の願の成就である。親鸞はこの無根の信である金剛の真心を、救われ難い者にとって醍醐のような妙薬であると勧め、「〔求念す〕応《べ》し」「〔執持す〕可《べ》き」「〔知る〕応し」と、個々の主観を超えた道理であることを理解して求念し執持し信知すべしと、「べし」を三度も重ねて結びとしている。

次に、諸経典中の救われ難き者の記述についての整合を、問答形式で証明してこの巻を終わる。

309

自釈（逆謗摂不の問答）

〔問う〕そもそも大乗の諸経典に基づけば、そこには救い難い機根（難化の機）の者について説いている。今、『無量寿経』には「唯、五逆と正法を誹謗せんをば除く」といい、あるいは〔異訳の『如来会』では〕「唯、無間悪業を造り正法及びもろもろの聖人を誹謗せんをば除く」といわれている。『観無量寿経』では、五逆の者の往生を証明して、正法を誹謗する者の往生は説かない。『涅槃経』では、治し難い機根（難治の機）の者とその病について説いている。これらの釈尊の教えをどのように考えようか。

310

『浄土論註』の文

答えていう、『浄土論註』に曰うには、「問うていう。『無量寿経』にいうには、〈往生を願う者は皆、往生させる。ただ五逆の者と正法を誹謗する者を除く〉とあり、『観無量寿経』には〈五逆十悪など多くの不善の行為をした者もまた往生できる〉といわれている。この二経の異なる説をどのように理解したらよいのであろうか。

答えていう。『無量寿経』の説は、二種の重罪を具備するから除外されるのである。五逆と誹謗正法、この二種を具備するから往生できないというのである。『観無量寿経』の説は、〈十悪五逆の罪を作る〉ことだけをいって、〈正法を誹謗する〉といわない。正法を誹謗しないので往生させるというのである。

問うていう。もし、一人は五逆罪を作り正法を誹謗しなければ、『観無量寿経』では往生が許される。また一人は、ただ正法を誹謗して五逆罪などがない者、この者は往生を願えば往生はできるのか、どうであろうか。

答えていう。もし、ただ正法を誹謗したならば、加えて他の罪はなくとも必ず往生はできないだろう。どうしてかというと、『経』（『大品般若経』意）にいうには、〈五逆の罪人は無間地獄に堕ちて一劫の間、重罪を十分に受ける。誹謗正法の人は無間地獄に堕ちて、その劫が尽きれば、また他方の無間地獄へ行き、このようにして百千の無間地獄を経る〉と。仏が地獄を出る時期を記しておられないのは、誹謗正法の罪が極重であるからである。また、正法とは仏法である。この愚かな〔誹謗正法の〕人はすでに仏法を誹謗しているのであるから、どうして仏の世界に生まれたいと願う道理があろうか。もし、ただ安楽な所に生まれたくて往生を願うのであれば、なんと、水ではない氷、煙のない火を求めるようなもので、どうして得られる道理があろうか。

問うていう。どのようなありさまが誹謗正法であるのか。

答えていう。もし、〈仏はなく、仏法はない、菩薩はなく、菩薩の法はない〉というならば、またこのような考えを、あるいは心に自らさとり、あるいは他に追従してその考えを信じて疑わないならば、皆〈誹謗正法〉という、と。

問うていう。このような考えは自分一人だけのことである。他の衆生をどのように苦しめることがあって五逆の重罪より重いのか。

答えていう。もし、諸仏菩薩のような、世間と出世間の正しい道を説いて衆生を導く人がおられなかったなら、どうして仁義礼知信（倫理徳目である五常）があることを知ることができようか。このような世間の一切の倫理は皆、断たれ、出世間の一切の賢者や聖者は滅びてしまうであろう。汝はただ五逆罪の重いことはわかっているが、それが正法のないことから生ずることがわかっていない。ゆえに、誹謗正法の人はその罪が最も重いのである、と。

問うていう。業道経（不詳）にいうには、〈業道（苦楽の果報へと導く通路としての十善十悪）は秤のように、まず重い方が引く〉と。〔一方〕『観無量寿経』には〈五逆・十悪を造り、多くの不善を具えているような人は、おそらく、悪道に堕ち、長い間を経過（逕歴）し、無量の苦を受けるであろう。〔しかし〕その臨終に、善知識が教えて南無無量寿仏と称えさせる機会に遇うならば、その通りに至心に声を絶えないようにして十声の念仏を称えれば、すぐに浄土に往生することができ、直ちに大乗正定聚に入って、遂には不退になるであろう。悪道のあらゆる苦を遠く離れる〉というが如くである〔この二経の説は矛盾する〕。それなら、業は〈まず重い方が引く〉（業道経）という道理はどう考えるのか。また、遥かな過去から現在まで（曠劫より已来）、悉く、さまざまな行《おこない》をしてきた煩悩の身は迷いの世界につなぎ止められている。ただ十声、阿弥陀仏を念じて迷いの世界を出るならば、迷いの世界につなぎ止めるという煩悩の業の道理をどう考えようとするのか。

答えていう。汝は五逆・十悪など迷いにつなぎ止める業などを重しと考え、五逆・十悪の下下品の人の十声の念仏を軽しと考え、罪業に引かれ真っ先に地獄に堕ちて、迷いの世界につなぎ止められるであろうというならば、今、道理によってその軽重の道理を比べ合わせて考えてみなければならない。

軽重の基準は、心に在り（在心）、縁に在り（在縁）、決定に在る（在決定）のであるから、時間の長短や多少に在るのではない。どうして、〈心に在る〉というのか。五逆などの罪を造る人は、自身の偽りで真実に背く考えに依って罪を生じる。この十声の念仏は善知識が心を砕いて安堵させ真実の教えを聞かせることに依って生じる。一つは真実であり、一つは虚偽である。どうして比べることができようか。例えば千年の間、暗闇の部屋でも光が少し射せば、とたんに明るくなるようなものである。どうして、闇が部屋に千年間あるからといって、闇が去らないだろうといえようか。これを〈在心〉という。

次に、どうして〈縁に在る〉というのか。五逆などの罪を造る人は、自らの妄想邪念を依り所とし、その煩悩虚偽の報いとしての生存に依って罪は生じる。この十声の念仏は無上の信心を依り所とし、阿弥陀如来の方便荘厳、真実清浄、無量功徳の名号に依って生じる（此の十念は、無上の信心に依止し、阿弥陀如来の方便荘厳真実清浄無量功徳の名号に依りて生ず）。例えば人が、毒矢を射られ、筋が切れ骨が砕けても、滅除薬の鼓の音を聞けば忽ち矢は抜け、毒は除《のぞこ》れて消え失せるようなものである。『首楞厳経』にいうことには、〈例えば滅除という薬がある。それをもし戦《いくさ》の時、鼓に塗ると、その音を聞く者の矢は抜け、毒は消え失せるようなものである。菩薩大士もまた同様である。首楞厳三昧に入ってその名を聞く者は、三毒の煩悩の矢が自然に抜出する〉と。どうして、その矢は深く毒は激しいだろうから、鼓の音を聞いても、矢を抜き毒を消すことはできないだろうということができようか。これを〈在縁〉という。次に、どうして〈決定に在る〉というのか。五逆などの罪を造る人は、まだ後《あと》があるとする心や、間断のある心、つまり専一ではない心に依って罪を生じる。この十声の念仏は後がなく（無後）、間断のない（無間）、専一の心に依り所として生じる。これを〈〔在〕決定〉という。

この三義を比べ合わせて考えると、十念（十声の念仏）を重しとする。重いほうがまず引いて、よく迷いの世界を出るのであるから、二経の説はまったく同義であることばかりである。

問うていう。どれほどの時間を〈一念〉というのか。

答えていう。一瞬の百分の一が〈一刹那〉であり、その六十の刹那が〈一念〉であるが、この『観無量寿経』の中で〈念〉というのは時間ではない。ただ阿弥陀仏を憶念し、あるいは全体のお姿、あるいは一部分の姿を、観察する縁に従い、心に他の想いはなく十度念じ続けることを〈十念〉するというのである。しかし名号を称えることもまた同様（十念）である。

問うていう。もし〔十念する時〕心が他へ移れば、心を整えて元へ戻して、念の回数を知るのがよい。しかしそれを数えれば、間断なく念じ続けていることにはならない。また、もし心を凝らし想いを集中すれば、どのようにして念の回数を刻めるのか。

答えていう。『経』（観無量寿経）で〈十念〉というのは、必ず浄土へ往生できる行が念仏として成就していること（業事成弁）を明かしていることだけであり、必ずしも回数を数える必要はないのである。〈ツクツクボウシ（蟪蛄）は春や秋を知らない、だからこの（伊）虫は、どうして今が夏であることを知ることができようか〉という通りである。四季を知るものが夏に鳴くといえるだけである。〈十念業成（十念という往生の業因が成就した〉ということもまた、さとり得た者がいえるだけである。ただ念じ続けて、ほかのことを認識しなければ完了してしまうのであり、そのほかにどうして、仮にも念仏の回数を確かめる必要があろうか。もしどうしても確かめたいのであれば、また方法はある。それは必ず口伝を用いよ、これを書き付け記すことはしてはならない」と。已上

【註釈】親鸞は五逆と謗法の救いを今一度確かめるために、まず『浄土論註』の文を引用する。そこには、謗法の罪の極重さが説かれ、それが五逆の根底にあることが説かれている。仏法を誹謗する謗法の者は当然、仏の世界に生まれたいと思わないので、往生は不可能であるとされる。五逆の者については十念によって往生できることを、曇鸞は問答によって論理的に示している。「此の十念は、無上の信心に依止し、阿弥陀如来の方便荘厳真実清浄無量功徳の名号に依りて生ず」という文には、曇鸞の信心が端的に表れている。親鸞が引用せんとする核心であろう。

三在釈（在心・在縁・在決定）は、罪は虚妄顛倒に依止して造られ、十念は善知識の教えに依って生まれるという在心と、罪は妄想に依止して造られ、十念は無上の信心に依止し、名号に依って生じるという在縁と、罪は有後心（後《あと》が有ると思い集中しない心）に依止して生まれ、十念は無後心（臨終の時のように後が無く集中する心）に依止して生じるという在決定とを挙げての、罪の根元と十念の根元との対比である。これは『涅槃経』の阿闍世に、釈尊と耆婆が懸命に阿闍世の父王殺害が虚妄顛倒によって生じたことを説き、その説得と、阿弥陀仏の光明が阿闍世に阿弥陀仏への無根の信を生じさせたことや、釈尊が自身は入涅槃することを告げて阿闍世に時間のないことをさとらせ（無後心）、阿弥陀仏の本願念仏へ導いたことと重な

るものである。

親鸞は、阿闍世と直接的には関係のない『浄土論註』の五逆と謗法の救いを論じた文を引用し、阿闍世の救済を本願文の唯除の文の中に位置付けて、『涅槃経』の阿闍世を阿弥陀仏の本願海中の阿闍世として普遍化したのである。

謗法の者の救いは残されているが、親鸞はその解を善導に求めようとする。『観経疏』からの引用である。

『観経疏』散善義の文

光明寺の和尚（善導）が云うことには、「問うていうには、〔『無量寿経』の〕四十八願においては、ただ五逆と謗法を除外して往生させない、とある。今、この『観無量寿経』の下品下生の段では、謗法の者を省いて言及せずに、五逆の者を救うとあるが、どのような意味であろうか。

答えていう、この意味については釈尊の意を仰いで、抑止門（予《あらかじ》め抑えとどめる教え）として理解する。四十八願において謗法と五逆を除外するのは、さて、この二つの行業の罪障が極めて重いからである。衆生がもし造れば直ちに無間地獄に堕ち、果てしなく長い間、慌てふためき逃れるすべはない。ただ如来は、この二つの罪過を造るであろうことを恐れて、方便として抑止して、〈往生はできない〉といわれている、これもまた救わないのではない。また、下品下生の段で五逆を摂取して謗法を除外することは、五逆の罪をすでに造ってしまったので、これを捨て置き流転させることはできない。それどころか、却《かえ》って（還りて）大悲を発してこの者を救いとって往生させる。しかし、謗法の罪はまだ為されていないので、さらに抑止して、〈もし謗法の心を起こせば往生はできないだろう〉といわれる。これは未だ為されていない行為（未造業）に対してのことであると領解するのである。もし為したならば、却ってこの者を救い取って往生させるであろう。ただし、これらの者は浄土に生まれることができても、蓮華の閉じられた華の中で長い間を過ごすであろう。これらの罪人は華の中にいる時、三種の支障がある。第一は、仏と菩薩衆に会うことができないであろう。第二は、正法を聞くことができないであろう。第三は、十方の諸仏に次々と仕え供養することができないであろう、と。これを除いた以外に、さらにさまざまな苦しみはないのであろう。『経』（悲華経）にいうことには、〈あたかも比丘が第三禅の禅定の楽に入るが如きである〉と。知るがよい、華の中にあって、長い間、華が開かないとはいえ、無間地獄の中で永劫にさまざまな苦痛を受けるであろうより、勝《まさ》っていないはずがあろうか。このようなわけで、五逆や謗法を除外するという経文の意味は抑止の教えとして領解し終わった」と。已上

【註釈】善導は、時間の概念を導入することで経文の齟齬が矛盾しないことを証明した。五逆と謗法は重罪であるから、まだ犯してない者にそれをさせないために「往生できない」といわれたのであり、罪を犯した者については、まして却って（還りて）それを憐み、大悲によって救い取るのである、と領解する。そのことから、下品下生の段で五逆のみの救済が示され、謗法が省かれているのは、まだ為されていないからである、という解釈を導き出している。巧みな会通である。さらに善導は、五逆や謗法を造ってしまった者は、浄土に生まれることができても華の中に閉ざされ、三宝見聞の利益にあずかれないとして、仏智疑惑の問題として信仰を深化させていく。親鸞はそれを化身土巻で主題の一つにしている。

これによって、阿弥陀仏の本願から除外される者はなく、真の大乗仏教であることが明確になった。『涅槃経』では明示されていないが、阿闍世は本願の信によって救済されたという証明でもある。親鸞はさらに、このことを端的に示す善導の文を引用して結びとする。

315

『法事讃』の文

また云うには、「〔浄土は〕とこしえに嫌悪することを断ち離れ、平等で、憂え悩むことがない。人天は善人も悪人も皆往くことができる。浄土に到っては異なりがなく、皆、等しくさとりから退くことはない。どのようなわけでそのようになるのかというと、それはすでに阿弥陀仏が菩薩の時、世自在王仏のもとで王位を捨て出家し、ここに慈悲と智慧の心を起こして広く四十八願をお弘めになられたゆえである。その仏の願力によって、五逆と十悪の者の罪を滅して往生させる。そうであるから謗法も闡提も回心すれば皆往く」と。抄出

【註釈】 これは親鸞の信巻の結論である。本願の信によって、五逆も十悪も、謗法も闡提も、往生することができ、さとりを開くことができるという。真の大乗仏教成立の宣言である。

次に、巻の最後にあたり、親鸞は『金光明最勝王経疏』（慧沼）などの釈を引く『往生拾因』によって五逆の内容を確かめる。真意は測り兼ねるが、謗法については『浄土論註』で言及があり、五逆についての詳説がないので、ここに引用していると解釈されてきた。しかし、逆罪の詳細を読むと、度重なる浄土宗への弾圧が五逆罪であることを、この文は想起させる。

『往生拾因』の文

「五逆とは次のようにいわれる。もし淄州（慧沼）に依るならば、五逆には二種ある。第一は三乗の五逆である。いうことには、〈その一は意図して父を殺す。その二は意図して母を殺す。その三は意図して阿羅漢を殺す。その四は逆しまな考えで僧伽を壊す。その五は悪心をもって仏身を傷つける。以上は、恩のある父母に背き福徳を得させる三宝に悖《もと》る行いであるから《逆》という。この逆である行いを執行する者は、身を壊し命終すれば、必ず無間地獄に堕ちて一大劫という長い間、無間（絶え間なし）の苦を受けるのであろう。そうであるから五逆罪を《無間業》（無間地獄に堕ちる業因）という〉と。

また『倶舎論』には、五逆罪という五種の無間の業と同類の業が説かれる。その偈頌にいうことは、〈母や、無学（阿羅漢のさとり）を得た尼を汚すことは、母を殺す罪（殺母）と同罪。無漏定に住する菩薩を殺す罪は、父を殺す罪（殺父）と同罪。有学人（学修することが残っている人）や無学人（学修すべきことが残っていない人）を殺す罪は、阿羅漢を殺す罪（殺阿羅漢）と同罪。僧伽和合の縁を奪う罪は、僧伽を破壊する罪（破和合僧）と同罪。仏塔を破壊する罪は、仏身を傷つける罪（出仏身血）と同罪〉と。

第二は大乗の五逆である。『薩遮尼乾子経』に説かれる通りである。〈その一は、仏塔を破壊し、経蔵を焼き尽くし、三宝帰属の財物を盗用する。その二は、三乗の法を謗り、仏の教えではないといい、妨げ壊し、非難を注ぎ、覆い隠す。その三は、一切の出家の人、持戒、無戒、破戒の者を殴り罵り、厳しく責め、誣告して罪過のあることを主張し、拘禁して、還俗させ、駆り立てて使役し、義務を負わせ馴らし、命を絶たせる。その四は、父を殺し、母を殺し、仏身を傷つけ、僧伽を破壊し、阿羅漢を殺すことである。その五は、縁起の理法を認めず、長夜に常に十不善業を行うことである〉と。已上かの『地蔵十輪経』にいうことには、〈その一は、不善心を起こして独覚を殺害する。これは殺生である。その二は、阿羅漢の尼を犯す。これは邪行というのである。その三は、布施である三宝の物を詐取する。これは偸盗である。その四は、逆《さか》しまな考えで僧伽を破壊する。これは妄語である〉」と。略出

【註釈】この中、特に大乗の五逆の第三、「一切出家の人、若しは戒・無戒・破戒のものを打罵し呵責して過を説き、禁閉し還俗せしめ、駆使債調し断命せしむる〈持戒・無戒・破戒の者を殴り罵り、厳しく責め、誣告して罪過のあることを主張し、拘禁して、還俗させ、駆り立てて使役し、義務を負わせ馴らし、命を絶たせる〉」という迫害のくだりは、明らかに法難を想起させる。念仏者に対する死罪や流罪、その加害は、大乗の五逆罪に相当することを明示し、加害者もこれまで述べてきた本願の信に依らねば救われようがないことを示して、信巻を終わっている。

顕浄土真実信文類三

顕浄土真実証文類四

必至滅度の願
難思議往生

顕浄土真実証文類四

愚禿釈親鸞集

真実証

謹んで浄土真実の証を明らかにすれば、如来利他による円満なる仏（妙覚）の位であり、無上涅槃の究極である。これは必至滅度の願によって実現するものである。〔ゆえに〕また、この願は「証大涅槃の願」とも名付ける。

そうであるからには、煩悩成就の凡夫、生死を輪廻する罪濁の群萌は回向される往生の心行（一心と五念門行）を獲れば即時に大乗正定聚のなかまに入るのである。正定聚に住するがゆえに必ずさとりに至る（必至滅度）。必至滅度とは、常楽の浄土へ至るのである。常楽の浄土は、究極の寂滅（さとり）である。寂滅は、無上の涅槃である。無上涅槃は、不生不滅にしてすがたを超えた真理（無為法身）である。無為法身は、真実なるすがた（実相）である。実相は、不変なる本性（法性）である。法性は、あるがままの道理（真如）である。真如は、絶対的同一（一如）である。
されば阿弥陀如来は一如より生じて報身・応身・化身を示現されたのである。〔ゆえにその回向の心行によって必ず一如に至らしめられるのである〕

【註釈】始めに浄土真実の証は究極のさとりであることが示される。第十一必至滅度の願によって滅度に至らしめられ、大涅槃を証せしめられる。そうであるから凡夫が究極のさとりを得るのである、という直截で大胆な大乗の宣言である。末尾に、願主である阿弥陀如来は一如から示現された身である、という文が加えられ、それゆえ如来回向の心行によって衆生は必ず一如に至らしめられるのであるという難思議往生の確かさがそこに含意されている。

「心行」の意味には幅があるが、「天親菩薩のみことをも　鸞師ときのべたまわずは　他力広大威徳の心行いかでかさとらまし」（『高僧和讃』、『真宗聖典』五九三頁）とあるように、曇鸞が『浄土論』から一心の信心と五念門の行、つまり「心行」を見出し説示したと、親鸞は和讃で讃えている。ここはその一心と五念門行の意味である。

次に願文と成就文を引用し、心行を得る者に難思議往生が開かれる根拠を示す。

『無量寿経』『如来会』の第十一願文、『無量寿経』第十一願成就文

必至滅度の願文は、『無量寿経』に言うには、「もし私が仏に成るとしても、国の中の人天が正定聚に住

し、必ずさとりに至らなければ、私は正覚を得ないようにしよう」と。已上

『無量寿如来会』に言うには、「もし私が仏に成るとしても、国の中の有情が、必ず等正覚となり、大涅槃を証するのでなければ、私は正覚を得ないようにしよう」と。已上

その成就文は、『無量寿経』に言うには、「衆生は阿弥陀仏の国に生まれると（彼の国に生まれれば）、皆、悉く正定聚に住する。その理由は、かの国には邪定聚と不定聚はいないからである」と。

【註釈】 第十一願文と成就文が引用された。願文には住正定聚（成等正覚）と必至滅度（証大涅槃）が誓われている。魏訳の『無量寿経』では「等正覚」は正しく完全なさとりの意で、如来十号の一つであるが、唐訳の『如来会』では、それを「正等覚」と翻訳している。また、正覚に等しい一生補処の菩薩を「等正覚」と翻訳している。そうであるから、魏訳の「（正）定聚」と唐訳の「等正覚」は同意である。

また成就文の「彼の国に生まるれば」は原文に忠実な読み方で、浄土において正定聚に住することを意味しているが、後続の引文では、現生での正定聚も併せて親鸞は示している。

次に『無量寿経』と『如来会』の文を引用して願文と成就文の意味を解いていく。

『無量寿経』『如来会』の文

また言うには（無量寿経）、「阿弥陀仏の浄土は清浄安穏で微妙快楽であり涅槃界と隔てはない。声聞・菩薩・天・人は皆、智慧が明らかで通力は熟達している。皆、同じく一様で姿形に異なりはない。ただ他の国土に従うので人・天という名称はある。顔ばせは端正で世間に超えて稀である。容姿は勝れ、天、人

の範疇ではない。皆、さとり〔自然虚無〕の身とこのうえない〔無極〕体を授かっているのである」と。

また言うには〔如来会〕、「阿弥陀仏の浄土の衆生と、あるいはまさに生まれようとする者は皆〔正定聚であり〕、無上菩提を究め、涅槃界に到らせよう。どうしてかというと、もしも邪定聚と不定聚ならば、涅槃の因〔回向の心行〕を如来が建立されたことを会得できないから〔涅槃界に到れないの〕である」と。

已上抄要

【註釈】『無量寿経』の文は、浄土は涅槃界であり、生まれた者は自然虚無の身であるという。それは、この身が往生する世界ではないことを示している。

『如来会』の文〔第十一願成就文〕は、「彼国衆生　若当生者皆悉」で、「かの国の衆生、もしまさに生ずれば皆悉く」、もしくは「かの国、衆生もしまさに生ずれば皆悉く」という読みになるが、親鸞は「かの国の衆生〔と〕もしまさに生まれん者皆悉く」と読んで、主語を二種にした。それによって、まさに生まれんとする者も現生において正定聚であることを含意させ、先の成就文〔無量寿経〕の正定聚の概念を現生まで拡張させている。これは、正信偈でいう「等覚〔正定聚〕を成り大涅槃を証することは、必至滅度の願成就なり」の意である。

このように願文に住正定聚と証大涅槃の意味を読み取り、次に『浄土論註』の文によって、さらに浄土の証が穢土に波及することを証明する。

『浄土論註』の文

『浄土論』に曰うには、「〈荘厳妙声功徳成就とは願生偈に《梵声悟深遠　微妙聞十方〔浄土の名声が〔衆生を〕さとらせることは深遠にして微妙であり、十方に聞こえる〕》とあるから〔荘厳妙声功徳成就という〕〉と〔『浄土論』に〕いわれている〔の故にと言《のたま》えり〕。この妙声功徳成就はどうして不思議であるのか。『経』〔不詳〕にいうには、〈阿弥陀仏の浄土が清浄で安楽であることを聞き、信じ〔剋念し〕て往生を願う者と、また往生した者〔亦得往生〕とは正定聚に入る〉と。これは安楽浄土という国土の名〔国土の名字〕が仏の説法をよくしている〔仏事を為す〕のである。どうして思議することができようか〔なんと不思議である〕と。

〈荘厳主功徳成就とは願生偈に《正覚阿弥陀　法王善住持〔浄土は〕主である阿弥陀仏が住持しておられる〔優れた世界である〕〕》とあるから〔荘厳主功徳成就という〕〉と〔『浄土論』に〕いわれている〔の故にと言えり〕。この荘厳主功徳成就はどうして不思議であるのか。正覚の阿弥陀仏は思議を超えておられる。浄土はその阿弥陀仏の勝れた力によって住持されている。どうして思議することができようか〔なんと不思議である〕。〈住〉は不異不滅〔変わらず滅びない〕ということで、〈持〉は不散不失〔散逸せず消失しない〕ということである。不朽薬〔保存薬〕を種子に塗ると水の中で腐爛せず、火の中でも焦げず、縁があれば芽を出すようなものである。それは不朽薬の効力によるからである。もし人がいったん浄土に生まれるなら、その後再び〈煩悩の世界に生まれて衆生を教化しよう〉と願い、浄土の命を捨てて、願い通り燃え盛る煩悩世界に生まれても、無上菩提の種子は最後まで朽ちることはない。それは阿弥陀仏の住持力を経験しているからであると。

〈荘厳眷属功徳成就とは願生偈に《如来浄華衆　正覚華化生〔阿弥陀如来の聖衆はさとりの華より化生する〕》

とあるから〈荘厳眷属功徳成就という〉と〔『浄土論』に〕いわれている（の故にと言《のたま》えり）。この荘厳眷属功徳成就とはどうして不思議であるのか。およそこの雑生の世界（いろいろなものが生きる世界）では、生まれ方も胎生・卵生・湿生・化生とさまざまで、各々の眷属は多く、それぞれの苦楽も千差万別である。さまざまな行業の結果によるからである。それに対して浄土は阿弥陀如来のさとりの華から化生しない者はいない。皆、同一に念仏して別の道の者はいないからである。遠く遍く行き渡って世界中を皆、兄弟とするのである。眷属は無量である。どうして思議することができようか（なんと不思議である）」と。

また言うには（『浄土論註』大義門功徳の文）、「往生を願う者、以前は階層（九品）の違いがあったが、今はまったく違いはない。なんと淄川と澠川の水が海で一味になるようなことではないか。どうして思議することができようか（なんと不思議である）」と。

また、『浄土論』に曰うには（浄土論註）、「〈荘厳清浄功徳成就とは願生偈に《観彼世界相　勝過三界道（浄土は三界に超え勝れている）》とあるから〈荘厳清浄功徳成就という〉〉と〔『浄土論』に〕いわれている（の故にと言えり）。この清浄功徳成就はどうして不思議であるのか。凡夫そのもので煩悩でできあがった者が、浄土に生まれることができれば、迷いの世界へと縛りつける業に、遂にはつながれることがない。それならば煩悩を断たずに涅槃の境界を得るのである（不断煩悩得涅槃分）。どうして思議することができようか（なんと不思議である）」と。已上抄要

【註釈】親鸞は「『浄土論』に曰わく」として『浄土論註』の文を引用しているが、誤りではなく、文の始まりの部分は曇鸞が『浄土論』の文を引用しているからであろう。また、『浄土論』を『浄土論註』の解

釈に従って読もうとすることの現れであろうと考えられる。つまり親鸞は曇鸞の視点に同化して『浄土論』を読もうとしているのである。

『浄土論註』から妙声功徳成就、主功徳成就、眷属功徳成就、大義門功徳成就の一部、清浄功徳成就の文が引用された。これらの曇鸞の文によって親鸞は浄土真実の証を顕そうとしている。坂東本では、曇鸞が引用する『浄土論』文の末尾の「と言《い》うが故なり」を、「の故にと言《のたま》えり」と読んでいる。意味は取りにくいが、それに従いながら補足して訳した。

妙声功徳は、願生偈中の「梵声悟深遠　微妙聞十方」の二句を、世親が十七種の仏国土の荘厳功徳成就の第十一荘厳妙声功徳成就としていることによる。これは『大正蔵経』では「梵聲語深遠　微妙聞十方」（『大正蔵』二六、二三一頁上）であり、「梵声（仏の浄らかな声）の語《ことば》は深遠にして微妙なり。十方に聞ゆ」と読んで、仏言が遍く行き渡る浄土の国土の功徳を表しているのであろう。この「語」が現行（『聖典全書』一、四三四頁）のように「悟」になると、「梵声悟らしむること深遠にして微妙なり。十方に聞ゆ」となり、「仏の浄らかな声」が浄土の人々を悟りへと導き、それは奥深く、十方に聞こえる」という浄土の功徳を表す文になる。曇鸞は、『浄土論註』巻上では「梵」を「浄」の意味に取り、「声」は「名」とし、「梵声」とは「安楽土の名なり」とする。そして、安楽浄土の名を聞いて往生を願う時、願いの如くなる、これは名が衆生を悟らしむる証である、という（『聖典全書』一、四六五頁取意）。これは穢土の衆生が聞く浄土の名になっているので穢土における功徳を表すものである。この引文（『浄土論註』巻下、妙声功徳の文）ではさらにその功徳を、浄土の名称を聞く者が正定聚に入り、さとらしめられると示している。文中の「経に言わく」の「経」は、『無量寿経』の第十八願成就文と『平等覚経』の第十七願文の趣意とも考えられるが明らかではない。

親鸞はこの「剋念願生　亦得往生（剋念して生ぜんと願ずれば、また往生を得て）」を、「剋念して生まれんと願ぜんものと、また（亦）往生を得るものとは」と読む。「〔願〕ぜんものと」「〔得〕るものとは」と送りがなを加え、文中の助詞の「亦（また）」を副詞（やはり）の意で読んで「往生を得るもののもまた」とすることで、「剋念して生ぜんと願ぜん者と、また往生を得る者とは〔この二種の者は正定聚に入る〕」とし、先の『如来会』の引文と同様に、正定聚を現在と未来の二種に分けて、正定聚を現生に拡張させている。『一念多念文意』の「剋念してうまれんとねがうひとと、またすでに往生をえたるひとも、すなわち正定聚にいるなり」（『真宗聖典』六五七頁）と同意である。この「剋念」は「心に刻む」の意味であるが、直前の「かの国土の清浄安楽なるを聞きて」の「聞」と連携することによって「信」の意味になっている。先行する『如来会』の文と同様に、聞信する願生者は正定聚に入るとして、浄土の証は現生に波及することを示している。

「国土の名字、仏事を為す」とは、浄土という名称や名辞が本願の象徴であり本願の活動であるということでは名号（行）を指している。その名を聞く者は正定聚に入るとは、「仏願の生起本末を聞きて疑心有ること無し。これを〈聞〉と曰うなり」（『真宗聖典』二七二頁）という親鸞の言葉を合わせて考えれば信を指す。さらには、第十一願の願事の一つである住正定聚の成就である。つまり行と信と証が含意されており、冒頭の自釈「往相回向の心行を獲れば、即の時に大乗正定聚の数に入るなり」を証明する引文になっている。

さらに親鸞は、この「心行」は「往相回向の心行」であり、阿弥陀仏が住持する回向の心行であることを、主功徳成就の文を引用して証明する。それが正定聚に入る確実な根拠になる。主功徳は、法主である阿弥陀仏によって浄土は住持されているという功徳であるが、この不滅の住持力は、浄土の領域だけではなく三界へ及ぶことが、ここでは重要になる。阿弥陀仏の住持力が穢土において菩提の種子を朽ちさせないという文は、信心（菩提の種子）が金剛（不壊）であるのは住持力（不朽薬）のはたらきによるのであり、よって、穢土において正定聚が実現する根拠を示している。

眷属功徳は、出自はさまざまであっても、浄土に生まれた者は皆、化生の人であり、煩悩の果としての生ではないので異なりはなく、皆、眷属であるという功徳である。これに付属させた大義門功徳の文も同意で、往生を願う者は、以前はさまざまな階層にあったが往生した今、異なりはないということである。

しかし親鸞は、大義門功徳の文の一部分、「願往生者　本則三三之品　今無一二殊（往生を願う者、以前は違いがあったが、今はまったく違いはない）」を、往生を願う者に開かれる宗教的世界の意で読んで、眷属功徳の文に付属させることで、眷属功徳の「同一念仏無別道故　遠通夫四海之内皆為兄弟（皆、同一に念仏して別の道の者はいないからである。遠く遍く行き渡って世界中を皆、兄弟とするのである）」も、現生の意で真実証を顕す文としている。

清浄功徳は、浄土の功徳の代表で、国土荘厳十七種の第一荘厳であるが、ここでは荘厳功徳成就の総結の意味で最後に引用されている。浄土は三界を超えた涅槃（清浄）界として成就した世界であることが示されている。この「不断煩悩得涅槃分（煩悩を断たずに涅槃分を得る）」は浄土における利益であるが、親鸞がここに引用する意図は、先の引文から類推すれば、浄土に限定される利益ではなく、信のうえに涅槃の一分を得る意と解される。正信偈にも「能発一念喜愛心　不断煩悩得涅槃」とある。「涅槃分」は全分の義か一分の義かという議論はあるが、浄土の証が穢土に及び、正定聚として成立するという意味で読めば、ここに引用される意図は明瞭である。

　次に親鸞は道綽と善導の文を引用して、浄土への往生（難思議往生）を讃える。

323

『安楽集』の文、『観経疏』の二文

『安楽集』に云うには、「ところで釈尊と阿弥陀仏の威神力は同じであろう。ただ釈尊は自身の能力を述べずして、ことさら阿弥陀仏の尊さを言葉に顕されるのは、すべての衆生をいずれも同じように帰依させたいと思われてのことである。ゆえに釈尊は諸処で讃え帰依なされるのである。この心中を察するべきである。それゆえに曇鸞法師の正意も西方に帰依させる所にあるがゆえに、『無量寿経』に依拠し、阿弥陀仏を讃えていうには、〈浄土の声聞菩薩、人天は皆、智慧が透徹している。姿は厳かで異なりはない。ただ他の世界に順うから名は別れるのである。顔ばせは端正で無比である。勝れた身体は人天に類はなく、空（虚無）の身、無上至極（無極）の体である。ゆえにこのような平等なさとりの世界を実現する阿弥陀仏に帰依したてまつる〉（讃阿弥陀仏偈）」と。已上

　光明寺（善導）の『観経疏』玄義分に云うには、「〈広大な本願（弘願）〉とは『無量寿経』の説の通りである。一切の善悪の凡夫が往生できるのは、すべて阿弥陀仏の広大な本願力に乗じて増上縁（力強い縁）とするからである。また、仏の心底は広く深く教説によって知ることは難しい。三賢（菩薩五十二位の第十一位から第四十位）や十聖（第四十一位から第五十位）の菩薩がうかがうこともできない。まして我ら、十信（第一位から第十位）にも及ばない軽薄な者に、決して趣旨がわかるはずがない。敬って思うに、釈尊はこ

の沙婆より往くように勧め、弥陀は浄土より迎えに来てくださる。向こうからは喚《よ》び、こちらからは往かせようとする、どうして往かないことがあろうか。ただ心をこめてこの教えを戴いて、命終わる時、この煩悩の身を捨てて、永遠のさとりを開くべきである」と。

また云うには（『観経疏』定善義）、「西方のさとりの浄土は至極にして俗世を離れ自由で、固執を離れている。浄土の者は心に大悲が染み込み衆生の世界（法界）へ来遊する。さまざまに身を分かち衆生を利益することは平等であり、異なることはない。あるいは自在な力を示して法を説き、あるいは涅槃に入る姿を現す。美しい飾りをさまざまに変えて思いのままに出《いだ》す。それを見る群生の罪は皆、除かれる、と。また讃えて申すには、帰去来（さあ帰ろう）、魔境にとどまってはならない。曠劫より今まで六道を流転して尽く経てきた。どこにも過ぎる楽しみはなく、ただ、泣き悲しむ声を聞くだけである。この一生を終えて、涅槃のみやこへ入ろう」と。已上

【註釈】　道綽と善導の文が三文引用された。第一文の『安楽集』の文は、釈尊の真意は衆生に阿弥陀仏への帰依を勧める所にあることが示され、曇鸞もそれを承けて『讃阿弥陀仏偈』において、浄土が涅槃界であることを讃え、阿弥陀仏への帰依を表明しているという、道綽の文である。証巻の標挙の願は第十一必至滅度の願であるが、証大涅槃の願とも名付けられるので、この引文は、浄土が涅槃界であり、浄土への道は大涅槃を証する道であることを証明している。

第二文の『観経疏』玄義分の文は、善導によって、往生は阿弥陀仏の本願力によることが示され、前文の釈尊の発遣とこの弥陀の招喚の道を進み、命終わる時、さとりを開くように勧められている。

第三文の『観経疏』定善義の文は、善導によって、浄土はさとりの世界であるが、その自在さによって浄土の者はあらゆる世界へ行き衆生を救うことが示されている。つまり、浄土は自利利他円満の大乗の涅槃であるということである。善導はその涅槃のみやこへ入ろうと、自らを励ましている。

三文とも繰り返し、浄土が穢身を捨てた無極の体を受ける無為涅槃界であることを示し、浄土（涅槃）への道は必至滅度（滅度に必ず至る道）であり、証大涅槃（大涅槃を証する道）であることを証明し、その難思議往生を勧め、浄土真実の証を明らかにしている。

以上で引文は終わり、次に自釈で親鸞は証巻の前半を結ぶ。

324

総結

これらのことから、真宗の教・行・信・証を考察すれば、すべて如来大悲の回向の利益である。ゆえに、さとりの因も果も、阿弥陀如来が清浄願心を回向成就なされた以外のものはない。因が清浄であるから果もまた清浄である、よく知るべきである。

【註釈】以上で、必至滅度の願を掲げて、念仏の信心は必ずさとるべき大乗の仏道であることを明らかにする証巻の前半が終わった。同時に、「往相の回向に就いて、真実の教・行・信・証有り」（教巻）と提起して以来の追求も終わることになる。このあとは行を改め還相回向についての記述であるが、特に巻を改めるわけではない。しかしここには『教行証文類』を二分する構造線があろう。『教行証文類』は六巻を分ける構造と、また前五巻は真実を表し後一巻は方便を表すという構造と、また、ここには各巻を越えて往相と還相を分ける構造線がある。つまり三重の構造になっている。

ともあれ、以上述べたように、往相回向は必ずさとりへ至る自利の道であった。それと共に、大乗仏教は人々を救い目覚ましめようとする、利他の道である。次に親鸞は、利他という命題に応えるべく還相回向について論及する。前章を承け、また遠くは教巻冒頭の「謹んで浄土真宗を案ずるに、二種の回向有り。一には往相、二には還相なり」を承けて、自釈がある。

324

還相回向の序

第二の「還相の回向」というのは、人々を教え導くことのできる利益を仏より回向されることである。これは必至補処の願（第二十二願）を出処としている。

またこの願は「一生補処の願」とも名付け、また「還相回向の願」と名付けるべきである。『浄土論註』に明らかにされているのでここでは願文を出さない。『浄土論註』を見るがよい（『論の註』を披《ひら》くべし）。

【註釈】不思議なことに、親鸞はここで願名を挙げて、願文を敢えて出さないことにしている。三つの願名の中、「還相回向の願」は親鸞独自の命名である。それは還相利他の根拠を第二十二願に見出したということである。ここで願文を出さないのは、第二十二願文を単独で取り上げると還相回向の願という意義が明確にならないという理由のようである。『浄土論註』の文脈で第二十二願を読まなければ、還相利他の問題が明確にならないからであると思われる。それがこれからの証巻後半の主題になる。途中に自釈を挟まず、始めの『浄土論』の引用のあとは『浄土論註』の引用のみで親鸞はそれを解こうとする。まさに

「『論の註』を抜くべし」という通りであるが、長い引文のため、読む者には引用の意図を解し兼ねる時がある。しかし注意深く隘路を辿りたいと思う。

親鸞はまず『浄土論』を引用する。

『浄土論』出第五門の文

『浄土論』に曰うには、「浄土門の利他行の成就（出第五門、園林遊戯地門）とは、大慈悲をもって、一切の苦悩する衆生を見て、さまざまな姿をとり、手立てを尽くして応じることである。迷いの園林に入り、思いのままに衆生を導く境位に至ることである。これは〔阿弥陀仏の〕本願力の回向によるがゆえのことである。これを〈出第五門〉という」と。已上

【註釈】 世親は、菩薩が自利の行を修めた結果、利他へ向かう位相を「出第五門」とした。「出」は入出（自利利他）の「出」で利他を意味し、併せて浄土から退出の意味もある。「第五門」はこの場合、五果門中の第五園林遊戯地門を指している。菩薩の堅固な本願力（因位の誓が保有する潜勢力）による功徳の回向で達成される利他の境位である。親鸞は、それが阿弥陀仏の本願力の回向によるものであることを認識した。この起点がこの章の結論にもなる。この浄土門における利他行を端的に示す『浄土論』の引文を基点にして、次に、それを注釈する『浄土論註』の引用が始まる。

『浄土論註』起観生信の文

『論註』に曰うには、「還相とは、浄土に生まれて、智慧（奢摩他）を完成し、衆生を観察（毘婆舎那）し、衆生を導く能力（方便力）を身に付け、迷いの世界へ還り来て、一切の衆生を導き、共にさとりへ向かわせることである。往相も還相も、衆生の苦を抜いて生死海を渡そうとするためである。ゆえに〔世親は〕、〈〔迷いの世界へ還り来て、一切の衆生をさとりへと導くという〕回向を第一（首）として、大悲心を成就できるからである〉（浄土論）といわれている」と。

【註釈】『浄土論註』巻下の起観生信章の一文が引用された。これは曇鸞が五念門の第五回向門の注釈で、世親のいう回向には往相と還相があると、初めて、ただ一度指摘した箇所である。世親は五念門の前四門が自利行であることに対して、第五回向門は利他行であることを示すために「一切苦悩の衆生を捨てずして、心に常に願を作し、回向を首と為す。大悲心を成就することを得むとするが故なり」（『聖典全書』一、四三五頁）と説明する。第五回向門は、行者が前四門の行によって積集した功徳を、自分のためではなく一切衆生への回向を一番にすることによって、大悲心を成就しようとする利他行である。その回向について曇鸞は、二種があり、因の五念門の第五回向門は往相の回向であり、果の五功徳門の第五園林遊戯地門は還相の回向であるとしたのである。この『浄土論註』の文はその還相の部分である。

積集した功徳を一切の衆生に回向して共に浄土に往生しようとすることは往相の回向であり、再び迷いの世界へ還来して、一切の衆生をさとりへと導くことは還相の回向だということである。親鸞は世親が回向門を説明する文を「一切苦悩の衆生を捨てずして心に常に作願して、回向を首として大悲心を成就することを得たまえるが故に」（『真宗聖典』一四九頁）と読んで、主語を行者から法蔵菩薩へと変換した。積集した功徳を一切の衆生に回向して共に浄土に往生しようとする者とは、法蔵菩薩のことであるとした。願生者の利他の余地はなくなったのであろうか。いや親鸞は、利他は還相をもってしようとしていると考えられる。曇鸞を通して親鸞は、世親のいう浄土門の利他行は、還相の回向による純然たる大乗菩薩の利他行である、という位置付けをしようとしている。

この『浄土論註』の「回向為首（回向を首と為《し》て）」の文を、親鸞は行巻と信巻にも引用している。回向を如来の回向とする点は共通しているが、引用の意図は一様ではない。ここは五功徳門の次第について、迷いの世界へ還り来て、一切の衆生をさとりへと導くという第五園林遊戯地門をとば口（首）にして、前四門が成就するという次第を示していると考えられる。

今、この『浄土論』と『浄土論註』からの引文は、慈悲に基づく浄土門の菩薩の利他行（園林遊戯地門）の根拠が還相の回向にあることを確定する所にその意図がある。これからの『浄土論註』の観察体相章から利行満足章までの長い引用は、その菩薩の利他行を明確にするためである。

325

『浄土論註』観行体相の文　未証浄心の菩薩

また言うには、「〔『浄土論』に〕〈〔どうして不虚作住持功徳成就であるのかというと〕浄土に生まれ阿弥陀仏に目見えれば、我執が残る七地までの菩薩（未証浄心の菩薩）も必ず（畢竟じて）、八地以上の菩薩と同じ平等法身を証し、遂には（畢竟じて）、八地の浄心の菩薩や九地や十地の上地の菩薩と同じ寂滅平等のさとりを得るからである〉といわれている。この〈平等法身〉とは八地以上の、法から生まれた身の菩薩である。この八地以上の菩薩のさとりを〈寂滅平等の法〉という。この寂滅平等の法を得るから〈平等法身〉という。平等法身の菩薩の得たさとりであるから〈寂滅平等の法〉というのである。この菩薩は報生三昧を得る。それは〔八地以上の菩薩が法から生まれた身を受ける時、自ずから得る三昧であり〕思うがままに、一処にあって一念・一時に十方世界へ行き、諸仏や会座の大衆を供養し、また無量の世界の三宝ましまさない所で種々の身を示し、種々に一切の衆生を導き、さとりへ入らせ、常に教化をなす。しかも、最初から行き来する意識も、供養する意識も、救済する意識もない。ゆえにこの菩薩の身を〈平等法身〉といい、そのさとりを〈寂滅平等の法〉という。〈未証浄心の菩薩〉とは初地から七地までの菩薩である。この菩薩もまた同じように身を百千万億も現し、無仏の国で教化をするが、必ず作意（作心）して三昧に入るのである。すなわち作意が働くのである。その作意のゆえに〈未だ浄心を証せざる（未証浄心）菩薩〉と名付けるのである。しかしこの菩薩も浄土に生まれて、阿弥陀仏に目見えることを願い、浄土で阿弥陀仏に目見える時、遂には（畢竟じて）、八地以上の菩薩と同じ身と同じさとりを得るのである、と。龍樹菩薩や世親菩薩らが、浄土に生まれることを願うのも、きっとこの浄土の功徳のためであるということのみであろうと」

【註釈】 親鸞はここで、「作心」を問題にする『浄土論註』の文を引用する。阿弥陀仏に目見える時、菩薩は、我執に基づく作意である「作心」を超えることができる、ということが要点である。先の引文で、世親は浄土門の利他行を、「生死の園・煩悩の林の中に回入して、神通に遊戯し教化地に至る」境位（園林遊戯地門）とした。曇鸞はそれを浄土から還り来た「還相」の活動とした。親鸞がそのうえで「作心」を問題にするのは、浄土門の利他行とは浄土から還り来て我執を超えて作意を捨て、作為も当為もなく自然に自在に衆生を救うことである、ということをいわんがためである。親鸞は、菩薩十地の位階と、世親のいう出第五門と、曇鸞のいう還相を関係付けて大乗の利他という課題を考えようとしている。ここまでに親鸞が明らかにしたことは、浄土に生まれることは作心を克服した大乗の菩薩になる道である、浄土から還って来て初めて真実の菩薩の働きができるのである、ということになる。

次に、曇鸞は、七地以前の菩薩が八地以上の菩薩と等しくなるという問題について自問自答する。これは親鸞が還相を論じる足固めとなる。

『浄土論註』観行体相の文　畢竟平等

「問う、『十地経』には、菩薩が階級を上げるには、限りない努力と時間を必要とし、ようやく、その後に今、この地位を得る、とある。そうであるのに、どうして阿弥陀仏に目見える時、必ず（畢竟じて）八地以上の菩薩と同じ身と同じさとりを得ることができるのか。

答う、〈畢竟〉とは、直ちに等しいということではないのである、と。必ず（畢竟じて）等しくなるということが失われないから、〈等しい（等）〉といっているだけである、と。

問う、もし、直ちに等しくないのであれば、どうして上位の菩薩と同じということができるのか。ただ菩薩は初地に入れば徐々に進んで、自ずと仏と等しくなるのであろう。どうしてかりそめに〈上位の菩薩と等し〉というのか。

答う、菩薩は七地で空のさとりを得れば、上には求めるべき諸仏のさとりを見ず、下には救うべき衆生を見ない。さとりへの道を捨てて、ここで究極的な境界をさとろうとする。この時、もし十方の諸仏の威神力による勧めがなければ、ここで直ちに入涅槃して、二乗（声聞・縁覚）と変わりがないのであろう。菩薩がもし浄土に往生して阿弥陀仏を見たてまつれば、その時に、この恐れはなくなるのであろう。このゆえに〔浄土に生まれることにはこのような大乗の功徳があることを示すために、七地の菩薩は八地以上の菩薩と〕〈必ず等しくなる（畢竟平等）〉という必要がある」

【註釈】曇鸞はここで「七地沈空の難」を問題にして、浄土に生まれることはその難を超えることであると、菩薩の十地の階梯を超克しようとしている。七地沈空の難とは、『大智度論』に「七住の菩薩の如きは、諸法は空にして、所有無く、不生不滅なりと観ず。是の如く観じ已りて、一切世界の中に於て、心著せず、六波羅蜜を放捨して、涅槃に入らんと欲す」（『大正蔵』二五、一三二頁上）とあって、大乗菩薩の自利利他の道がいかに困難であるかを示している。曇鸞は特に、八地以上の寂滅平等を得た平等法身の菩薩の作心なき諸仏供養と衆生教化の境界への転入の困難さを指摘しながら、浄土への往生はそれを乗り越える道であることを示している。この文脈において第二十二願文は出てくる。

『浄土論註』観行体相の文　還相回向の願

「また『無量寿経』において、阿弥陀如来の第二十二願にいわれるには、〈もし私が仏に成ったならば、他方の仏国の多くの菩薩たちが私の国に生まれ来れば、終極には必ず一生補処（菩薩の最高位）に至るであろう。ただし、その菩薩の本願が自在な教化を求め、衆生のために固く誓いを立て、功徳を積み、一切の者をさとりへ導き、諸仏の国を遊行し、菩薩の行を修め、十方の諸仏を供養し、無量の衆生を教え導き、無上正等覚に立たしめようとする、このような菩薩については浄土に居ることを免除する。これらの菩薩は常並《つねなみ》ではなく、菩薩のあらゆる位の行を実現し、普賢の徳である慈悲行を修めるであろう。もし、そうでないと私は正覚を得ないようにしよう〉と」

【註釈】第二十二願は元来、必至補処の願と親鸞もいうように、浄土に生まれた者は修行の階位を履むことなく補処（次の生で仏に成る菩薩）の位に至ることを誓った願である。例えば菩薩の最高位である等覚の弥勒菩薩は補処の菩薩であり、次の生は仏に成るべく今は兜率天におられる。ただし、この第二十二願には、人々を救うためにあらゆる諸仏の国で菩薩行を行じようと願う菩薩はその限りではない、という例外規定が付されている。親鸞はこの附則に還相の菩薩のすがたを読み取り、これを本則にして還相回向の願と名付けた。補処の菩薩は、浄土や兜率天に鎮座して、次の仏座に直《なお》ろうとするのではなく、煩悩の世界へ還り来て、衆生を救うため慈悲行を実践する菩薩であると、第二十二願を読み込んだのである。解釈に諸説があるが先のように訳した。

思えば阿弥陀仏の本願は、「不取正覚（正覚を取らじ）」で終わる。それは誓願の強靱さを表すと同時に、正覚から衆生へ向かう法蔵菩薩の願心の志向が示されている。その方向性は、さとりを得ようとする桎梏から脱し、また衆生を救わねばならないという菩薩の作心からも自由になって、闊達無礙に衆生を救うとされる還相の菩薩と重なるものである。

以降の引文でわかるが、『浄土論註』には衆生を救おうとする菩薩が詳説されている。これら『浄土論註』観行体相の文を、還相の菩薩の利他行を明らかにするものであると親鸞は読み、そういう文脈の中で第二十二願の意味を読み取ろうとして、親鸞は先に単独では願文を出さずにおいたのであると考えられる。引文の続きである。

『浄土論註』観行体相の文　十地の階次

「この『経』の願文から浄土の菩薩を推測すると、ことによると一地より一地へと順に至るのではないに違いない。菩薩の〈十地の階梯（十地の階次）〉は、釈尊がこの世界（閻浮提）に応じて示された一つの道ということにすぎない、と。この世界ではない阿弥陀仏の浄土が、必ずしもこのよう（十地）であろうか〔あるはずがない〕。五種の不思議の中で、仏法は最も不思議である。もし、菩薩は必ず一地から次の一地へ順次に至り、超越の道理はないというならば、まだ一向によくわかっていないのである。

例えば樹がある、好堅という。この樹は地中に生じ、地中にあること百年になるであろう。〔枝葉を整え〕今、完全に〔地上に出れば〕一日で高さは百丈になるようなものである。毎日、このように成長して、百年の丈を計れば、どうして高い松の木の比であろうか。松の成長するのを見ると一日に一寸を過ぎない。どうして好堅の一日の成長を疑わないことがあろうか。人は、釈迦如来が阿羅漢のさとりを一たびの説法の聴聞で開かせ、無生法忍を朝の間に意のままに開かせると申し聞かせていることを聞いても、これは誘い入れる言葉であって、本当の話ではないと思ってしまう。この超越の論を聞いてもまた、きっと信じないだろう。そもそも、非常の言葉は常人の耳には入らない。これは、そうではないと思ってしまう。またそれもまあ宜しいことであろう」

【註釈】第二十二願文から考えると、浄土はこの世界の道理を超越しているので十地の階梯は解体されており、浄土に生まれる者は順次の階梯を超越して補処に至るのであるということになる。その譬えに、好堅樹や釈尊の説法の不思議が挙げられている。「非常の言は常人の耳に入らず」ともあり、曇鸞はわかってもらえないことも仕方のないことだとしながら、なお浄土の不思議の根拠を確かめていく。この『浄土論註』からの引文は切れ目なく長文が引用されている。ほとんど元の文との異同はない。

以上は浄土の主である阿弥陀仏の不虚作住持功徳の文であり、阿弥陀仏は衆生を虚しく終わらせることはない、浄土に生まれるならば必ず補処の菩薩になるのである、と曇鸞は説いている。

次は、不虚作住持功徳などの阿弥陀仏の功徳を結ぶ文である。

『浄土論註』観行体相の文　仏荘厳功徳の結び

「〔『浄土論』に〕〈略して八句を説き、如来の自利利他の功徳荘厳が、次第に成就なされたことを示現されたのである、知るべし〉とある。これはどのような次第になるかといえば、前の十七句は国土の荘厳功徳の成就である。国土の相を知ったならば、国土の主を知るべきである。ゆえに次は阿弥陀仏の八種の功徳荘厳を観察する。かの仏は荘厳成就してどのような処に座しておられるのかと。ゆえにまずその座を観察すべきである。座を知ったならば、やがて座主を知るべきである。ゆえに次は阿弥陀仏がその身業を荘厳された姿を観察する。身業を知ったならば、どのような御声や名声がおありかを知るべきである。ゆえに次は阿弥陀仏がその口業を荘厳されたことを観察する。名声を知ったならば、名声を得られた理由を知るべきである。ゆえに次は阿弥陀仏がその心（意）業を荘厳されたことを観察する。三業の荘厳が具わられたことを知ったならば、この人天の大導師となった仏の教化に応じ得るものは誰であるかということを知るべきである。ゆえに次は大衆の功徳を観察する。大衆に無量の功徳がおありであることを知ったならば、必ず、その上首は誰であるかを知るべきである。ゆえに次は上首を観察する。上首は仏である。上首はおそらく長劫（幼）に亘って同じであることを知ったならば、ゆえに次は主を観察する。〔上首が〕主であることを知ったならば、主にはどのように勝れた力がおありなのかと〔知るべきである〕。ゆえに次は仏の力は虚しくないという荘厳不虚作住持功徳を観察する。阿弥陀仏の八種の功徳はこのような次第で成就しているのである」

【註釈】曇鸞は阿弥陀仏の八種の功徳を整理して概説しているようであるが、実は八種の順序を追うことで浄土荘厳の「次第」を明らかにしている。前段で「阿弥陀仏を見たてまつる時」「超越の理」がはたらき、「菩薩の進趣階級」は解体されるとあったが、どうして、阿弥陀仏に目見《まみ》えれば菩薩十地の次第順序を超えられるのかについて、ここでその理由として、浄土の仏の功徳成就の整然とした「次第」を明らかにすることによって答えている。本願の必然の次第をもって、不虚作住持功徳に帰結する阿弥陀仏の功徳成就によって、超越の道理がはたらくということである。

上首功徳の句で坂東本は「既に、上首、恐らくは長劫に同じきことを知りぬ」としているが、通常では「既に上首を知りぬ。恐るらくは長幼に同じきことを」と読む。長幼の序によって上首であるという考えを恐れる、という意味である。親鸞の読みでは意味が通りにくいが、「長劫に亘って同じであることを知った」の意で読んだ。

次は浄土の菩薩の四種の功徳を観察する文が続く。世親は願生偈を自身で解説し、浄土の菩薩に四種の功徳があることを讃えている。世親がていねいに解説しているということもあるが、曇鸞にしては言葉少なに、浄土の菩薩はあらゆる世界へ往って衆生救済の活動をすることを重ねて注釈している。曇鸞はそれを八地以上の菩薩や、補処の菩薩と同一視しようとしている。親鸞は、ここでそれを明確に、浄土の内ではなく、迷いの世界で衆生を救おうとする還相の菩薩の相として論述したいのである。

329

『浄土論註』観行体相の文　菩薩荘厳功徳

「浄土の菩薩を観察するについて、〔『浄土論』に〕〈どのように菩薩の整然と荘厳された功徳成就を観察するのか。菩薩の功徳成就を観察するならば、浄土の菩薩を見るに、四種の正修行（真如の行）の功徳を成就されていることがある、と知るべきである〉とある。〔この正修行の「正」は真如であり〕真如はあらゆる存在の正体（本質）である。正体である真如にして行ずれば不行である。不行にして行ずることを〈如実修行〉という。正体は一如であるが、それに基づく菩薩の如実修行の意義は分ければ四種ある。ゆえにこの四種の行を一つに収めて正修行といっているのである。

〈何を四種とするのか。第一は、一仏土に居ってその身は動かずして、十方に遍く至る（遍至）。種々に応化の身を現し、如実に修行して、常に衆生を教化する。願生偈には、《安楽国は清浄であり、常に穢れなき法輪を転じる（常転無垢輪）。応化身の仏・菩薩（日輪のように一点にあってあらゆる方向へ光を放つ、その日輪のような仏・菩薩）はあたかも須弥山が不動であるかのようであるがゆえに》といわれている（と言《のたま》えり）。もろもろの衆生の淤泥華を開かせるからである〉と〔『浄土論』に〕いわれている。八地以上の菩薩は常に三昧にあって、三昧の力によってその身は元の場所から動かず（身不動本処）して、遍く十方に至り（遍至）、諸仏を供養し、衆生を教化する。〈無垢輪〉とは仏の境界の功徳である。仏の境界の功徳には、煩悩の垢もその残滓もおありではない（無垢）。仏は菩薩たちのために常にこの法輪を転ずる。大菩薩たちもこの法輪によって、一切の衆生を導き、少しの間も休むことはないのであろう。ゆえに〈常転〉という。法身は日輪の如くであり、その応化身は日輪から放射される光のようにあらゆる世界に行き渡るのである。〈日〔輪〕〉と喩えていえば、不動を示す喩えとしては不十分なので、また不動の須弥山のようである（如須弥住持）というのである。〈淤泥華〉とは、『経』（維摩経）にいうには、〈美しい高原に蓮華は咲かない、低湿地の淤泥（泥沼）にこそ蓮華は咲く〉と。これは凡夫が泥沼のような煩悩の中で、菩薩に導かれて仏の正覚の花を咲かせることに喩える。まことに浄土の菩薩は三宝を継承し、さらに盛んにして絶えさせないようにする、と。

〈〔四種の〕第二は、菩薩の応化身は、いつでも一瞬にして（不前不後）、一心・一念に、大光明を放って、すべて遍くあらゆる世界に至り（遍至）、衆生を教化する。さまざまな方法をとり、修行し三業を発動して、一切の衆生の苦を除き去るがゆえである。願生偈には、《無垢の荘厳の光は、一念また同時（一時）に、遍く諸仏の会座を照らして、もろもろの群生を利益するがゆえに》といわれている〉と〔『浄土論』にいう〕。先に、〈菩薩はその身を動かさず（〔身〕不動）して十方に至る（〔遍〕至）〉といったが、〈不動〉から〈至〔る〕〉までに時間差があるようである。ゆえに、さらに〈一念・一時・無前・無後〉（一瞬にして）といっているのである。

〈〔四種の〕第三は、菩薩は一切の世界において余す所なく（無余）仏の説法の座へ至りその会座を輝かすることである。会座に集まった人々（大衆）は無量無数で余す所なく（無余）仏がたの功徳を尊んで讃える（坂東本の訓点による）。願生偈には、《天の楽や花、衣や香などを降らして諸仏の功徳を讃える、分別の心がないからである》といわれている〉と〔『浄土論』にいう〕。今いう、〈余す所なく（無余）〉というのは、一切世界、一切諸仏の会座に遍く至って（遍至）、一世界、一会座として至らない所はないことを明らかにしている。僧肇師がいうには、「さとりの身に姿はないが、衆生に応じてさまざまな形をとる。皆、仏・菩薩の説法（至韻）も同様で、言辞を超えて教えは弘まる。仏・菩薩は手立てを尽くし、はからいなく衆生のためにはたらく（坂東本の訓点による取意）」（僧肇撰『注維摩詰経』序〈『大正蔵』三八、三二七頁上〉）とあるのは同じ意味である。

〈〔四種の〕第四は、菩薩は十方一切世界の、三宝のましまさぬ所で、仏法僧の三宝の功徳大海を保ち守り荘厳し、遍く示して、如実修行を衆生にさとらせる。願生偈には、《どこかの世界か、仏法の功徳の宝がましまさないであろうならば、我れ願わくは、いずれの世界にも遍く往って（遍至）、仏のように仏法を説示しよう》といわれているがゆえに〉と〔『浄土論』にいう〕。上述の三種の正修行に三句の〈遍く至る〉というが、皆これらは有仏の国土である。もしこの第四の句がなければ、法身が所によっては法のはたらきをなさないことになるだろう。最高の善も、所によっては善ではなくなることになるだろう。以上で観行（観察）体相（浄土の荘厳）の章は終わった」

【註釈】世親の説く浄土の菩薩の四種の功徳を、曇鸞が注釈した文である。世親が自身の願生偈の偈文を解義分で解説する文に、曇鸞が注釈を加え、親鸞はそれを引用しているわけであるから重畳した文章になっている。坂東本の読みでは、世親が自身の偈に「と言《のたま》えり」という文になるので不自然な訳になっている箇所もある。

浄土の菩薩の最も重要な功徳は、無仏の国も余すことなく、あらゆる世界へ遍く至り仏法を遍く説示することであった。世親も曇鸞も、それを引用する親鸞も同じ意である。親鸞はそれを浄土からの還相の菩薩の姿として読み取り、ここ証巻の後半に引用している。

親鸞の切れ目なく続く引用は、これら浄土の菩薩の功徳は法蔵菩薩の本願より生じ、また摂《おさ》まることを論じる章（浄入願心章）に入る。

『浄土論註』浄入願心の文　広略相入

「以下は解義分の第四章である。〈浄入願心〉と名付ける。〈浄入願心（浄土の荘厳は願心に摂入する）〉という意味は、〔『浄土論』で〕〈今まで浄土の国と仏と菩薩の功徳の成就を解説したが、この三種の成就は法蔵菩薩の願心が荘厳なされたのである、と知る応《べ》し〉といっている。特に〈知る応し〉というのは、この三種の荘厳の成就は、皆、本《もと》の四十八願などの清浄な願心が荘厳なされた所に原因があり、因である願心が清浄であるから果である浄土の荘厳も清浄であり、願心が因であるから無因ではなく、願心が因であるから他に因などはないのである（坂東本の読み）、ということについて特に〈知る応し〉というのである。

〔『浄土論』で〕〈〔浄土の荘厳は広く二十九種に説かれるが〕略して説くこともできる。〔なぜなら〕一法句（真如法性）に摂入（入〔一法句〕）せられるものであるから（故）である〉といわれている。先に述べた国土荘厳十七種と仏荘厳八種と菩薩荘厳四種を〈広（外延）〉とし、〈入一法句〉を〈略（内包）〉とする。

どうして広と略が相容れることをここで示すのか。それは、仏や菩薩には二種の法身がある。法性法身と方便法身である。法性法身より方便法身を生じ、方便法身より法性法身を現す。この二種は異なるものだが分けることはできないし、一つのものだが同一にするようなことはできない。ゆえに広と略は相容れ（広略相入）、互いに内包と外延の関係であり、両者はまとめて〈法身〉と称されるのである。菩薩というものはこの広略相入を心得ないと自利利他することはできない（還相の菩薩は皆これを心得ているのである）」

【註釈】 ここに出る「略説入一法句故（略して入一法句を説くが故に）」（通常は「略説せば一法句に入るが故なり」の読み）の、「一法句」の意味については現在に至るまで諸説がある。「一法」は「真如法性」「一如」「真如」の意とされ、親鸞の用例には「一実真如」もある。しかし、「句」の意味は、「文句」「一句」「一法門」「名号」と解釈されるが判然としない。また原語に返して「処（場所）」という解釈もある。ここでは、真実そのもの、法門、真実を表す言葉、真実が現れる場所という広い意味で読んだ。また敢えて「句」を訳さずに、浄土の二十九種の荘厳は一実真如に収まると読んでも意味は通る。また「故に」の意味も取りにくいのであるが、山口益はこの箇所を、「三種荘厳は、上来の如く広く二十九種に説かれるが、それは略説されることもある。何故なれば、それは真如法界なる一法句に摂入せられるものであるから」（『世親の浄土論』一五四頁）という文意で解読しているので、それに拠った。

なお、『浄土論』には「故」字が頻出するが、理由句とは見えない文末に用いられている場合もある。菩提流支訳に多い特色とされる（高崎直道訳注『大乗起信論』三〇二頁解説）が、大竹晋は、梵語における具格・為格・奪格やiti（と〔言う〕）や意味のない場合に分類し（『新国訳大蔵経　法華経論・無量寿経論他』一四頁）、この「略説入一法句故（略説せば一法句に入るが故なり）」の場合、意味がなく終止符の代わりに付けられている「故」として読んでいる（同前、三三六頁）。

　次は、世親と曇鸞がさらに一法句と清浄句の関係を解明する引文が続く。

332

『浄土論註』浄入願心の文　一法句

「〔『浄土論』で〕〈一法句とは清浄句である。清浄句は真実の智慧無為法身であるからである〉といわれている。この三者は巡りめぐって相容れる（展転相入する）。どうして〈〔一〕法〔句〕〉というのか。清浄句であるから一法句という。どうして〈清浄〔句〕〉といえるのか。真実の智慧無為法身であるからである。〈真実の智慧〉とは実相の智慧である。実相は無相であるから真智は無知である。〈無為法身〉は法性身である。法性寂滅であるから法身は無相である。無相であるからあらゆる相をとらないことなどない。ゆえに如来の相好の荘厳は、つまり法身の象徴である。無知は〔真智であるから〕あらゆることを知る。ゆえにこの真理に即し個別相を知り尽くす智慧は、つまり真実の智慧である。ことさら真実をもって智慧に名付けるということは、智慧は作為（作・非作）を超えていること（非作・非非作）を明らかにするためである。無為法身というように法身に〈無為〉を冠するのは、法身は生滅（色・非色）を超えていること（非色・非非色）を明らかにするためである。どうして非の非（否定）が非の是《ぜ》（肯定）になろうか。おそらく非なき（無非）を〈是〉というのである。是は絶対的な肯定であり、非是と相対（相待）するものではない。是に非ず、非に非ず、と非（否定）をいくら重ねて（百非）も、それでは教え諭せないことである。このゆえに〈清浄句〉といっているのである。この〈清浄句〉が〈真実の智慧無為法身〉である」

【註釈】 曇鸞は、一法句が清浄句であり真実の智慧無為法身であるという世親の言葉を頼りに、真実の智慧無為法身を軸にして直前の引文にあった二十九種荘厳と一実真如の関係を解明しようとする。そして、一実真如（一法句）は表現を超えているが、実相と個別相を知り尽くす智慧（真実の智慧）が絶対的な肯定としての慈悲（無為法身）としてはたらく時、二十九種荘厳（清浄句）を成就するという構造を見極める。

曇鸞は否定の否定を用いながら、清浄句（浄土の荘厳）は真理と現実を知り尽くす智慧である法蔵菩薩の願心が成就した荘厳であることを論証している。真実の智慧無為法身は鍵となる語句である。それによって、浄土の荘厳が一実真如である一法句から生じたことの証明ができた。真実の智慧無為法身を軸にすれば初めて浄土荘厳（清浄句）とその原理である一実真如（一法句）の関係が必然になる。こうなれば清浄句の「句」は、清浄なる「処」として荘厳される浄土ということで、「処」と解釈するほうが適切である。山口益は、「句」の原語をpadaに求める。padaは「依事」「依処」とも解され、「処」とも訳されていることに着目している（『世親の浄土論』一五五頁）。そうすれば清浄句とは清浄処、清浄土であり、浄土と同義になる。さらに「処（pada）」は「涅槃（nibbāna）」の同義異語（雲井昭善『パーリ語佛教辞典』五五六頁）であるから、浄土を表すにふさわしい語である。また、一法句も「一実真如（一法）の処」となり、単なる場所ではなく涅槃界という意味を持てば、一実真如の涅槃界として真如を表すにふさわしい語である。

親鸞としては、そのような浄土から帰還する菩薩は必然的に法蔵菩薩の願心を生きる者になるということを示したいのである。

次の引文は清浄句に言及して、浄土荘厳の本質を究明して、原理である願心を解き明かそうとする。

『浄土論註』浄入願心の文　清浄

「〔『浄土論』で先に、一法句と清浄句と真実の智慧無為法身は相容れる（展転相入する）ものであるといったが〕〈この《清浄句》の清浄について二種がある。知る応し〉と〔世親は〕いっている。先の〈展転相入〉の句の中で、一法句は清浄句に相入し、清浄句は法身に相入するといわれたが、今、この清浄を分けて二種があることを示すゆえに、特にそのことを〈知る応し〉といわれている。

〔『浄土論』で〕〈どのようなものが二種であるのか。器世間清浄と衆生世間清浄である。器世間清浄とは、先に説くような十七種の荘厳仏土功徳成就、これを《器世間清浄》という。衆生世間清浄とは、先に説くような八種の荘厳仏功徳成就と四種の荘厳菩薩功徳成就と、これを《衆生世間清浄》という。一法句はこのような二種の清浄の意義を持っているのであると、よく知る応し〉といわれている。そもそも衆生とはそれぞれの行為によって形成されたもので、それは主体である。国土は衆生の共通した行為によって形成されたもので、それは受用するものである。主体と受用するものは同じではない、このわけをよく〈知る応し〉というのである。しかし浄土のすべて（衆生世間と器世間）は、願心によって永遠のさとりの境界として成就したのである。そうであるから衆生と国土（器）は、異なり同一ではないとすることはできない。そうすれば、意義は分かれるが異なりはなく、同じく清浄である。器は用いるものである。かの浄土はかの清浄な衆生が受用する所であるから〈器〉という。きれいな食物に汚れた器を用いれば、器が不浄であるから食物も不浄になる。汚れた食物にきれいな器を用いれば、食物が不浄であるから器もまた不浄になるようなものである。必ず両者共に清潔な時に〈〔清〕浄〉ということができる。以上の理由で、一つの〈清浄〉という名称は、必ず衆生世間清浄と器世間清浄の意義を持っている。

問う、〈衆生〔世間〕清浄〉といっているのは、浄土の仏と菩薩であるが、浄土の人天は清浄の数に入ることができるのか、どうであろうか。

答う、〈清浄〉ということはできるが、真実の清浄ではない。例えば、出家した聖人は煩悩を断じているので〈比丘〉と呼ばれるが、出家して凡夫のままの者もまた〈比丘〉と呼ばれるようなものである。また転輪聖王の王子は生まれた時、三十二相があり、直ちに七宝によって身を飾られる。まだ転輪聖王の務めはできないが、これもまた転輪聖王というようなものである。それは必ず転輪聖王になるべき身であるからである。浄土の人天もまた同様であり、皆、大乗正定聚に入り、遂には清浄法身を得るに違いないから、〈清浄〉ということができるのであると」

【註釈】ここで世親と曇鸞は、浄土を生み出す清浄願心の清浄性は、浄土と浄土の仏菩薩に完全に及ぶものであるが、それだけに限らず浄土に生まれた人々は、遂にはさとりを開くべき身であるから清浄といえるのであるという。浄土の本質が願心の清浄性にあり、それが波及することを説いている。親鸞の文脈からすれば、願心の特質が煩悩を超越した清浄性にあることを明示して、願心の成就である浄土に生まれた者は煩悩の有無に拘わらず清浄性が保証される、ということになる。還相の菩薩が出生する大地をここに見ている。

以上のことを基盤にしながら行ぜられる菩薩の相の記述が次から始まる。善巧摂化章といわれる一段であるが、親鸞は以下の菩薩の相を還相の菩薩の行として受け取っている。

『浄土論註』善巧摂化の文

「〈善巧摂化（巧みな教化）〉とは、〔『浄土論』で〕〈このような菩薩は止観（奢摩他・毘婆舎那）の行によって浄土の荘厳（広）と本質（略）を体認し、柔軟心である〉といわれていることである。この〈柔軟心〉とは、広略の止観を共に順次に行じて不二の心になっていることである。不二の心とは、例えば水面に姿を映す時、清と静、つまり、水が澄みきっていることと波立ってないことによって初めて、そのままが映るようなもので、主観と客観が一つになることである。

〔『浄土論』では続いて〕〈菩薩は、如実に浄土の荘厳（広）と本質（略）を知る〉といわれている。〈如実に知る〉というのは実相の通りに知ることである。〈広〉にあたる浄土の二十九種の荘厳と、〈略〉にあたる本質（一法句）は実相でないものはない〔ということを知るのである〕。

〔『浄土論』では続いて〕〈このように（如是）、菩薩は衆生を救う利他の行（巧方便回向）を成就なされた〉といわれている。〈このように（如是）〉というのは、前後して示された浄土の荘厳と本質は実相であり、その実相の如く（如実）にという意味である。実相を知るゆえに、そこで迷いの衆生の虚妄の姿を知るのである。衆生の虚妄を知れば、真実の慈悲を生ずるのである。また衆生を救おうとする仏の真実の智慧無為法身（願心）を知るならば、真実の帰依を起こすのである。この慈悲と帰依と利他行（巧方便）は次にある」

【註釈】菩薩が利他へ向かう転回点を、曇鸞は注釈している。

「実相を知るを以ての故に、則ち三界の衆生の虚妄の相を知るなり（宗教的真理を知れば人間の現実を知る）」という曇鸞の洞察には深い思想性を感じる。世親は浄土のありさまを哲理的に、また抽象的に表現して、それが涅槃の表象であることを示した。その『浄土論』を注釈する曇鸞は、それぞれの荘厳がどうして成就されたかについて、その因由について「仏もと何が故ぞ此の荘厳を起こしたもう」と、一つひとつ審問する。そして、「有る国土を見そなわすに」を冒頭に置いて応答する。浄土を超越的に表現するのではなく、穢土（有る国土）の現実を凝視し、その苦悩に応《こた》えて建立されたものとして浄土を開示しようとしている。穢土へ向かう視線は自ずと思想性を帯びる。ここでも衆生の姿を知ることが菩薩行の始まりであることが示されている。

「真実の法身を知るは、即ち真実の帰依を起こすなり」とある中の「法身」は意味を取り兼ねるが、前出の「真実の智慧無為法身」は、浄土の荘厳を生み出す仏の智慧による慈悲を意味しているので、法蔵菩薩の願心の意味に取った。

次に還相の菩薩の相が示される。

『浄土論註』善巧摂化の文　巧方便回向

「〔『浄土論』では続いて〕〈どのようなことが菩薩の利他行（巧方便回向）であろうか。菩薩の利他行とは、礼拝をはじめとする五念門行を説いたが、それによって集積した一切の功徳善根を、自身住持の楽（自身が受ける楽）を求めるためではなく、一切の衆生の苦を抜こうとするために〔回施し〕、一切の衆生を救済して、共に同じく浄土へ生まれさせようと一心に願うことである。これを《菩薩の巧方便回向成就》という〉といわれている。〔この〈利他行〉について考えてみたい〕王舎城で説かれた『無量寿経』を調べると、三輩段には、上輩と中輩と下輩の者の往生が説かれ、修める行に優劣はあるが、皆、無上菩提心を発さないことはないという。この無上菩提心は願作仏心（さとりを願う心）である。願作仏心は、度衆生心である。度衆生心とは、衆生を救い、仏のまします国へ生まれさせる心である。だから浄土へ生まれようと願う者は必ず菩提心を発すのである。もし人が、菩提心を発さずして、ただ浄土の楽の享受が恒常的であることを聞き安楽を目的に生まれようと願っても、決して往生はできないであろう。だから〔世親は〕〈自身住持の楽（自身が安楽を得ること）を求めるためではなく、一切の衆生の苦を抜こうとするために〔浄土に生まれようと願う〕〉といっている。真実の〈住持楽〉とは、安楽浄土は阿弥陀仏の本願力によって住持（保持）されているので、恒常的に楽を受けることをいうのである。〔浄土はこのような安楽世界（住持楽）であるから、一切の衆生の苦を抜こうとするために共に生まれようと願うのである〕

〔ここに菩薩の利他行として〈巧方便回向〉とあるが〕この〈回向〉の名と義を解釈すれば、自分が集積したすべての功徳を一切の衆生に施与して、共にさとりへと向かわせなさることである、と。また〈巧〔方〕便〉とは、菩薩が願うには、〈己の智慧の炎で、一切衆生の煩悩の草木を焼き尽くそうとして、もし一人でも成仏しなければ、私は仏になるまい〉と。しかし、衆生がまだすべて成仏しないうちに菩薩が先に自らが成仏してしまうならば、それは例えば、木の火箸で一切の草木をかき集め焼き尽くそうとする時、草木はまだ焼き尽くされていないのに火箸が燃え尽きるようなものである。その身を後回しにと願いながら、その身は先んじて成仏する〔そのことで菩薩は仏に成る道を衆生に示している〕ゆえに〈〔巧みな〕

方便〉という。この『浄土論』の中でいう〈方便〉とは、願を発して一切衆生を救い、共に同じくかの浄土に生まれさせることである。かの浄土は必ず成仏（畢竟成仏）する道路であり、無上の方便である」

【註釈】以上で善巧摂化章からの引用が終わった。世親は『浄土論』で菩薩の利他行を「巧方便回向」という言葉で説明している。「巧みな（優れた）方便（手だて）によって衆生に功徳を施す」という意味である。「善巧摂化」も「巧方便回向」も仏菩薩の慈悲や利他を表している。浄土へ往生する道は自分が安楽世界へ行こうとする道であるから利己的に見える。世親はそれが利他の道であることを論じる。自身が修めた五念門行の功徳を衆生に回向し、共に浄土に生まれようとする菩薩の道はさとりへの道であり、自利利他円満の大乗の菩薩道である、と浄土教を宣揚している。曇鸞はこの章を善巧摂化と名付けて、詳細に以上のように注釈した。菩薩が利他へ向かう契機とその精神を菩薩道の典型として位置付けたのである。親鸞はそこに還相の菩薩の相を見て引用を続ける。

『浄土論註』の引用は続き、次は障菩提門（菩提門の障《さわり》を説く章）からの引用に移る。菩提の障から離れる道を説くので離菩提障ともいわれる。さとりへの道を礙げるものは利己心や自己愛であり、智慧・慈悲・方便はそれを離れることのできる菩薩の願心であることが説かれる。

『浄土論註』障菩提門の文

「障菩提門とは、〔『浄土論』で〕〈菩薩が〔功徳を施し衆生をさとらしめるために共に浄土に生まれることを願う〕、このように利他行成就（巧方便回向成就）をなされたことを知れば、その時、三種のさとりの道に相違するありかた（三種菩提門相違法）を遠離するのである。それで、どのような三種か。第一は、智慧門に依って、自らの幸福を求めず、自我心による自己への執着（我心貪著自身）を遠離しているゆえに〔菩提門相違法を遠離するという〕〉といわれていることである。〔この智慧門の〕〈智〉は、仏道を進むことを自覚し、退くことを守り防ぐことをいう。〈慧〉は、空無我を知ることをいう。智に依るから自らの幸福を求めず、慧に依るから自我心による自己への執着（貪著）を離れている。

〔続いて『浄土論』で〕〈第二は慈悲門に依っている。一切衆生の苦を抜き、衆生を安穏にしない心（無安衆生心）を遠離しているゆえに〔菩提門相違法を遠離するという〕〉といわれている。〔この慈悲門の〕〈慈〉は、苦を抜くことをいう。〈悲〉は、楽を与えることをいう。慈に依るから一切衆生の苦を抜き、悲に依るから衆生を安穏にしない心を離れている。

〔続いて『浄土論』で〕〈第三は、方便門に依っている。一切衆生を憐愍なされる心である。自己愛（供養恭敬自身心）を遠離しているゆえに〔菩提門相違法を遠離するという〕〉といわれている。〔この方便門の〕〈方〉は正直《せいちょく》（まっすぐ）のことをいう。〈便（宜しきに従う）〉は適切に衆生に従い、自己をよそごと（外）にすることをいう。正直であることに依って一切衆生を憐愍する心が生じ、自己をよそごとにすること（外己）に依るから自己関心から自由になって、自己愛を離れている。これを〈さとりの道に相違する三種のありかた（三種菩提門相違法）を遠離するという〉と〔『浄土論』は〕いう」

【註釈】衆生と共に浄土に生まれる道は菩薩道であることを知れば、智慧・慈悲・方便の門によって利己心から解放され利他行が完遂できる、ということである。親鸞は特に、その道は法蔵菩薩が先につけてくださった道であるということを敬語法で示している。

次は順菩提門である。さとりの道を礙げる三種のありかたを離れると、さとりの道に順ずる三種の心を得ることが示される。

337

『浄土論註』順菩提門の文

「順菩提門とは、〔『浄土論』で〕〈菩薩はこのような三種のさとりの道に相違するありかたを遠離し、三種の随順菩提門の法（さとりの道に順ずるありかた）の満足を得られたゆえに〔順菩提門というのである〕。それで、どのような三種か。第一は無染清浄心（煩悩に染まらぬ心）という。自分のための楽を求めないからである〉といわれている。菩提は煩悩に染まらぬ清浄な境涯（無染清浄処）である。もし自身のために幸福を求めれば、きっと菩提に背くであろう。だから無染清浄心はさとりの道（菩提門）に順ずるのである。

〔『浄土論』で〕〈第二は安清浄心（安穏にする心）という。一切衆生の苦を抜くからである〉といわれている。菩提は一切衆生を安穏にする清浄な境涯である。もし心を砕いて一切衆生の苦を抜いて迷いから離れさせせないなら、きっと菩提に背くであろう。だから一切衆生の苦を抜く安清浄心はさとりの道に順ずるのであると。

〔『浄土論』で〕〈第三は楽清浄心（楽を与える心）という。一切衆生に大菩提を得させるからであり、そのために衆生を摂め取って浄土へ生まれさせるからである〉といわれている。菩提は究極の常楽（畢竟常楽）の境涯（処）である。もし一切衆生に究極の常楽を得させないなら、きっと菩提に背くであろう。この究極の常楽は何に依って得るのかといえば、大乗の法門（大義門）に依るのである。大乗の法門は安楽仏国土である。だから〔『浄土論』に〕また〈衆生を摂め取ってかの国土に生まれさせるから（楽清浄心はさとりの道に順ずるのである）〉といわれている。〔これら三種の心の成就を『浄土論』は〕〈これを三種の随順菩提門の法が満足したというのである。知るべきである〉というと」

【註釈】順菩提門の引用が終わった。『浄土論』の文と曇鸞の注釈が交差するので意味を読み取りにくい所は補足した。菩提の道に順ずる菩薩の心が説かれている。大乗の菩薩は利己心を捨てて利他に徹する、ということは再々説かれてきたが、第三の楽清浄心は菩薩の具体的な行についての世親の重要な提起である。楽清浄心のいわれについて、衆生にさとりを得させることと浄土に生まれさせることの二点を挙げているように読めるが、浄土に生まれることはさとりを得るためであるから、一つのこととして読んだ。そうすれば衆生を浄土に生まれさせようとする楽清浄心は、衆生に常楽（さとり）を得させようとする順菩提門である。享楽ではなく常楽の浄土に生まれさせることが菩薩の行になる。それは世親と曇鸞と親鸞の、浄土門が大乗の法門（大義門）であるという宣言である。

次に引用される章は名義摂対といわれる。『浄土論』で、先の障菩提門に出る智慧・慈悲・方便は利他心であるから後得方便智であるが、ここではそれが根本智である般若智から生じた智慧であるとしている。

『浄土論註』名義摂対の文

「名義摂対（名称と意味を比べ帰納する）とは、〔『浄土論』で〕〈先（障菩提門）に説いた（説きつる）智慧、慈悲、方便は、般若（実智）を摂め、般若は方便（権智）を摂める。知るべし〉といわれていることである。

この〈般若〉（実智）は真実（如）に通達する慧を意味する名〔称〕であり、〈方便〉（権智）は現象的存在（権）に通達する智を意味する〔名〕称である。真実に通達すれば、分別の心は滅する（寂滅）。現象的存在に通達すれば、詳細に衆生の構造を洞察する智がはたらく。衆生を洞察する智はすべての衆生に対応し、しかも人知を超えて無知である。また、寂滅の慧もまた無知であり、しかも完全に衆生の構造を知り抜いている。そうであるならば、智慧（般若・実智）と方便（権智）は互いに縁となって動であり、あるいは互いに縁となって静である。動が静を失わないのは般若の功績であり、静が動を廃除しないのは方便の力である。ゆえに智慧と慈悲と方便は般若を摂め、般若は方便（権智）を摂める。

終わりに〈知る応し（応知）〉とあるのは、般若と方便は菩薩の父母であり、般若と方便に依らなければ菩薩の規範は成り立たないことを〈知る応し〉の意である。なぜなら、もし般若なくして衆生のためにする時には誤謬に陥るであろうし、もし方便なくして真実をさとろうとする時には小乗のさとりに陥るであろうからである。このゆえに〈〔このことをよく〕知る応し〉というのである」

【註釈】智慧、慈悲、方便と般若（智慧・実智）、方便（権智）が相対されるが、方便と智慧は異なる位相に同じ言葉が使用されているので、注意が必要である。

三種の門（智慧・慈悲・方便）は利他心であるから方便智（権智）であるが、それは根本の般若智（実智）から生じたものである。だから智慧、慈悲、方便は般若智に摂まるし、般若智は智慧、慈悲、方便の方便智（権智）に摂まるという『浄土論』の文を注釈し、曇鸞は、権智である方便智の大切さを補注している。これは『浄土論註』の一貫した姿勢である。真如をさとる実智（般若智）は根本智であるが、方便智は縁起して仮（権）に和合して現れている衆生を含めた現象的存在を知り抜く権智であり、大乗の智である。大乗菩薩の智慧が慈悲に展開する相を、還相の菩薩のうえに見るがゆえの、親鸞の引用である。坂東本では「向《さき》に（中略）と説きつ」と読む訓点であるが、「向に説きつる（後略）」と読む原文に戻して意味を取った。名義摂対章はまだ続く。

次に、世親が、障菩提門でいう遠離我心貪著自身・遠離無安衆生心・遠離供養恭敬自身心は遠離障菩提心であるとし、順菩提門でいう無染清浄心・安清浄心・楽清浄心は妙楽勝真心であるとしたことを、曇鸞は詳細に注釈し要語を関係付け、妙楽勝真心へと帰納していく。

『浄土論註』名義摂対の文　妙楽勝真心

「〔続いて『浄土論』で〕〈先（障菩提門）に、遠離我心貪著自身、遠離無安衆生心、遠離供養恭敬自身心を説いた。この三種の法は遠離障菩提心（さとりを礙げる心を離れる法）であると、知る応し〉といわれている。どのようなものにもそれぞれ、さまたげ（障礙）はある。例えば風は静けさを障《さえぎ》り、土は水を障り、湿は火を障り、五逆・十悪は人天に生まれることを礙げ、四顛倒（この世を常楽我浄と見る四つの誤謬）は声聞のさとりを礙げるようなものである。この我心貪著自身、無安衆生心、供養恭敬自身心の三種は不遠離障菩提心（さとりを礙げる心）である。終わりに〈知る応し（応知）〉とあるのは、礙げのないこと（無障）を得たいならば、この三種の障を遠離すべしというのである。

〔続いて『浄土論』で〕〈先（順菩提門）に、無染清浄心、安清浄心、楽清浄心を説いた。この三種の心は要略して妙楽勝真心一つに成就なされたのであると、知る応し〉といわれている。〈妙楽勝真心に〈楽〉

とあるが、およそ〕楽には三種がある。第一は外楽、これは前五識（眼耳鼻舌身）によって生じる五感の楽（快）をいう。第二は内楽、これは禅定によって生じ昇華していく第六識（意識）の楽（喜）をいう。第三は法楽楽、これは智慧によって生じる楽（智慧所生の楽）をいうのであり、仏の功徳を敬愛すること（愛仏功徳）から起こっている。

先の障菩提門の遠離我心〔貪著自身〕、遠離無安衆生心、遠離自供養心（遠離供養恭敬自身心）の三種の心が、この三種（無染清浄心・安清浄心・楽清浄心）の清浄心へと増進して、それがまとまって法楽楽である〈妙楽勝真心〉となる。〈妙楽の〉〈妙〉は素晴らしい（好）という意味である。この〈楽〉が仏に縁って生じるをもってのゆえである。〈勝真の〉〈勝〉は三界の楽より勝れているという意味である。〈真〉は虚偽にならず、顚倒しないという意味である」

【註釈】これで名義摂対章の引用が終わった。

世親は障菩提門で、回向の成就を知れば菩提の障を離れることができるとして三種の遠離を説く。智慧門による遠離我心貪著自身、慈悲門による遠離無安衆生心、方便門による遠離供養恭敬自身心である。また、順菩提門では、菩提の障を離れる時、菩提に順ずる三種の心を得るとして、無染清浄心・安清浄心・楽清浄心を挙げている。

世親はこの中の、智慧と慈悲と方便を新たな範疇としての般若と方便に摂め、遠離我心貪著自身と遠離無安衆生心と遠離供養恭敬自身心を遠離障菩提心に摂め、無染清浄心と安清浄心と楽清浄心を妙楽勝真心に摂めている。『倶舎論』や『唯識三十頌』を著した世親らしい分析と探求である。

曇鸞はそれを注釈し、衆生の苦悩を見抜く智慧の大切さを重視し、自我心や自己愛を超えて衆生を安んぜしめる心はさとりへの道であることを強調している。特に、自分の楽を求めない無染清浄心、衆生の苦を抜く安清浄心、すべての衆生を浄土に生まれさせ大いなるさとりを得させる楽清浄心は、妙楽勝真心として成就するという世親の指摘を、曇鸞は全体の帰結として注釈している。世親も解説しない妙楽勝真心を、この楽は「智慧所生の楽」とし、仏の功徳を敬愛することから起こる楽、つまり「信楽」の意味にしている。さらに妙楽勝真心を一字毎に、「楽」は仏に縁って生じるから、素晴らしい（好）もの、つまり「妙」であり、三界の楽に「勝」《まさ》る、虚偽ではなく顚倒しない「真」なるものであると注釈している。つまり極楽の功徳である妙・楽・勝・真に適う心という意味を見出し、回向の信の意味にして、妙楽勝真心に帰一するという帰結を導き出している。

これは、菩薩の根本が博愛的利他主義にあるのではなく、仏の功徳を敬愛（愛仏功徳）する回向の信楽にあることを示している。親鸞は、自利利他の行を成就した還相の菩薩の心（信）としてここに引用している。

次は願事成就章の引用へと進む。

339

『浄土論註』願事成就の文

「願事成就（浄土願生の事業の成就）とは、〔『浄土論』で〕〈このように菩薩は、智慧心（般若）、方便心、無障（菩提）心、〔妙楽〕勝真心という四心をもって浄土へ生まれさせなされた（生ぜしめたまえり）のであると、知る応し〉といわれていることである。終わりに〈知る応し（応知）〉とあるが、この四心の清浄なる功徳が、かの清浄な仏国土に生まれることを得させるのであり、そのほかの縁によって生まれるのではないと〈知る応し〉というのである。

〔また続いて『浄土論』では〕〈このこと（四心）をもって、《菩薩が五念門に随順して行ずれば、その三業の所作は、意に随って（随意）自在に自利利他の行を成就された（したまえり）》という。先に〔五念門行の所で〕説いたように身業、口業、意業、智業、方便智業が五念門に随順しているからである〉といわれている。この中の〈随意自在〉とは、その意味は、五念門が結果する功徳の力（園林遊戯地門）は、菩薩は浄土へ生まれさせ（生ぜしめ）て、自在に活動する（出没自在）ということである。〈身業〉とは礼拝である。〈口業〉とは讃嘆である。〈意業〉とは作願である。〈智業〉とは観察である。〈方便智業〉とは回向である。この五種の業は和合するのである。そこで、このことを〔『浄土論』で〕〈菩薩は往生浄土の法門（五念門）に随順して、自在に行を成就なされた（したまえり）〉（取意）といわれていると」

【註釈】 願事成就章からの引用である。菩薩の願事（五念門行）成就の相が示される。四心、つまり願作仏心と度衆生心による五念門行がさとりへの正しい菩薩の行であることを、曇鸞は世親の言葉を元に説いている。親鸞は、その文に「せしめたまえり」「したまえり」「しむ」などの送りがなによる敬語法を用いて法蔵菩薩の願事成就として読んでいる。同時に、その法蔵菩薩の第二十二還相回向の願成就による還相の菩薩の活動をそこに見ている。

続く引用は終章の利行満足章である。

『浄土論註』利行満足の文　五功徳門

「利行満足（菩薩の自利利他行の成就）とは、〔『浄土論』で〕〈また五種の門があり、〔菩薩は〕順次に五種の功徳を成就なされた（したまえり）と、知る応し。五種の門とは、近門、大会衆門、宅門、屋門、園林遊戯地門である〉といわれていることである。この五種の門は、自利（入）と利他（出）の次第を示現しておられる。自利の相の始めは、浄土へ至る近門である。ここで大乗正定聚に入るのでさとりに近づくということである。浄土に入り終われば如来の大会衆（会座の人々）の数に入るのである。大会衆の数に入り終わったので、修行に安心して専念できる宅（家宅）に入るに違いない。宅に入り終われば、さらに修行の場として家屋に入るに違いない。修行を成就し終わったので、そこを出て衆生を導く境地に必ず至るに違いない。この境地は、つまり菩薩が自ら楽しみとする境地である。ゆえにこの利他の門を〈園林遊戯地門〉というと」

【註釈】五念門行によって五種の功徳（五功徳門）が成就することを世親は説く。この「門」を曇鸞は入出の義という（『聖典全書』一、四八八頁）。前四門は浄土への「入」、第五門は浄土からの「出」という。入と出は自利と利他の意味である。親鸞は、ここに還相の菩薩の自利利他成就の相を見て引用を続ける。

親鸞は漢文の訓読表記のために、送りがなとして、よく助動詞「しむ」を用いる。使役や尊敬、謙譲の意味を表すが、それによって主語が変わるほどの影響がある。これらの引文にも「しむ」を多用するので、世親や曇鸞の文とは意味が異なってくるが、ここは還相回向を明らかにしようとする箇所での親鸞の引用であるから、その文脈で還相の菩薩、ならびに還相回向の願を立て、先行して自利利他行を成就した法蔵菩薩を主語にしながら読んでいく。

『浄土論註』利行満足の文　前四門

「〔『浄土論』で〕〈〔菩薩は〕五種の門の始めの四種の門で入（自利）の功徳を成就なされ（したまえり）、第五門で出（利他）の功徳を成就なされた（したまえり）〉といわれている。この入出の功徳とは何であろうか。

〔『浄土論』で世親が〕解釈することには、〈入第一門とは、阿弥陀仏を礼拝し、〔菩薩は衆生をして〕浄土に生まれさせようとする（生ぜしめん）ために〔礼拝〕するゆえに、浄土に生まれることを得させる（得しむ）。これを《〔入〕第一門》という〉とあるように、阿弥陀仏を礼拝して浄土に生まれようと願うことは第一の功徳の相である、と。

〔続いて『浄土論』で〕〈入第二門とは、阿弥陀仏を讃嘆し、〔菩薩は衆生をして〕名号の意義に順って名号を称えさせる（称せしめ）。称名は如来の智慧に依って行じたのであるから、それによって大会衆の数に入ることを得させる（得しむ）。これを《入第二門》という〉といわれているように、如来の名号の意義に依って讃嘆（称名）することは第二の功徳の相である、と。

〔続いて『浄土論』で〕〈入第三門とは、一心に専念し作願して、浄土に生まれて寂静三昧の行を修めるゆえに、〔菩薩は衆生をして〕蓮華蔵世界に入ることを得させる（得しむ）。これを《入第三門》という〉とあるように、寂静三昧を修めるために一心に浄土に生まれようと願うことは第三の功徳の相である、と。

〔続いて『浄土論』で〕〈入第四門とは、浄土の荘厳を専念し観察して、〔菩薩は衆生をして〕観察の行を修めさせる（修せしむる）ことによって、浄土に到ることができて種種の法味の楽（仏法による喜び）を受用させる（せしむ）。これを《入第四門》という〉といわれている。この〈種種の法味の楽〉とは、観察の行によって、浄土を観察する清浄味、衆生を救済する大乗味、本願が衆生を引き受けて虚しく終わらせることのない不虚作味、さまざまな衆生の類に応じながら行を修めその世界を仏土ならしめんとする願取仏土味などを楽しむことである。荘厳された仏道（さとりの世界）にはこれらの限りない妙味があるので〈種種〔の法味〕〉といわれている。これが第四の功徳の相であると」

【註釈】第四門までの引用である。親鸞は諸処で助動詞の「しむ」を加えている。「しむ」を加えた箇所は、還相の菩薩が衆生をして「せしむ」という使役の意味で訳したので、生硬な訳文になっている。尊敬か謙譲か使役の意味で読むかについては諸説があるが、ここは親鸞が還相の菩薩の活動を表そうとして引用している箇所なので、原意とは異なるが、多くは衆生を教化する使役の意味を取った。それも菩薩のはからいによって「せしめる」のではなく、「おのずから」「しからしむ」（「正像末和讃法語」、『真宗聖典』六二五頁）ということであるのはいうまでもない。文章中で主語が変わることもあるので、日本語としては不自然な文になるが、親鸞は漢文にこのように送りがなを付けることで、言外に表された意味を読み取ろうとしている。

五功徳門の前四門は自利の門であって、第五門である還相回向を説き明かそうとする章に引用するのは適切ではないようだが、「しむ」によって菩薩の利他のはたらきを示す文になっている。菩薩は一心に礼拝するが、それは衆生の礼拝へと波及する。それは自ずから衆生を浄土に生まれさせるための礼拝の意義を有するのであり、称名させ、蓮華蔵世界へ入らしめ、法味楽を受用させるとある。抽象的な第五園林遊戯地門の還相の菩薩の活動に前四門の行が含まれ、還相の菩薩の活動を具体的に表す引文になっている。親鸞はそのように考えて、この還相利他の章に自利の前四門の文を省略せずに引用していると考えられる。

しかも親鸞は、五功徳門中、第一近門と第二大会衆門は、現生（穢土）における正定聚の位と考えていた。正信偈の天親章の僅か十二句のうち六句を割いて、「帰入功徳大宝海　必獲入大会衆数　得至蓮華蔵世界　即証真如法性身　遊煩悩林現神通　入生死園示応化」と五功徳門を表しているが、第一近門と第二大会衆門を「帰入功徳大宝海　必獲入大会衆数」としている。名号の宝海に帰入すれば大会衆の数に入る、ということであるが、本願の名号を信楽する者は、現生で浄土の会座の大衆の数（正定聚）に入るという。『浄土論』では「得入大会衆数」（『聖典全書』一、四四三頁）であるが、この「得」を親鸞は「獲」に改めている。それは、『正像末和讃』の終わりの法語や、また消息で「〈獲〉の字は、因位のときうるを〈獲〉という。〈得〉の字は、果位のときにいたりてうることを〈得〉というなり」（『真宗聖典』六二五頁など）とあるので、現生で獲ることを意図しているのであろう。それは続く「得至蓮華蔵世界」の「得」字と対応し、「得至蓮華蔵世界」以下の句は、浄土における第三宅門、第四屋門と還相の第五園林遊戯地門を表していることになる。

還相の菩薩を表す章に、現生正定聚の位相である第一近門、第二大会衆門の功徳成就の相も含めて親鸞が引用するということは、先のように第一近門、第二大会衆門の功徳成就の相を還相の菩薩の具体的な活動の内容に含めていることになる。それは決して正定聚の者が還相のはたらきをするということではない。曇鸞が言葉を尽くし、親鸞が引用するように、還相の菩薩に作心はなく、衆生を教化の対象と見ることはない。還相の利他教化は「行者のはからい」ではなく他力の「しからしむ」本願力によるものである。このあとの結びの自釈に出る他利利他の深義にしても、親鸞は徹底して衆生と自分自身を所被の機〈救済の対象〉として位置付けている。自分が為す還相ではなく、提婆や阿闍世、また現実の世界の一端を還相として親鸞が感受した世界観であると考えられる。親鸞の信受した還相世界観における還相の菩薩は、『浄土論』や『浄土論註』では、苦悩する衆生を観察し、応化の身を示し、煩悩世界に回入して、自在に遊戯するといわれる。そして、そのように信受する世界観を、自ずから体現することは必然であろう。

次はその還相の核心になる出第五門の引用である。

『浄土論註』利行満足の文　園林遊戯地門

「〔『浄土論』で〕〈出第五門とは、大慈悲をもって一切の苦悩する衆生を観察して、それに応じた姿〈応化身〉を示し、苦しみと迷いの園林に還り来て、神通遊戯に、衆生を教化する境位〈教化地〉に至る。それは本願力の回向に由るからである。これを《出第五門》という〉と〔世親が〕いわれている。この中〈応化身を示す〉とは、『法華経』観世音菩薩普門品の普門示現〈観世音菩薩が人々を救うために、普くすべての所にその身を現じること〉と同じことである。また〈遊戯〉とあるが、これには二つの意味がある。第一は、自在の義である。菩薩が衆生を救うのは自由自在である。例えば、獅子が鹿を捕えるのに、その振舞に障りがなく遊戯するようなものである。第二は、度無所度〈度して度する所無し〉、つまり済度してもとらわれがないという義である。菩薩は衆生を見て、遂にあらゆる救うべき衆生を見ない。限りない衆生を済度しても、実に一衆生としてさとりを得る者はいない。菩薩の衆生済度を表せば、それは遊戯のようである。

また〈本願力〉とあるが、大菩薩は法身において常に三昧の中に居らせられ、種々の身、種々の神通、種々の説法を示現するが、すべては本願力より生起することによってである。例えば、阿修羅の琴は弾く者がいなくても、音曲が自然と奏でられるようなものである。これを〈教化地に至る第五の功徳相〈出の第五門〉〉というと〔世親は〕いわれている」已上抄出

【註釈】曇鸞の出第五門（園林遊戯地門）についての注釈である。還相の菩薩は『法華経』普門品の観音のように普くあらゆる所に現れ、自在に衆生を済度する。しかも済度したという意識はない。救う者と救われる者という二項対立は宗教の基本的な枠組みをなしているが、還相の菩薩はそれを脱構築している。親鸞は、執着の原因である我我所の心を超越する仏教の理念の実現を還相の菩薩のうえに見て、超越の原理として本願力回向を据えている。このように証巻最後の引文は曇鸞の園林遊戯地門の注釈であるが、当巻の還相回向の章の始めの引文は『浄土論』の園林遊戯地門の文であった。親鸞の引用は、世親の園林遊戯地門の説を起点に、終点はそれに対する曇鸞の注釈であった。引用文だけであるが、この過程で大乗の菩薩の利他の精神が精密に説かれてきた。利他の課題がどのように解けたのであろうか。

親鸞は真実の証を明かす巻で、大乗仏教の理念である自利利他成就という課題に向き合った。巻の前半で自利を問題にし、後半では利他を問題にした。後半の始まりの『浄土論』の引文は、菩薩の利他行を端的に示していた。そのあとの長い『浄土論註』の引用によって、真実証としての利他を出第五門の菩薩のうえに見て、それを曇鸞のいう還相の菩薩と位置付け、浄土の入出が自利利他成就の仏道であることを示した。つまり第十一願成就と第二十二願成就が大乗菩薩の自利利他成就であり、真実証である。

親鸞は、法蔵菩薩が道筋をつけた、正定聚に住し必ず滅度に至り（第十一願）、浄土から還来して衆生を教化する（第二十二願）ことが、自利利他行成就の真実証であると、曇鸞の言葉で示した。浄土から還ってからの利他ということは、現世における利他への徹底した断念であろう。しかし、浄土から還ってから必ず救い遂げるという確信は今、現在に得ている信念であり、現に浄土から還相して自在に作意なく遊戯するが如く衆生を導く菩薩に遇い得ているという確証から生まれるものである。次の自釈にあるように、親鸞は眼前の利他のはたらきを他利として受容している。親鸞の還相には二つの位相があり、第一は自身が浄土から還来して為す利他教化の相、第二は自身の前に還来して利他教化する菩薩の相である。親鸞の真実証は重層的である。

以上で引用は終わり、次は証巻を結ぶ親鸞の自釈である。

総結

そうであるから、釈尊（大聖）の真実の教え（真言）を誠に理解した。〔証巻の前半で明らかにしたように〕衆生が大涅槃を証すること（自利）は本願力の回向に因《よ》るのである。〔また後半で明らかにしたように〕還相という衆生を教え導くことのできる利益は、利他の正しい意味を表している。

こういうわけで世親（論主）は広大無礙なる一心（真実信心）を〔願生偈の冒頭で〕宣言し、遍く、煩悩に苦しみ堪える群萠を教え導くのである〔つまり、衆生が大涅槃を証する道を示した〕。曇鸞（宗師）は回向を往相と還相に分かち開いて、手厚く、利他（還相の利益）は仏のはたらきであり、仏が衆生のためにすることが利他であり、衆生からは他者である仏に利益される（他利）、つまり他（仏）が我（衆生）を利するという、他利・利他の深義を説き広められた。その教えを仰ぎ承るべきであり、特に頂戴すべきである、と。

【註釈】 長大な引文のあとの、実に簡潔な証巻の結文である。証大涅槃は本願力回向に因るという証巻の前半の結論を述べ、それは衆生の自利の道であり、世親の「一心」の宣言によって群萌に開かれた道であるとする。当巻始めの自釈に「生死罪濁の群萌、往相回向の心行を獲れば、即の時に大乗正定聚の数に入るなり。正定聚に住するが故に、必ず滅度に至る」（『真宗聖典』三一九頁）とあることに対応している。

また、還相という利他教化が利他の正しい意味であることを示している。世親のいう回向には往相と還相があるとする曇鸞の指摘をもとに、親鸞は、衆生にとって利他は還相において成立するというのである。そのために他利利他の深義を挙げている。他利利他の深義とは、行巻にも引用のある曇鸞の文、「他利と之を利他と談ずるに左右有り。若し自ずから仏をして言わば、宜しく〈利他〉と言うべし。自ずから衆生をして言わば、宜しく〈他利〉と言うべし。今将に仏力を談ぜんとす。是の故に〈利他〉を以て之を言う」（『真宗聖典』二一五頁）を指すと考えられている。この文の他利の解釈は一定しないが、利他とは仏のみにいえることであるとする解釈は一定している。このことによって、世親のいう行者の五念門と五功徳門の自利利他行は仏菩薩の五念門と五功徳門となり、この仏菩薩の自利利他（入出）の行を法蔵菩薩ならびに還相の菩薩の利他教化の相として、親鸞は『浄土論註』の文を読むことができた。証巻後半の引文を、たびたび敬語法によって法蔵菩薩を主語にして読む根拠をここに示している。

仏菩薩にあっても、五念門五功徳門の前四門は自利行であるが、しかし第五回向門を始め（首）とした前四門の行であり、利他を背景にしたものである。ゆえに親鸞は還相の章に引用している。浄土から還来して利他を果たすとは理解を超えるが、そもそも大乗仏教は、「伝統仏教が現世において修行道を完成し終え、阿羅漢になることを理想としたのに対し、この新たな運動の担い手たちは阿羅漢到達の目的を捨て、現世での救いの完成に拘泥せず、あくまで無上菩提に至ってブッダとなることを目指す菩薩として自らを位置づけた」（『岩波 仏教辞典』六八九頁）といわれるように、これは大乗の実践的な思想であると理解できる。

後半はすべてを引文によって表現し、親鸞は途中に自説を挟むことはなかった。真実証に対する謙虚さと思われるが、世親と曇鸞の文によって十全に真実証が顕された。以上で証巻は終わる。

顕浄土真実証文類四

主要参考文献

柏原祐義『眞宗通解全書　第二』平楽寺書店、一九一五年
『大正新脩大蔵経』大正一切経刊行会、一九二四〜一九三四年
山邊習學・赤沼智善『教行信證講義』法藏館、一九五一年
山口益『世親の浄土論』法藏館、一九六六年
親鸞聖人全集刊行会編『定本親鸞聖人全集』法藏館、一九六九年
藤田宏達『原始浄土思想の研究』岩波書店、一九七〇年
石田瑞麿校注『日本思想大系（六）源信』岩波書店、一九七〇年
田中久夫ほか校注『日本思想大系（一五）鎌倉旧仏教』岩波書店、一九七一年
仏教大系完成会編『教行信證講義集成』法藏館、一九七五年
星野元豊『講解教行信証』法藏館、一九七八年
真宗新辞典編纂会編『真宗新辞典』法藏館、一九八三年
藤田宏達『人類の知的遺産（一八）善導』講談社、一九八五年
蓑輪秀邦編『解読浄土論註　改訂版』東本願寺出版部、一九八七年
親鸞聖人全集刊行会編『定本教行信證』法藏館、一九八九年
小松邦彰ほか編訳『日蓮聖人全集　第一巻　宗義1』春秋社、一九九二年

高崎直道ほか訳注『大乗起信論』岩波書店、一九九四年
瓜生津隆真校註『新国訳大蔵経　十住毘婆沙論Ⅰ』大蔵出版、一九九四年
多屋頼俊ほか編『新版仏教学辞典』法藏館、一九九五年
『浄土真宗聖典七祖篇（註釈版）』本願寺出版社、一九九六年
雲井昭善『パーリ語佛教辞典』山喜房佛書林、一九九七年
仏教哲学大辞典編纂委員会編『仏教哲学大辞典』第三版、創価学会、二〇〇〇年
本願寺教学伝道研究所編『顕浄土真実教行証文類（上）現代語訳付き』本願寺出版社、二〇一一年
浄土宗総合研究所編『現代語訳　浄土三部経』浄土宗出版、二〇一一年
大竹晋校註『新国訳大蔵経　法華経論・無量寿経論他』大蔵出版、二〇一一年
『浄土真宗聖典全書』本願寺出版社、二〇一一〜二〇一九年
真宗大谷派教学研究所編『解読教行信証　上巻』東本願寺出版、二〇一二年
大谷大学編『顕浄土真実教行証文類　翻刻篇』真宗大谷派、二〇一二年
平成新編日蓮大聖人御書編纂会編『平成新編日蓮大聖人御書』大日蓮出版、二〇一八年
中村元ほか編『岩波　仏教辞典』第三版、岩波書店、二〇二三年
聖教編纂室編『宗祖親鸞聖人著作集一』東本願寺出版、二〇二三年
『真宗聖典　第二版』東本願寺出版、二〇二四年

あとがき

親鸞への接近の方法は、その言葉への接近であると従来から考えてきた。しかし、主著『教行証文類』に親鸞自身の文は少なく、それは膨大な経論釈からの引用文で構成されている。それならば、それらの文が、どのように読解され配置されているかを読み取ることが、接近への唯一の方法であろうと思う。本書をその試行の一つであると認めていただければ幸甚である。

親鸞が抄出し引用する文や、その背景を充分に窺い知る能力はないが、微かでも、その思想の軌跡に触れることができれば本望である。朧げな思考の像しか仮構できないが、それが自身の存処である。

本願と煩悩の根源を遡求する『教行証文類』の思想に啓蒙性はなく、如来と有情に対して、あくまで下位に在ろうとする希有な宗教思想である。それは次のような吉本隆明氏の指摘によく表れている。

親鸞は逆だった。浄土教義を開いて、無名の民衆の煩悩の旧里に限りなく近づけようと試みたと思える。僧侶の戒律と修行もやめ、鳥獣や魚を喰べ、妻帯し、子を産み、子にそむかれたりということも体験した。それでも民衆そのものになれない薄紙一枚の隔たりが残った。これこそが浄土の真宗で、還俗とまったくちがうと思える。これが『教行信証』で名利・愛欲にこだわり、定聚の数に入ることも喜ばない生き方をしたという謙虚さの根底にあるものだったと想像している。

（本多弘之『浄土　その解体と再構築』に寄せた「序文」より）

本書は、慈廣寺（博多）や恩高寺（みやこ町）における『教行証文類』学習会の記録の出版を求められたことが契機となって成った。法藏館編集部の榎屋達也氏に感謝する。
刊行を心待ちにしてくれた故藤本好直氏への届かぬ詫びに代えて、便りにあった彼の言葉を紹介したい。

何の力もなく　自分に頼むところもなく　信のない者は幸せだ
不信もなく　ただ言葉をきくだけだ

長野量一

二〇二四年一二月

長野量一（ながの　りょういち）

1950年福岡県生まれ
1972年大谷大学文学部卒業
真宗大谷派正法寺前住職
元九州教学研究所長
共著『法語から読む　宗祖親鸞聖人』（真宗大谷派宗務所、2006年）

『教行信証』全訳と註釈　上巻

二〇二五年四月一五日　初版第一刷発行

著　者　長野量一
発行者　西村明高
発行所　株式会社　法藏館
京都市下京区正面通烏丸東入
郵便番号　六〇〇-八一五三
電話　〇七五-三四三-〇〇三〇（編集）
〇七五-三四三-五六五六（営業）

装幀者　野田和浩
印刷・製本　中村印刷株式会社

ISBN978-4-8318-8808-2 C3015